中国民族艺术精品鉴赏投资系列丛书

ZHONG GUO MIN ZU YI SHU JING PIN JIAN SHANG TOU ZI XI LIE CONG SHU

DA QI CAI HUI YU QI

大漆彩绘玉器

岳龙山 \ 著

上 册

中国大地出版社

·北 京·

图书在版编目（ＣＩＰ）数据

大漆彩绘玉器：全 2 册 / 岳龙山著 . -- 北京：中
国大地出版社 , 2016.7
ISBN 978-7-80246-877-1

Ⅰ.①大… Ⅱ.①岳… Ⅲ.①彩绘－古玉器－鉴赏－
中国 Ⅳ.① K876.84

中国版本图书馆 CIP 数据核字 (2016) 第 099274 号

大漆彩绘玉器：全 2 册

作　　者：岳龙山
责任编辑：孙晓敏　刘江波
出版发行：中国大地出版社
网　　址：http://www.gph.com.cn
电子邮箱：gphdzcb@sina.com
天猫旗舰店：https://zgddcbs.tmall.com/
社址邮编：北京市海淀区学院路 31 号，100083
购书热线：（010）66554518
传　　真：（010）66554518
印　　刷：北京楠萍印刷有限公司
开　　本：787mm×1092mm　1/8
印　　张：60
字　　数：200 千字
版　　次：2016 年 8 月第 1 版・2016 年 8 月第 1 次印刷
定　　价：598.00 元（全二册）
书　　号：ISBN 978-7-80246-877-1

前　言

　　大漆彩绘玉器，是指大漆掺和矿物质颜料在玉雕作品上绘制图案的玉器。这一品种器物极其罕见，玉雕本身的制造工艺已十分繁缛，再施以大漆彩绘，其难度可想而知。有学者称之为"玉胎漆器"，亦名副其实。

　　将笔者和朋友的相关藏品公之于世，使更多人领略其特有风采，是本人多年夙愿。

　　笔者十几年前发现了这一品种，其独特、精美绝伦的形态与纹饰使人倾倒，丰富厚重的文化内涵让人折服，其沧桑古韵更是令人过目难忘，凭自身三十余年鉴赏收藏古玉的直觉，认为其应非俗物。社会上罕有见过这类器物之人，笔者所识名人雅士、专家玉友亦非少数，却基本无人认识，更谈不上了解了。遍查图书资料也没有记载，只是偶遇逛地摊的一位外籍学者说是好东西予以看重。笔者见其在民间集市上流失，国人不要、外人携走甚感心痛，遂开始收藏。后来又遇非典肆虐人人自危，街面冷清、集市萧条。在这样的背景下，凭个人直觉与怜爱倾囊收藏，极具风险，是对是错是得是失，也心怀忐忑，当时复杂心境难以言表。

　　对于收藏爱好者而言，探索研究藏品的文化内涵当属基本要务。因此，全面认识解读彩绘玉器便成了笔者的"梦想"。有梦想就要追求，在追求过程中必有艰辛，有艰辛便有不甘，有不甘便会执着，越执着就越发现还有新的未知，待解无穷，难以抵达心目中的理想彼岸，一晃十载，是之前没有料到的。这一过程百味杂陈，是煎熬还是享受，是劳作还是收获，是磨炼还是成功，是辛劳还是快乐，自己也说不清楚，令笔者再次体味了"路漫漫其修远兮"这句至理名言。

　　对大漆彩绘玉器的探索，从称谓、新旧、真伪、成因入手，到材质、器型、工艺、图案的识别，进一步探讨其文化内涵、表里特征、绘画寓意，再涉及与岩画、彩陶、玉器、铜器、漆器、锦帛、绘画艺术的关联，乃至黄河上下、大江南北各地域文化的相互影响、西域文化与外来文化的渗透交融，洋洋大观、难以罗列。其波及人文、历史、地理、自然、美术、绘画、工艺、制造、服饰、用具、神话、巫术、宗教、文字等各个方面，庞杂广博，难以归纳。其承载文化信息之博大深厚，令人叹为观止，若想全方位地梳理解读，颇感力不从心。

然而，宝物的魅力又使笔者无法停止探寻的脚步，如在大漠瀚海长途跋涉，虽步履艰辛，但仍苦苦寻觅那梦幻中的天堂绿洲。

几年来，多位师朋好友到笔者这里赏鉴彩绘玉器，有藏家玉友、工美大师、职业画家、书法家、诗人、艺术品鉴赏家、影视媒体工作者，还有博物院毕生从事古玉研究的专家、文博工作的学者、古文字文化研究的导师、著名学府研究绘画技法造型艺术的教授，也有军官将领、院士、老首长，也不乏外埠的收藏爱好者、协会的领军人物。无论哪方贤士达人，赏鉴实物后无不震撼。他们从各自不同专业视角的品读剖析、赞叹感慨，无形中导引了笔者解读的思路，犹如瀚海征途馈赠甘泉。

笔者由衷地感谢他们：无保留的直言相告，多视角的真知灼见。爱宝的真情，鉴宝的喜悦，实乃鉴赏沙龙、审美盛宴。只是在此不便恭列名讳，请读者谅解。在当今收藏热潮中，各路圣贤云集，时有乱象，难免相左，生怕给人添累，也免拉大旗之嫌。但他们嘱笔者一定要将这些民间瑰宝在深入研究后公之于世的重托，始终牢记。将先人遗存展现于世，共同领略历史文化的辉煌，这是义务、也是责任。

俗话说："十年磨一剑。"对大漆彩绘玉器的探索、研究，远远不足。越深入探求，越发现待解的题目还有很多；越想解读得完美，就越感还有更多新的未解之谜。不由得想起初中老师讲课一幕：学生问老师："您的学问比我们多得多，为什么还有那么多问题呢？"老师在黑板上画了一个点，点外面画了个大圆说："你的学识犹如里面的点，老师的学识犹如外面的圆，圆周外边接触越多，问题也就越多。"这是个简单而有趣的规律，联想到此，聊以自慰吧。

而今笔者已临近耄耋，不敢再有年复十年的奢望，古稀之后能否依然思维清晰，亦无法肯定。是继续无期限求解，还是公诸未完成的认知，笔者举棋不定，有所纠结，但若因待解问题未尽，而将宝物永远沉积陋室，则并非明智。

时间紧迫，而收藏探索历史文化轨迹的寻知，实难有最终结论。在朋友点拨下，从另一角度看，展现探索之旅的风光，也未尝不可；抛砖引玉，让有识之士继续寻觅那梦幻斑斓的风采，也是一种怡然。

于是，笔者遂决心着手整理资料。本书权属个人管见，即便有出彩之处，也是师朋指点明慧，述说不透的地方，当属本人愚钝，若有不同见地，必当恭听。为了揭示黄河文明之灿烂辉煌，无须缠绵于小家之气，要弘扬大家之风，也算给自己鼓气吧。

在此还需说明，鉴看大漆彩绘玉器的诸多名人雅士、专家学者实景之照纯属私人留念，书中不刊，以免障智者之眼；器物经济价值几何不论，以免贻误他人，这是本人拙作一贯之为。因为，世间不是所有物品都能用钱来衡量的，不能以物化至上的眼光看待一切，以经济标的度量所有。收藏的本质是文化，一旦畅游在历史文化的长河中，会领略从物质到精神的无限风光，以淡然心态见仁见智，打开一片全新视野，更上一层高雅境界。

大漆彩绘玉器，堪称黄河文明的一朵"奇葩"，其品种的稀奇、艳美令人惊诧；其图案的变幻、诡异使人迷恋；其虚实结合的描绘让人赞叹，飘逸、飞扬的灵动透人心念；虽费解颇多，但其带给人的视觉冲击、审美享受、心灵激荡、思想飞驰的多方位感触绝非寻常，难怪目睹芳容之士无不"震撼"。

从历史的视野看，藏家只是爱宝的过客，宝物的高贵当属民族的财富、国民的骄傲，在一定意义上讲也是全人类的文化遗产。

对于这一黄河文明的奇葩，让我们在欣赏品读中，继续探求其未尽的奥秘吧。

目 录

大漆
彩绘玉器
概述

　　漆器，从古至今都是我国艺术品与实用器的重要品种，其文化艺术内涵十分丰富，故历史研究价值很高，但又因材质大多为木胎而极难保存，因而在市场上流通较少，价格不菲。因与古代木质漆器的材质不同，漆绘玉器完整地保留了下来，因此利于后人研究与欣赏。

一、什么是大漆彩绘玉器

　　大漆彩绘玉器是在雕琢完毕后的成品玉器表面，以大漆掺矿物质颜料绘制纹饰图案的玉器。其绘画材质大漆必须是漆树上自然生长采割的纯天然生漆，其他油性、水性以及化学配制等的任何颜色涂料均不在此列。因此，解读大漆彩绘玉器，有必要简单回顾一下大漆使用史。

1. 大漆使用史

　　大漆是指从漆树上人工割取的天然漆树液，外国人常称之为"中国漆"。天然生漆成分主要含有高分子漆酚、漆酶、树胶及水分，从树上流下时为乳白色，接触空气后逐步变为淡黄、栗色、深棕色，最终干燥后变成褐黑色。生漆具有耐强酸、耐强碱、防腐蚀、防潮、绝缘、耐高温、耐油、耐土蚀等特性，自然干燥后无毒无辐射，是世界公认的"涂料之王"。大漆干燥固化后异常牢固，粘连附着力强，俗话说的"如胶似漆"即由此而来。漆膜的丰满度好，光亮夺目，目视感觉饱满厚重，不漂不浮。

大漆彩绘玉璧

大漆彩绘燕式玉琮

大漆彩绘玉鬲

大漆彩绘玉鬲

大漆彩绘玉戈

大漆彩绘玉人

天然生漆的产区在我国分布较为广泛，有四川、陕西、甘肃、山西、河南、湖北、贵州、云南等省；国外的产区有日本、朝鲜、老挝、越南、缅甸、泰国、印度支那半岛、伊朗等。

我国大漆的使用最早可追溯到7000多年前的河姆渡文化，根据^{14}C年代测定，出土的红色髹漆木碗距今6500年、朱漆木筒距今7500年。漆器的礼仪地位和作用最早见于《韩非子·十过》，其上记载："由余对曰：'臣闻昔者尧有天下，饭于土簋，饮于土铏，其地南至交趾，北至幽都，东西至日月之所出入者，莫不宾服。尧禅天下，虞舜受之，作为食器，斩山木而财之，削锯修其迹，流漆墨其上，输之宫以为食器，诸侯以为益侈，国之不服者十三。舜禅天下而传之于禹，禹作为祭器，墨染其外，而朱画其内，缦帛为茵，蒋席颇缘，觞酌有采，而樽俎有饰，此弥侈矣，而国之不服者三十三……'"从"禹作为祭器，墨染其外，而朱画其内"可推测出，在新石器时代末期，夏禹就使用了漆器作为祭器，此举意味着当时生产力的提高以及阶级的分化，以致"国之不服者三十三"。其后"周制于车，漆饰愈多焉……后，王作祭器，尚之以着色涂金之文，雕镂玉珧之饰，所以增敬盛礼……"这段话清晰地记录了在距今约4000年前的夏代，尧舜禹时代漆器的使用由实用器向祭器的变化。由于漆器制作的技术要求甚高，数量极少，其奢华遭到诸多反对，同时也反映了崇尚漆艺的奢华之门从那时已然开启。

商周时期是中国古代社会的大发展阶段，同时也是青铜器的繁盛期，其花纹繁复、细密的工艺同样用于漆器的生产，因而这一时期的漆器呈现出线条细密流畅、器型各异、精美细致的漆木胎骨，漆器的数量和品种显著增加，髹漆工艺取得了长足发展。一些镶嵌漆器的工艺如堆漆工艺、薄片贴花、松石、牙、龟甲、石片等开始运用，饕餮纹、龙虎纹、云雷纹、凤鸟纹、弦纹、涡纹等多种纹饰与图案已趋于细致，漆器纹饰与青铜器纹饰相互贯通，一脉相承。

春秋战国时期随着铁器的发展，漆器制胎技术实现了跨越式发展，这也使得漆器逐渐代替了青铜成为主要的日常用品，漆器工艺广泛应用于社会生活的各个方面。如杯、盘、豆、勺、壶等食器；奁、盒、几、案、床、箱、屏风等生活用器；弓、盾、甲胄等兵器；琴、瑟、鼓、笙等乐器；棺、椁等葬器；车、船等交通工具。

从战国至秦汉是漆器发展的鼎盛时期，其题材广泛，形式多样，纹饰细致繁复，灵动飞扬。纹饰的主题类型有云纹、几何纹、龙纹、凤纹、其他动物纹、植物纹、天文图案纹、神幻图腾纹、生活题材纹、画像纹饰，等等。在独立的绘画艺术以完整的形式呈现之前，漆器以简单的色彩与纹饰，艺术性地表达了多方位的文化内涵，表现了人们追求审美的多样与对生活的期盼、向往。

唐宋之后，漆器在髹漆抛光、生漆精制、雕漆、戗金、螺钿等工艺上不断进步发展，但总体风格上已难以超越战、汉时期的辉煌。

明清之后，"洋漆"开始出现，工业化生产的现代涂料价廉物美，大漆髹漆工艺的衰落不可避免，这也是社会发展的必然趋势。

漆艺作为一种文化艺术形态，其所承载彰显的信息量十分丰富，在华夏民族文明发展史上具有举足轻重的地位。

简单回顾我国漆器发展的历史，是为解读"后齐家文化"彩绘玉器的大背景铺垫一个基础认知。漆绘玉器不是凭空出世，也不是孤立存在的，其诞生在新石器时代晚期之后至商周以前，至战国时期达到鼎盛。玉胎漆器是与木胎漆器同步发展的一个特殊品种，也是黄河上游早期文明的一个文化艺术形态，是早期漆器绘画艺术的绚丽篇章，对其认真品读、研究，获益非比寻常。

2. 名称来源

大漆彩绘玉器，简称"彩绘玉器"。因是笔者新发现的实物品种，冠名也是笔者所为，若日后有更加贴切的名称亦可修订。本文为何如此称谓，源于以下几个方面的考虑。

本文的大漆彩绘玉器出自临夏，当地百姓习惯称之为"描彩"，因为当地彩陶量极大，陶器施以彩绘纹饰称"彩

彩陶之乡牌楼

陶"，玉器上绘制图案就顺称"描彩"了。这是一种十分直白简单的表述性称谓，不完全准确，难以体现这种器物的主体内涵，同时也略失文雅。当地是少数民族聚集的区域，西域少数民族对于色彩有突出的偏爱，公路上跨街牌楼的巨幅标语就是"彩绘5000年历史文明"，这也彰显了民族性的审美情趣。

笔者终生从事航天高科技领域技术工作，如今虽已年迈退休，但几十年主业工作的严谨性养成了自己深究问题的习惯，这也自然波及渗入进了收藏鉴赏，对于器物的命名亦应贴切。

首先，从历史地位上来讲，这种器物，无论是在玉器还是在漆器中都极为罕见。众所周知的漆器，其胎质绝大多数均为木质材料，也有少量的竹胎、皮质胎、布麻胎、骨胎甚至石胎，上述胎的材质决定了其加工工艺。

在玉器上髹漆彩绘，有学者称之为"玉胎漆器"，按漆器的系列称谓也无不当之处。但笔者考虑到以下两点，其一是工艺繁缛、独立完整的玉器在华夏文明中的特殊地位。玉雕制品已是独立完整的艺术品，如若完全按漆器系列冠名则不能凸显玉器的地位，其二，按髹漆工艺论，玉雕工艺与漆画艺术集于一身，其文化艺术内涵具有双重性，漆器与玉器同等重要，此名又难以完整体现这种制器的特点，给命名带来困扰。再三权衡之下，笔者认为还是暂时冠名以"大漆彩绘玉器"较妥。

其次，临夏是马家窑彩陶的诞生地，"彩陶"即是在陶器上施以彩绘纹饰，本书的彩绘玉器也大多出自此地，当地百姓顺理称之为"描彩"。因地域的偏僻与贫瘠，当地人普遍文化水平不高，民间的称谓"描彩"是一种十分直白简单的表述性称谓，难以表达这种器物的主体内涵。

最后，在玉器上彩绘，无论是业内外学者还是玩家过去都没有见过不曾耳闻，笔者认为这是民间流于市面的新品种。综合玉雕制器为胎，大漆彩绘为表，又有别于玉器和漆器，故称之为"彩绘玉器"。笔者在几易文稿过程中，总感此称谓还是不其确切，与彩陶叫法雷同，但彩绘的材质与画饰又有很大区别，为表达准确一目了然，最后定名为"大漆彩绘玉器"，也可简称为"彩绘玉器"或"漆绘玉器"。当然这是笔者己见，对此类器物的称谓，日后若有文人雅士出自兴趣与学识加以更深入地研究考证，冠以更科学准确的命名，当为幸事。

大漆彩绘玉器实际上是玉器与漆器的融合之作，复杂的琢玉技艺与华美的大漆绘画结合成一体，材质、造型、色彩、纹饰、图案等多元素的高贵与华美集于一身。远古时期黄河先民的这些惊世之作，使人赞叹，其记录的古黄河文明之靓丽，令人倾倒，不愧为绽放在黄河上游古文明中的一朵"奇葩"。

二、大漆彩绘玉器产生的历史背景

世间万物，都有因果，既不会横空出世，也不会无故消亡。大多听说或初见彩绘玉器的人或多或少都有疑问，既为其精美绝伦深感震撼，又不解中原文明为何还有如此奇物。就当前所见的博物馆、古玩沙龙、藏友玩家的藏品，都罕见此类品种。因此许多问题需待探讨，疑问多多，亦在情理之中。大漆彩绘玉器的出现，也应有其历史成因，若分析相关的几个外在条件，定然有所领悟。

首先，彩绘玉器的主体是玉器，制玉技术的发展，是主体要素。也是彩绘玉器得以实现的基础。纵观齐家古玉，几乎涵盖了玉文化的所有造型，与辽河的红山文化、长江下游的良渚文化、中原的龙山文化、西南的三星堆文化相比，有过之而无不及。齐家文化的玉器，已构成了华夏文明玉文化的完整体系，其前承石器时代，吸收了中外原始文化的元素，后又传承了历代千秋，从玉文化的历史长河来看，其无疑是一个源头性的集中体现，无论玉器的基本器形还是琢玉技艺均无出其右。齐家古玉所彰显的制玉技术、艺术水平、文化内涵的高度，不容置疑。在这样高度的基础上，玉器的制作继续发展，添加了彩绘图案，使爱玉、崇玉之情再升一步，这也是进一步表达美感的自然而为。

关键是生产力的发展，青铜器的发明，制玉技术的进步，奠定了彩玉文化的制备基础。我们千万不可以现代人的思维模式来判解有无必要，现代人潜意识里大多难以摆脱成本与效益，世俗眼光禁锢了思维，使我们总是疑惑玉雕制器已然非凡，再施难度很高的大漆绘画得不偿失。我们缺乏古人不惜工本追求美的执着心境，不理解这点，将是自己给自己制造了盲区。古人类可在岩石上作画，在陶器上绘画，在木器上涂彩，那么在玉器上绘画也就成了顺理成章之事。

其次，多民族文化审美情趣的聚集，也是制造彩绘玉器的另一成因。色彩的感知、运用与对美感的浓烈度，与内陆文化、草原文化、海洋文化形成的大自然环境密切关联，因此不同地域不同民族有各自不同的特点。

每一个民族生存的地理环境不同，其生产生活方式就有所不同，产生的观念、宗教信仰也不相同，从而呈现出各民族地域性的文化差异，从而导致了人们对色彩的审美心理需求与观感的不同。色彩是客观的，但不同民族不同地域的文化区别，使人们对色彩的喜好与忌讳产生了一定的差异，颜色成了表达人们寓意或期盼的标志。在文化层面上，色彩也就具有了意识形态和民族文化的属性，彰显了民族文化与信仰的发展并得以继承与传播，成为各民族自身视觉审美的象征性语言表现。

华夏大地上，在远古时期，红黑两色在很长一段历史时期中都占据着主导地位，7000年前河姆渡文化时期的木碗漆成红色，5000年前的齐家文化、仰韶文化，彩陶大多为红黑两色，4000年前罗布泊小河墓地耸立的木桩全部为红色，3000年前彩绘玉器主色还是红黑两色。史前远古几千年的时间跨度，红黑两色在华夏各地共同呈现不是偶然的。对此应有合理的解读，笔者以为，远古先人"生命崇拜与延续"是理念首要，一切重要现象的析解不应离开这一主线。我们不妨以简单思维模式推测，红色代表生命，生命诞生与维系存活都在红色血液之中，崇尚红色也是崇尚生命，祈盼生命代代繁衍和传宗延续。直至当代，红色寓意喜庆、激情、不可抵挡的生命力等。节庆的灯笼，婚庆的喜字，革命的旗帜，过节馒头糕点上打的印记都是红色。无论是国家大事还是生活琐事，自古至今红色的寓意都一脉相承。

自黄帝时期始，黑白两色也受到了崇拜，一直到秦始皇统一中国，单色崇拜达到了鼎盛阶段。当时依照先人观物取象的传统,取黑白两色定法,"以冬十月为年首,色上黑"。崇尚黑的色彩习惯是大汉民族色彩文化的特征之一,从道家尚黑,到中国传统水墨画仅由黑色深浅变化的墨分五色之说,创造了对黑色独到审美的艺术追求和欣赏视觉,充满了哲理性思辨精神。

黄色是华夏大地的主色,进入封建社会后,黄色具有了特殊象征意义,象征着大地的颜色。黄色位居五行中央,也是皇权掌握大地及世界万物的象征,以致发展成为皇家宫廷专用色,平民不得使用。

我国是一个多民族的大家庭,在色彩上自然也有所体现。内蒙古草原、新疆、西藏、青海等高原地区以放牧为主的少数民族,敬畏蓝天白云,这是游牧民族生产方式的必备条件,蓝天白云就是平安与祥和,因此他们崇尚白蓝色,他们的衣帽服饰以白蓝色为主,洁白的哈达是纯白色,用以献给最尊贵的客人。草原文化的白蓝色彩习俗对华夏民族的主流文化也有影响,特别是元代开始,通过建筑、服饰、瓷器等造物文明逐步将白蓝色彩文化融入汉族的主流文化之中。后世推崇的青花瓷器,典雅高贵,不失为典型范例。汉文化在黑红黄白色彩主体上又融入了白蓝审美色系,同时也反映出了汉文化的兼收与包容。

由此可见,红、黑、黄、白成了华夏民族精神文化中不同寓意的视觉色彩象征。

这些色彩上表现的形态,在彩绘玉器上均有体现。早期,是以红、黑为主的色彩表现方式,在中晚期作品上,开始出现蓝色、白色、黄色,总体上看,红黑还是其主要表现色调。许多图腾、龙纹、凤鸟是以红色绘制而成,黑色、白色成了烘托的底色。我们不妨再从另一角度细看,红黑两色形成了强烈的对比反差,红色是生命,黑色是死亡,红与黑的交替寓意万物生存发展的轮回,这也是亘古不变的自然法则。小河墓地上耸立的像丛林一样的红色木柱不是代表死亡的墓碑,而是指向天空,是祈盼与神灵沟通的象征,寓意再生。

在漆绘玉器上红黑两色的广泛应用,应当是那时先民情感世界的一种表达;或者说,色彩的运用、寓意,在玉器上也给予了充分体现与展示。一定历史时期精神层面的展现,也是在玉器上施彩的成因之一。

临夏是众多少数民族聚集生活之地,自远古时起就有人类在此繁衍生息,居住着许多民族和部落。商周时期,有羌、戎;秦汉之后,有汉族、月氏、匈奴、鲜卑、吐谷浑、吐蕃等;元明以后,又有了新的变化,回族、东乡族、保安族、撒拉族等相继形成发展。至今,汉族约占总人口的近一半,其他民族占总人口的半数略强。在当地,回族是少数民族中人口最多的,占总人口的1/3强,也是州的自治民族,故称临夏回族自治州。其他的少数民族主要有东乡族、保安族、撒拉族、土族、藏族、满族,还有人口不到百人的民族,如蒙古族、维吾尔族、壮族、哈萨克、朝鲜族、高山族、苗族、锡伯族、白族等。

纵观临夏之地的民族演变,最大的特点是多民族共同居住,汉、回民族遍布全州,其余少数民族居住相对集中,有的还有自己民族的自治县,如东乡族自治县、撒拉族自治县等,全国56个民族中人口最少的民族也在临夏。从古至今,在长期的生产和社会活动中,民族融合是主流,如此多的不同民族在数千年跨度中聚集一地的现象,在我国屈指可数。笔者推测,这与自然条件的富饶、宜人密切相关,位于黄河上游的这块风水宝地,也地处神秘的北纬38°线,这块黄河古文明的发源地究竟还有多少未知的秘密,值得我们探究。

多民族的聚集自然会有多种宗教信仰,临夏州现有伊斯兰教、佛教、道教、基督教,其中伊斯兰教信仰人数最多。特别是清代以来,临夏穆斯林人口众多,经堂教育发达,著名的宗教学者不断涌现,伊斯兰文化浓厚,临夏被人们誉为"中国小麦加"。多民族、多宗教、多文化的形态,造就了多色彩的审美感知与表达,彩绘玉器在这里出现已是必然。特别是彩绘玉器上表现出的西域风格特征,如纹饰、图案、人物、服饰、器型等更加证明了这点。多民族汇集所形成的色彩审美,体现在彩绘玉器上,不过是自然而然之事。

人类文化的发展是基于生产力的发展,绘画艺术是人类文化发展中的重要一环。人类在原始时期,以狩猎打鱼为生存首要的极艰难状态下,就已存在精神追求。石质或贝壳的饰物,特别是岩画创作,以能留存千载的方式记录或抒发了思想语言，体现了人类对美的追求。伴随着狩猎到农耕的社会进步，生产力得到很大发展，玉器、铜器、漆器上的图案纹饰以更加艺术化的形式表达了更为丰富的寓意。我国由渔猎向农耕种植业过渡，始于4000年以前，大量齐家玉器工艺的精湛也证明了齐家文化晚期生产力的发展已达到史前文明辉煌的程度。彩绘玉器出现在这里，与黄河上游先民的生产进步与自然的富庶有直接关系，生产力的发展，给彩绘玉器的制备，提供了经济基础。

再次，生产力的发展使绘画工具不断进步完善，也是彩绘玉器出现的又一基础要素。笔者对大漆彩绘玉器的绘画方法有两种推测，一是用削尖的细木棍沾大漆液或以细出口容器的流出可画出纹饰线条。二是以毛制软性工具沾漆绘画。对于那时有无毛笔，这就涉及了毛笔的发明与使用。"蒙恬造笔"的故事，说明了秦代名将蒙恬是毛笔发明人。东汉许慎的"说文解字"中讲到毛笔"楚谓之聿，吴谓之不律，燕谓之弗"。先秦文字中还没有"笔"字，而"聿"字在商代就已出现，秦代只是统一了"笔"的命名。实际上，笔于秦以前就出现了，笔作为实用器不是初始于蒙恬，而是蒙恬造的毛笔精于前人。

对此，出土发掘也给予了证实。1954年考古工作者在长沙战国墓中发掘出一支长21厘米，直径0.4厘米的毛笔，笔头用优质兔箭毛制，毛长2.5厘米，笔杆为竹管。笔头不是插在竹竿内，而是用劈开的竹竿端部将笔头夹在其中，外缠丝线，再涂上漆。这是当时发现的最早毛笔实物，称为"楚笔"，又称为"战国笔"。

战国笔还不是最早的毛笔，张华所做的《博物志》中有"舜造笔"的记载，仰韶文化彩陶上的图案纹饰，明显呈现出用毛笔画写的痕迹。商代甲骨文殷墟出土的三块牛胛骨板上，也有几个用毛笔写成的文字，甲骨文中又有相当多的"聿"字。由此断定，在商以前，就已有了毛笔书写的史实。

由此可见，彩绘玉器图案用毛笔绘画，符合史料旁证。但对于原始毛笔的形态结构应宽泛看待，笔的用毛亦有兽毛、鸟毛、植物毛须类，可看作软性物笔，能沾写液状物画写即可，不见得非符合现代毛笔的形状。

在临夏齐家文化时期的彩陶上亦有毛笔画写的特征，在后齐家文化的彩绘玉器上的纹饰，用毛笔画写也属必然，个别彩绘玉器上还可看出细微的粗毛涂画的痕迹。在毛较粗、漆液较稠时，髹漆易留下这样的刷痕，刷过漆的人都有这样的常识。故，笔者倾向认为，彩绘玉器的纹饰画具应是用毛笔或软性工具绘制为主。

大漆彩绘玉器上许多的绘画图案也记录了那时的狩猎、捕鱼、劳作、生活的情形。丰富多元的纹饰图案，表达了人们的心灵、情感、祈盼及诸多自然景物的现象，展现了绘画艺术的完整。许多后世延续发展的纹饰图案的原型，在彩绘玉器的纹饰上大都可以找到，如青龙、白虎、朱雀、玄武、飞人、鸟兽、神人图腾等。仅就彩绘纹饰图案来看，实际上就是前3500-4000年间起始的一批早期绘画创作。这些稚嫩的大漆绘画实物，可解开我们许多存疑，后面章节彩绘玉器图案的品读，将试图进一步打开我们思索的大门。

通过以上多种角度的分析，大漆彩绘玉器出现的多种要素与制作条件都符合历史发展轨迹，但由于当前人们对彩绘玉器见阅与认识的缺乏，诸多疑问在所难免，因此笔者试着反向思维，有什么不能在玉器上漆绘的原因吗？纵观全局几乎找不到。唯一的最大疑问是玉器已是非常贵重之器，再施漆绘不是画蛇添足没有必要吗？这是现代人的思维方式。若以现代人的需求标准、审美情趣、工本得失、操作能力等，去判断古人的作为，将极易失误。对此，本人想结合自己多年收藏实践的体会谈些个人薄见。

古物的发现与认识，应以探索实物事实和承载的文化内涵为思索主线，切不可以用现在人的思维方式去套解古人。符合我们所想的就对，不符合我们所想的就错；我们今天能做到的，古人也能做到，我们做不到的，古人也做不到，这就会时常出现误判。对远古时期人类的思维与行为我们未知的还很多，需不断在新的语境中去发现、扩展我们的了解与认知，许多考古实物的发现已经不断修改了我们的原有认识，实物考古的精髓恐怕也在于此。

20多年前，人们普遍认为汉代张骞出使西域前，内地没有和田玉，汉以前的玉器若是和田玉必是假的。之后在商周玉器中发现有和田玉料的使用，近十多年又发现在齐家文化玉器中有各种材质的和田玉料，和田玉的使用史往前推了 1000 多年。实物证实中原与西域物质的交流往来并非始于张骞的西域之行，人类在史前便早有交往。通常人们认为，数千公里的山水阻隔，没任何交通工具徒步无法通行。但近代考古证实，人类远古的通行迁徙之距离比这还要远得多。尽管我们现在无法想象当时是怎么行走的，但大于上万千米的远距离迁徙是已被国内外学者多次考证过的事实。

近几年央视播发的新疆考古发掘，证实 4000 年前新疆罗布泊小河墓地的遗体是欧罗巴人种，而非亚裔人，更不是炎黄族群。现学者推测其有两个路径来源，一是来自里海，二是来自中东。欧罗巴人种源于欧洲，那就是说当时人们由欧洲到中东或里海，再进入新疆定居。如此远程迁徙是摆在眼前的事实，尽管我们无法理解没有交通工具、没有方向罗盘，是怎么实现的。如此再看新疆与甘肃古时人群的交往就不难理解了。齐家文化的镶松石圆雕玉鹿与新疆斯基泰部落的鹿石图腾，外形神态几乎一模一样，再次以实物证实了此点。进一步说齐家古玉有红山玉器的特征，有良渚玉器的纹饰，三星堆铜器有齐家玉器的型制，均不奇怪。辽河、长江、甘肃、四川先民的往来，早就存在，古人的远距离迁徙远远超出我们原有的想象。

齐家古玉中悬挂编钟的玉杆，由三段插接，玉横杆可承重几十千克，插口处结实牢固，纹丝不动。玉杆之间是如何插接的，面对实物谁也看不出来，今天我们有诸多科技手段，但却没有办法如此牢固地将玉杆连在一起，我们现在做不到，但几千年前的黄河先人做到了。不由联想到民国时期鉴藏大家赵汝珍先生所著的《古玩指南》一书中所言："古玩之所以可贵者，其一是当今我们也做不出来矣。"

齐家古玉中一件直径近 20 厘米的龙形玦，身有旋纹，中心出廓，器身薄约 1 毫米。拿在手中唯恐折断，如此薄的玉器靠手工琢磨出来，难度极大。

许多实物证实，远古先人的智慧、毅力、执着的精神与制器的创造力，大大超出我们今天的想象。

历史不断发展、进步、创新，从而创造了大漆彩绘玉器这一制备难度极高的品种，这也是人类远古时期生产力发展、审美需求提升、精神世界进取等综合因素集成凝结的产物。我们则当以其承载的全部信息与内涵去解读历史，不要被一己偏见遮挡视野。揭示认识尘封的古人智慧，也需要我们的智慧与勇敢。面对遗存，与古人对话，将令人领略无穷的美妙。

在齐家文化玉器中，尽管彩绘玉器数量所占比例凤毛麟角，研究彩绘玉器产生的背景，也要相应地了解齐家文化、齐家玉器与齐家彩陶，这会便于我们理解是什么样的"土壤"滋生了彩绘玉器这朵"奇葩"。

1. 神奇的齐家地域与文化

考古学者把人类原始社会时期聚集生活的部落遗址，以现代发现时的地址命名，习惯称之为"XX 文化"。20 世纪 20 年代发现的黄河上游史前先民的遗址，最初发现地在甘肃省临夏回族自治州广河县齐家坪村，故称之为"齐家文化"。

虽以村址命名，但不能狭隘地理解为这一时期史前文化就局限于本村，冠名只是初址发现的代表意义，齐家文化实际是涵盖了甘肃中南部临夏回族自治州甚至波及与之交界相邻的青海、陕西境内。远古时期没有现代的村、县及省际分界，而是自然地貌形成的历史地域。齐家文化作为历史文化含义的理解，该是大齐家文化概念，应包括同期整个地域的史前文化。

这是一片神奇的土地，自然环境的富庶和宜人的气候曾造就过远古的辉煌，但又随着气候的变迁，人们向黄河东南方向的迁徙，地域整体发展自商、周以后逐步渐弱，汉唐后走向衰落。因贫瘠与落后，该地时常被人们忽视遗忘，80 多年前发现齐家文化的瑞典学者安特生是骑着毛驴去的，至今也只是通了汽车，没有火车更谈不上飞机。但就是这片贫瘠首先，从地理位置角度来看，齐家文化位于黄河上游黄土高原与青藏高原的过渡地带，北半球东经

103°、北纬35°，东西各延伸60多千米，南北各延伸90多千米的区域，恰恰是我国陆地版图按经纬度划分的中心，又恰恰是当代世界公认的地球北纬30°-38°的神秘地带。这片地域并不很大，但其历史的悠久，进化发展的脉络，可按百年、万年甚至千万年以上的大时空概念连续地追溯下去。其奇象叠峦、亘古壮观令人震惊，超长的历史跨度让人难以置信，综合以上，集中发生在这一不大的地方则更加使人匪夷所思，这还是仅限于已发现的客观事实而论。无论是不解还是疑问，是惊奇还是神秘，都不得不令人刮目。

这就是临夏回族自治州，位于甘肃省中部西北边缘。自治州地形属于由西向东斜向盆地，南屏太子山、白石山，西靠积石山，北临黄河，东有洮河。出州境，北临兰州，东南是天水，西进青海省到西宁，南过甘南藏族自治州入四川。从原始时期经秦汉至唐宋，这一区域的古物遗址层出不穷没有间断。

齐家文化遗址标记

临夏古生物博物馆说明碑文

10

其次，从古生物角度来看。根据已发掘的大量古生物化石推定，在3000多万年、1000多万年、200多万年前，这里曾出现过三波古生物繁衍的高峰。有竹鼠、豪猪、剑齿虎、鬣狗、四棱齿象、三趾马、大唇犀、无角犀、鹿、祖鹿、长颈鹿、麝牛、羚羊等古生物100多种，化石更是量大的惊人，笔者虽是外行，单从业外角度看到的几个现象已是令人叹为观止。

当地和政县古生物化石博物馆专业收藏的化石愈12000多件，大厅摆放的幼年至老年十来尊整体象骨化石立象，从小到大排成一列，要知得到一架完整象骨化石已很难得，这里居然能找出其成长过程的全序列，这是何等规模啊？没有庞大的数量支撑是无法想象的。

当地民间许多人家都有大大小小的一些化石，如恐龙蛋、兽齿、犀牛头、虎头、碎骨，等等。当地百姓对此已司空见惯不以为然，据他们讲，挖沟修路、上山采药经常见到，有的拿回，有的丢弃。在北京旧货市场上也曾见到甘肃人摆在地摊上的化石，林林总总估算总计也在数千件之上，要价极其低廉。本人无这方面兴趣，也非自己收藏之物，看看罢了。只是心生感慨，东西太多太多了。

看到这些，难免让人产生这样的结论：在远古时代，这里曾是古生物的伊甸园。在旧石器时代以前，这种状态曾延续了几千万年。

大自然造化了这方圆百十千米的地域，这里曾是地球上的亚热带—暖温带气候环境，盆地内湖泊星罗棋布，河流蜿蜒交错，草木茂盛，鸟语花香，是远古时代各种动物繁衍生息的乐园。这里气候宜人，四季分明，动、植物种丰富。大自然的神奇魅力，地貌景观的造化，先于生命而诞生，又为生命的进化做好了一切准备，这里具备了诞生齐家文化的沃土。

辛店文化遗址

临夏鲁班石传说

临夏大禹治水古址

临夏古生物博物馆大禹治水说明碑文

最后，从考古角度来看。在这方宝地上，几十万年前的旧石器时代，万年前后的新石器时代，至几千年前的史前部落，连绵延续不断发展。属于旧石器时代的文化遗存，有下王家遗址；新石器时代的文化遗存则有林家遗址、边家林遗址，半山遗址。齐家坪遗址是著名的齐家文化命名地，以齐家文化器物类型为主的文化遗址还有崔家庄遗址、杏村台遗址、张家嘴遗址、地巴坪遗址、大河庄遗址、张家坪遗址和秦魏家遗址，这些都是齐家文化的发祥地。另外齐家文化与青铜器时代的辛店文化同地并存的有包牙坪遗址、马路塬遗址、罗家朵塬遗址、姬家川遗址、张家嘴遗址；还有以辛店文化为主齐家文化次之的唐汪山神庙遗址。

这里有大量的敲击或打磨的石器，如石片、斧、锛、凿等器物，仅笔者见过的总量也过数千件。据当今专业考古发现，我国最早的青铜器也是在这里出现的，约5000年前的实物现存于甘肃省博物馆。

据《大百科全书》证述，这里还是黄帝始祖形成家族之地，加之当地也是大禹治水的地方，还有鲁班石的传说、伏羲女娲的原始纹饰等民间传说与古玉实物的纹饰呈现，也提供了诸多文化元素的佐证。

我们只是从历史时空的大视角，扼要梳理了一下齐家文化地域的史实进程，已然令人刮目。这里造就了黄河早期文明的辉煌，并不突兀，这里有着雄厚的历史沉积，因而能够创造出古文明的诸多杰作，大漆彩绘玉器出自这里，也就不难理解了。

2. 雄浑厚重的齐家古玉

十多年来，对于流散民间的齐家古玉，社会认识经历了从不识到否定再到认识最后肯定的过程。20世纪末面世的这些玉器，先是民间藏家认识收集，几年后又有一些企业家及外籍人士关注，随之逐步有越来越多的专家学者认可，以至曾有多位知名学者疾呼，齐家玉器不乏重器，应高度重视。现今，人们对齐家古玉的高评价已趋于共识。

齐家文化玉器，品种繁多类别齐全，磅礴大气雄浑厚重，其承载的历史文化信息丰富、深邃，令人惊叹。对齐家古玉的认识，笔者曾出版《黄河文明瑰宝——齐家文化玉器》一书，该书叶将齐家古玉大致可分为早、中、晚三期。

早期（约前10000—6000年）：品种中可以看到由石器向玉器的转化过渡，石质或半石半玉料质的制器占的比例较多，器型也偏重于实用器的特征，记录了一些原始先民劳作生活的状态。

中期（约前6000—5000年）：品种选料开始考究，使用西北地域的各种玉石类材料，如青海玉、英石玉、岫玉、大理石等，器型也开始呈现出对族权、酋长、巫师、图腾等权势的尊崇，相应象征性寓意的器物也越来越多。

晚期（约前5000—4000年）：新石器时代晚期至夏代的过渡时期。

品种用材更加考究，和田玉器的使用占比越来越多，主要是新疆碧玉、青玉，其中不乏上好的和田白玉和黄玉，约占总数的二至三成。制玉工艺也开始成熟，浮雕、圆雕、镂空、组合、粘接镶嵌等技法开始出现，器型工艺明显有了象征权势、神化的寓意，已出现礼器的征兆。商、周及后世的诸多皇权重器，其原型在齐家古玉中大多可以看到。

通过鉴赏大量的齐家古玉，可以明显看出这一大致的发展脉络，需要说明的是，这里探讨的不是在时间上严格区分划界，只是一个趋势性走向，以便利我们对事物发展总体进程有一个宏观把握。笔者个人观点，原始人类文明的形成与发展，是一个缓慢渐进的漫长过程，且前后进程往往是交融在一起的，难以确切纪年区分，不像后世的改朝换代，重要的是发展脉络、程度和历史时期。

齐家玉器，品种多样、器型美观、制作精湛、玉质上乘，整体给人以雅致大气、古拙凝重、浑厚硕大、不乏惊人之作的感慨。具体来说，齐家玉器按玉器制品归纳，有如下几种品种：工具类玉器有斧、锛、铲、凿、锤、刀等，既作为古人的生活实用器也可用来作装饰器物；祈求神灵的祭奠类玉器有玉神人、人面兽身像、玉琮兽面纹筒型器、玉龟背、璧状龙形块等；战争与权力象征的兵器类玉器有戈、矛、刀、镞、锥型器等，从所用玉质与加工尺寸来看，这些兵器类的玉器大部分是作为象征性功能或用以代表某种权势地位的显示；礼器类玉器主要有琮、璧、圭、璋、环、多块璜组合璧、多孔刀、钺等，其中不乏加工精美之物，出玙、变形较多，一些制器加工难度极大，即便现代人也难以仿制；饰物类玉器主要有玉管、坠饰、玉牌、镶松石牌饰和大大小小的牛、羊、狗、马、猪、兔、鸡、熊、鼠、蛇等动物雕件，用于装饰或摆放。齐家古玉向我们展示了亘古时期黄河先民的杰作，其风采夺目，先人的聪明才智大大超出今天人们的想象。大漆彩绘玉器无疑是在齐家古玉基础上的一个继续发展。

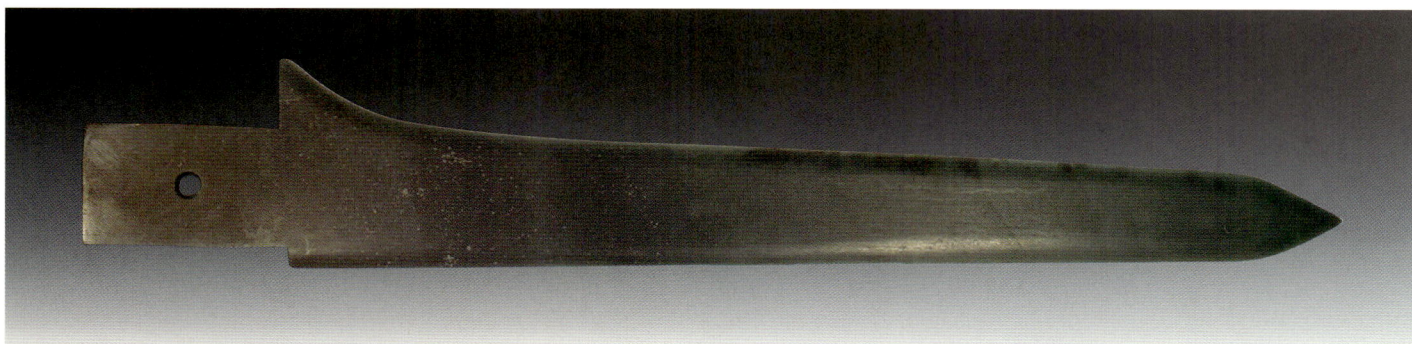

齐家文化玉戈

齐家文化玉鏚

齐家文化玉璧

齐家文化玉刀

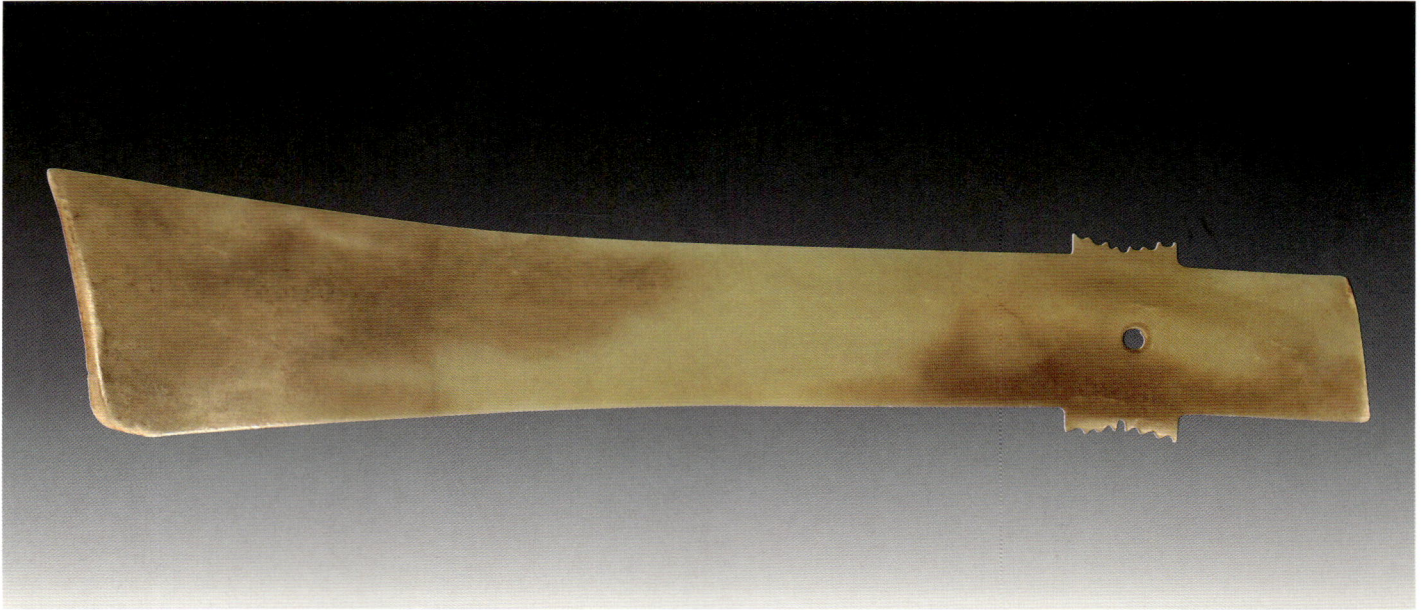

齐家文化玉牙璋

齐家文化玉五孔刀

齐家文化玉矛钺合体

齐家文化玉戈

齐家文化玉神人

齐家文化玉人

齐家文化玉龙形玦

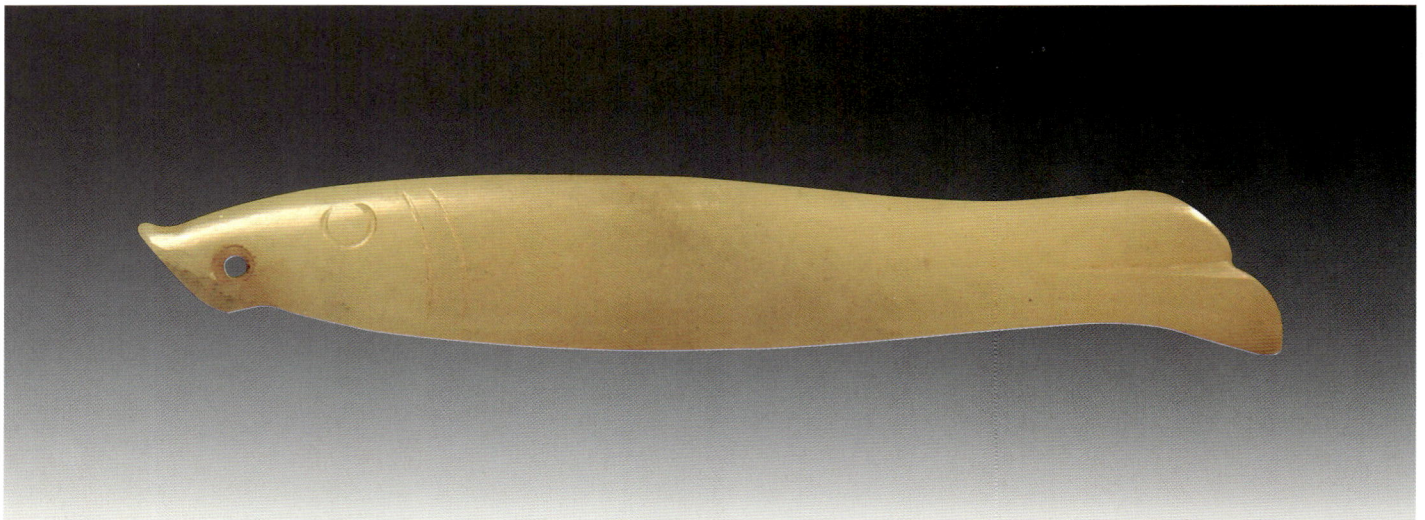

齐家文化玉鱼

齐家文化玉匕

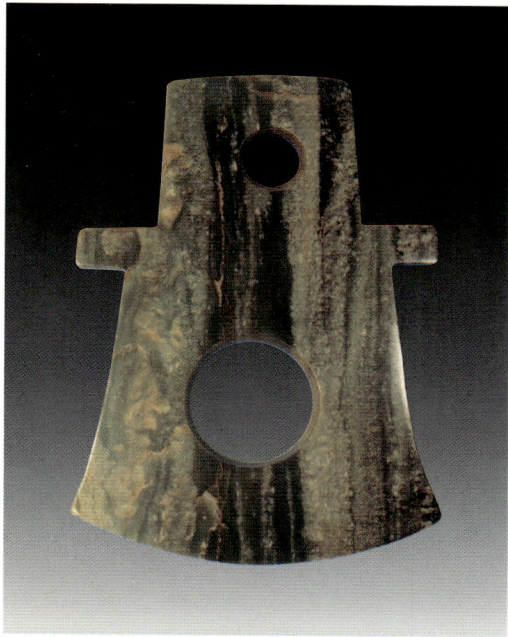

齐家文化玉钺

齐家文化镶松石圆雕玉神鹿

齐家文化狩猎归来浮雕玉板

齐家文化玉四羊方尊

齐家文化玉璇玑

齐家文化玉钺

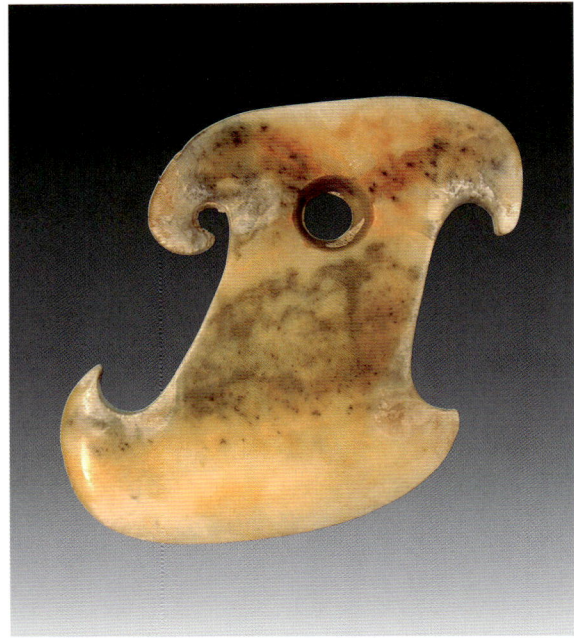

齐家文化玉异形钺

齐家文化玉异形钺

齐家文化玉琮

齐家文化眼纹玉琮

齐家文化带扉牙玉钺

齐家文化玉龟背甲

齐家文化玉刀

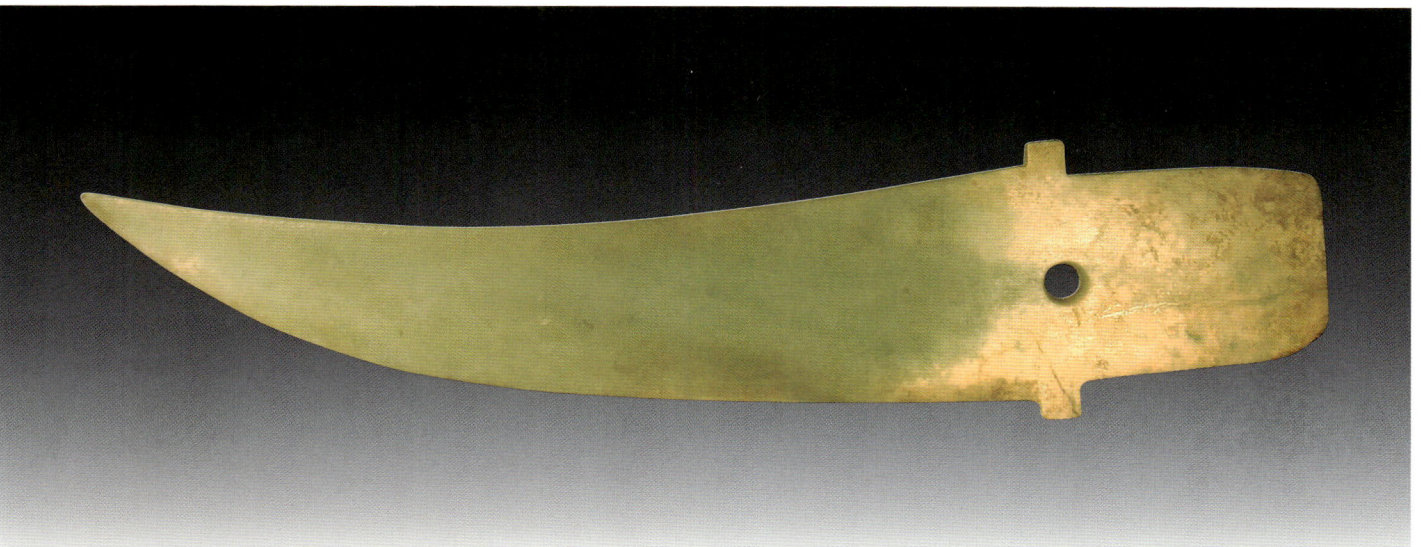

齐家文化玉刀

齐家文化玉羊首筒形器

齐家文化玉鏚

齐家文化玉羊兽柄刀

齐家文化玉鸠首罐

齐家文化玉祭司驭鸟兽灯盏

齐家文化玉香薰　　　　　　　　　　　齐家文化玉旋纹筒形器

3. 精美的彩陶文化

　　彩陶文化也是呈现史前文化的一个重要方面，它反映了远古先民的生活、环境、思想、感情和审美情趣，从中可以体味出先人朴素的哲学思想和精神意识，也可以看到古拙的艺术表现形式以及对美的追求与向往。真正的美是与大自然交织融合在一起的自然美，是人们真实情感的表达体现。临夏地域的彩陶，无论是从品种还是数量上来说都十分丰富。概括说有马家窑文化、半山文化、马厂文化、齐家文化、辛店文化等。彩陶的器型有瓶、盆、壶、钵、罐、豆、鬲、瓮、面饰等。

　　马家窑文化距今约5000年左右，在临夏地区有广泛分布。彩陶图案线条流畅，风格飘逸，典型纹饰有漩涡纹、水波纹、圆点纹、同心圆纹、圆圈网络纹、宽带漩涡纹等。

　　半山—马厂类型基本延续了马家窑的分布格局，有黑色单彩花纹，有黑色花纹中配以少量红彩，有锯齿纹、葫芦纹、圆圈纹、横齿带纹、凸弧纹、菱格纹、折线三角纹、贝纹、横条带纹、人蛙纹等。

临夏古生物博物馆彩陶之乡说明

齐家文化的彩陶以黑色单彩为主体，构图疏朗鲜明，常见的有网格纹、蝶形对三角纹、条形网格纹、菱形网格纹、三角折线纹、回形纹等。

辛店文化的彩陶多绘黑色单彩，少量绘以红彩，线条粗略，常见交错叶纹、勾形纹、羊角纹、十字纹、对羊角纹、动物纹等。

品读这些精美的彩陶，在图案纹饰上彰显的如下几个艺术要素需我们给以足够的重视：

第一，黑、红两色的突出运用，在彩陶纹饰上有明显体现，红、黑两色也是华夏民族后世几千年来色彩运用上所崇尚的主色调。

第二，几何图案的对称性。以几何图案的基本要素为成分构成某种寓意的艺术图案，对称性的表现技法已然体现了原始文化的平衡、和谐的初始理念与思想，值得研究。

第三，曲线图案纹饰的流动、飘逸性。这种纹饰的直观表现可能来源于对大自然某些现象的观察与灵感，再通过绘画艺术给予表达。如水的漩涡，流动的波纹，风的旋转，动物的奔跑，天象奇观，生殖崇拜等。彩陶上诸多流动的纹饰图案与自然现象密切关联，值得思索。

第四，整体纹饰贯通连接，整个画面显得密不通风，这种表现技法在彩陶上也有体现。

第五，纹饰布局疏朗自然，简约明快，似疏可走马，这又是构图的另一种表现技法。

彩陶上这些图纹的表现方式在后世的战、汉时期得到了更高的发挥，几乎到了变幻莫测的程度，实际上这也是一种艺术的延续与发展，彩陶纹饰，不过是给我们提供了绘画源头时期一些原始表现形态而已。

综合齐家文化、齐家古玉、彩陶文化的历史背景，在此基础上再加之对临夏地域远古历史进程的扼要回顾，可以明确看出其历史发展轨迹。从宏观角度看，一条极长时间跨度，连绵不断的全部发生在这同一地域，其进化与发展脉络，清晰地呈现了出来。新石器时代晚期即距今8000年前后的石玉并用，5000至7000年前后的彩陶，4000至6000年前后的齐家玉器，黄帝家族的逐步形成与繁衍，由此诞生了黄河上游的早期文明。这一文明的形成时间应在距今5000年前后，夏代的形成应在距今4000年前后。当然秦汉以后完全明朗，当地的历史已有文字可考了。

由此看出，齐家文化的形成与发展是这一地域的黄河先民历史文化的中心体现。这一时期绘画上的原始技法与表现方式在彩陶纹饰上得以集中体现，其制造上所展现的器型、工艺已达史前高峰。此后出现在成品玉器上施以彩绘，应是绘画技艺的发展与玉器制造相结合的一种更加复杂高超的表达方式与文化产物，当属自然而然的社会进步。

任何事物的出现，都有一个量变到质变，逐步累积变化的过程与成因，绝不是毫无关联的凭空出世。通过研究出自齐家文化地域的这批大漆彩绘玉器，笔者认为最早的一些品种应在距今4000年前后至3500年期间，是在齐家文化之后的一个连续发展，按常规又可称为后齐家文化的产物，推测时间段也是在夏商时期。单就玉器而言，在黄河上游这片大地上我们可以看到连贯的"石器——玉器——彩绘玉器"这一发展轨迹。根据对彩绘玉器的器型、工艺等特征判断，其制造连续了2000年左右，直至汉唐后才开始消亡。

大漆彩绘玉器既带有原始文化韵味的古拙质朴，又不失精美奇特独树一帜，虽然神奇但并非不可理解。没有无源之水无本之木，我们不能脱离时代背景孤立地看待彩绘玉器。我们应当以更加宽阔的视角，体味造就齐家文化的这片风水宝地、感受这里曾延生过诸多高古奇迹，积淀而成的深厚史前文化底蕴。彩绘玉器在这样的"土壤"中出现也不足为奇，应属历史发展的必然。

只要认真了解一下齐家文化的历史背景，自会理解，大漆彩绘玉器无疑是黄河上游这方神奇圣土"天时、地利、人和"的自然产物。

三、大漆彩绘玉器的玉质、品种

1. 玉质

　　大漆彩绘玉器所用玉材，大部分属中档玉材，少部分属高档玉材，个别石性较大的半石半玉材料应属低档，极少数近乎石材。总体来看，所用材料还是属于玉料而非岩石，符合"石之美者为玉"的选择标准。玉材出自西北地域，符合西北高古玉常见的用材范畴。具体的玉料使用有甘肃青海等地的地方玉，如青海料、酒泉玉、岫岩玉、石英石、水玉、大理石等；也有产自新疆的碧玉、和田玉，其中白玉、青白玉、青玉、墨玉、山料、籽料都有。值得一提的是，笔者有一套彩绘玉带板，材质属粟肉色和田黄玉，这也是本人玩玉几十年得到的唯一真正黄玉，极其难得。总体来看，彩绘玉器的玉材选用宽泛，均出自西北地区，与齐家古玉用料范围相同。

　　有人提出，大漆彩绘玉器是否是为了掩盖玉质的低劣而覆以漆绘？根据实物来看，并非如此。漆绘纹饰的简繁、艺术品质的高低与玉材的优劣并无必然关系。有的玉质差，石性大，画的却并不粗糙，漆绘的纹饰十分精美；一些玉质好、雕琢精美的玉作，漆绘纹饰也很复杂；还有玉质极佳，漆绘图案简洁优美者。纹饰的绘画与玉质的好坏并无必然关联，而是表达了一种寓意，记载了某些信息，或抒发了人们当时的情感期盼。

2. 器型品种

　　就大漆彩绘玉器的器型品种而言，可概括为以下几大类。

　　人物类：神人、武士、羽人、天神、酋长或头领、巫师、仕女、男侍，等等；

　　兵器类：刀、剑、钺、矛、盾牌、小刀、匕首等；

　　礼乐食器类：圭、磬、编钟、鼎、豆、鬲、蒲、钵等。虽然并非实用器，但也是彰显权势地位的一个表征，故先归在礼器乐器之类，许多器型在后世的青铜器中均有。

　　祭奠器类：璧、琮、玦等。许多器表原已琢有玉的浮雕纹饰，又在其上覆以漆绘，工艺很是复杂。

　　饰物与摆件：面饰与缀玉覆面，单件与多件组合的玉佩饰、盆、罐、镜（非实用）、壶、碗。

　　动物类：牛、羊、马、驼、鱼、蛇、鼠、犀牛、野猪。

　　这里只是大致归纳了一下类别，有些难以确切区分是饰物、摆件还是生活用具，还有的不好准确归类。总之，大漆彩绘玉器在器型品种上已十分齐全，玉器的圆雕、立雕、浮雕、镂空、组合、开片、钻孔、活环等琢玉技法在彩绘玉器上基本全部囊括。

　　人物的类型大多为圆雕，雕刻完整、生动，可以看作独立的雕塑作品，且不只限于神灵与领袖级大人物，还有战士、劳动者、侍从或佣人。由此看来，人物的玉作不单是贡奉或纪念权势与神灵，还包括记录了为之服务的下人，推测应属随葬之用，以在阴间世界供权势人物享用。

　　如举灯盏玉人，大字形站立，头顶一盏，左右手各托一盏，服饰华丽。人成了灯盏托架，这种做法在战国大型青铜器中常见，如曾侯乙墓大型青铜编钟托架横梁的支柱，是立人顶托，风格雷同，显露了奴隶制对人使用的遗风，是实际使用还是象征性奢侈，难以准确评定。不仅我国如此，外国也有这种情形。古罗马建筑外立面横梁下有头顶托架的立人，即使当今，日本高档餐厅的"女体解"，也是在女子裸体上摆放食用餐具，将人体当作餐具台面。笔者个人看法，这实际上是体现了一种畸形的奢华。举灯盏玉人佣奴性身份却着华丽服饰，其实是人体与灯盏组成的整体，成了贵族使用的置具。

　　人物中不乏西域少数民族的特色，服饰、帽冠等明显带有伊斯兰特征，还有高鼻梁、深眼窝的战士，非炎黄种族，很像斯基泰人种。西域乃至外来文化的艺术元素，在漆绘玉器中的表现较为突出。这在齐家文化玉器中有同样的体现，大漆彩绘玉器和齐家古玉一脉相承。

大漆彩绘玉器中的神灵式人物有的写实，有的神话，后世神话传说作品中的天神，在彩绘玉器中可见。有的表现超现实夸张，直握空拳形成了极大夸张的手，与三星堆发现的玉铜人有同样的形态。如此巨型夸张的手，是表示力量、权势、巫师作法，还是空拳中插有它物，目前没有统一看法，难以解读其确切寓意。

大漆彩绘玉器人物的类型特征很丰富，漆绘纹饰也异常精彩，值得认真品读。

动物的特征大致可分写实与神兽两大类，野猪体态凶猛有力，形态逼真；玉驼则安详秀美；摩羯是鱼身缠蛇，显然是神物；牛驮水桶雕琢精湛，纹饰华美。图案涉猎范围异常广泛，以致难以逐一解读。

其他礼器、乐器、兵器、生活用具、面饰、佩饰等，都具有同时期传统玉雕的特点。其琢制工艺高超，器型未出其右，彰显了时代特征。

除西域与外来文化艺术影响的体现外，出自黄河上游的大漆彩绘玉器，还含有辽河流域红山文化、长江下游良渚文化的影子。尤其是玉琮表面的阴刻细线兽面纹，与良渚玉器的兽面纹极其相似，只是其上有漆饰覆盖不太利于清晰辨认。大漆彩绘玉器与齐家文化玉器一脉相承，既有外来文化的艺术因子，又有华夏大地其他原始部落文化的元素体现，再一次证实了古人类远程迁徙，致使艺术文化层面的相互影响和融合。虽有多元艺术文化的渗入，但整体特征仍是华夏民族的主体风格。

综合方方面面的总体特征来看，彩绘玉器是在继承古齐家原始部落文化的基础上，对齐家古玉的继续发展与创新。伴随生产力发展与人类社会的进步，商、周、战、汉各时期特征依次彰显，彩绘玉器的诞生与发展延续了2000多年，为黄河上游的古文明添上了一笔浓墨重彩。

四、大漆彩绘玉器分期

对于大漆彩绘玉器历史阶段的分期，是对多方面因素的综合考虑，对古器物历史时代或朝代的辨认，实质也是器物真伪之辨识。（真伪鉴查涉题太广，在下章节专题论述）

我国有谚语"授之以鱼不如授之以渔"，古罗马有箴言"管理思想比管理城池更有力量"。因此本书重点是谈思路，不是对逐件器物的细述。主要是论述断代的相关思考、依据和方法；介绍如何区分确定这些漆绘玉器的历史时期，不仅要给出结论性看法，还要提供结论是如何得出的。这样才能更有说服力，也便于读者了解掌控。

彩绘玉器因无前鉴可借，辨识难度与困难尤为突出。再者，学术界对夏商分期尚无结论，远古阶段难以精确划分。因此，本节只粗略给以大时期区分。

1. 夏代（约公元前 21 世纪—前 16 世纪）

首先，从器物的总体特征来看。器物包浆、附着物、漆膜的状态以及器物局部形态与原始部落文化时期彩陶的某些特殊形制相同，如袋足、罐类，其简洁的边沿线条，具有彩陶的遗风，且漆膜厚实饱满，漆质很好，在彩绘玉器中当属时间最早的一批，应是夏代早期或原始文化末期之物。

其次，从器型来看。其器型与齐家古玉器型近似，尤其是由工具类演变而来的玉器类品种，如钺、镢、刀、剑、琮、玉璧等。制玉钻孔的方式为两面对钻中间有错位痕，这亦与齐家古玉相同，应是原始文化晚期或夏代早期之物。

再次，从彩绘内容来看。绘画的内容多为自然景物、人物、动物、植物，古拙之风洋溢，自由和谐之气彰显，个别服饰绘制明显为硬性材质而非软性编织物，这只是原始人类裹身物的简单进化。图案明显带有简单原始绘画风格，尚未出现神灵与权势元素。部分纹饰如旋转条纹、波纹等也具有彩陶纹饰风韵。这类器物也应在原始文化晚期或夏代早期。有些器物开始出现一些具有夸张意味的面饰图像、变形纹饰，多显神化艺术权势的迹象，这些器物应属夏代中期。个别纹饰图案已具有商代玉雕与青铜器典型纹饰特点，但还不具备标准化、格式化的特征。这类器物数量较少，应为夏代晚期或商早期。图案多为红黑两色大漆绘制。

最后，从铭文来看，象形字符书体早于甲骨文。

2. 商周时期（约公元前 16 世纪—前 771 年）

首先，从器物的总体特征来看。器物包浆、附着物、漆膜的状态等表象指征，略晚于夏代器物，老旧沧桑感显著。

其次，从器物制作技艺与器型来看。玉作器型开始逐步脱离原始的简洁古拙，向多样复杂化发展，逐步出现了浅浮雕纹饰、掏膛技艺、圆雕、立雕，甚至少量活环技法，琢玉制技趋于成熟化。根据这些要素还可大致区分这一时期的早中晚期。如带活环器物，应在西周晚期，器物的造型与雕琢技艺是判断时间的重要元素。玉器雕琢的纹饰与刀法，有些极具时代特征，如面饰线浮雕的"臣"字眼，是商代的典型标志；阴刻纹饰的大斜刀勾彻法，又是西周的典型刀法；其他诸如双线纹、勾连纹、棒槌兽角等都具有商或周的典型特征。在同期考古发掘的玉器、铜器类的标准器物上以上特征大量出现，依此比对参照，是断代的重要方法之一。代表王权贵族享用的礼制器、供奠器开始出现，如豆、盏、圭、磬、编钟等。

再次，从彩绘内容来看。大漆彩绘的图案纹饰，同样含有大量商周时期的代表性纹样。如凤鸟纹、蝉纹、双线勾转纹、虫纹等，极具时代特征，且十分易于辨别，是断代的重要参考。手绘纹饰图案出现变异、神幻、夸张、威严色彩的图腾形态，带有权势、神灵成分，等级标志彰显，龙凤具有民族特征的图腾已具雏形，比之原始文化形态更进一步丰富细化。这一时期的玉雕形制与彩绘图纹，有奴隶制社会的特征和向封建社会过渡的文化特点，封建礼制的规范与提倡在彩绘玉器上开始有了明显体现。

最后，从铭文来看。少量器物依然保留着早期象形字符，有的还有篆字书体铭文出现。字符与文字形态也是判断时间早晚的重要依据。

3. 春秋战国时期（公元前 770—前 221 年）

首先，从器物的总体特征来看。器物包浆、附着物、漆膜等表征老旧之气明显早于汉代，高古之气仍存，加之制玉技艺的进一步提升，颇具美感，令人爱不释手。漆膜丰厚饱满，光亮润泽，大漆质地很好，颜色以红黑为主。早期开始有少量土黄、深绿、蓝白色彩。

其次，从器物制作技艺与器型来看。浮雕、镂空技法精湛，制玉技艺已趋成熟，达到了高古时期的琢玉顶峰。造型纹饰优美，出现了三角波纹、网格纹、斜线纹等战国典型纹饰，还有谷纹、蒲纹、卧蚕纹、扉牙出戟、出廓龙凤等，线条流畅、形态鲜活。战国时期玉雕制器的典型样式在大漆彩绘玉器上均有表现，边缘锋利扎手的突出特点亦存，这一时期玉器特征十分突出，易于辨认。

再次，从彩绘内容来看。漆绘纹饰中多有三角波纹、网格纹、斜线纹等战国时期典型纹饰。漆绘图案中有车马、出行、狩猎、斗兽、杂技艺人等生活写照，亦有动物、植物、花卉等，内容丰富，体现了较浓的生活气息。带翼的羽人（即仙人）、兽面纹、长尾异兽、人身兽首等神灵化图像时有出现，人类的想象力更加丰富。

人物造型开始展现出人体结构的自然美，如彩绘玉仕女，胸、腰、臀三围圆润柔和比例适宜，前凸后撅美雅飘然，极具东方美的风韵。审美情趣的艺术表现，显示了文化层面的巨大进步，这一时期的大漆画饰，多有不同视角的美的展示。其曲线流畅、结构和谐、形态协调、神姿健美、流动飘逸等，已初步体现了形、情、神三者结合的表现要素。

这一时期的漆绘图案的艺术表现在全部彩绘玉器中属顶峰之作，前比超过夏商周，后比强于汉唐，与漆器制品在战国时期达到巅峰的时间同步，这一特点尤为明显。

最后，从铭文来看。文字均为篆字或金文书体。

这一时期彩绘玉器数量较多，玉作精湛，漆质上乘，画作精美，品相完好，是这批彩绘玉器中的佳品。

4. 汉唐时期（公元前 206—907 年）

这一时期彩绘玉器数量明显减少，唐以后基本没有见到。部分器物漆质比战国前略差，漆酚含量稍低，看来较稀薄，饱满度及光泽度均没战国前的好。红与黑已不是漆绘主色调，枣红、黄、蓝、白色均有，颜色搭配多样化。玉作器形明显具有汉代玉器风格，如舞人、玉鼎、管、璧等组合玉饰。神权皇权淡化，开始显露装饰赏玩或贵族文人气息。漆绘图案如龙、云纹，宽袍大袖的人物服饰，具有汉代风格特征。玉雕阳文采用隶书字体。这部分器物是这批彩绘玉器中相对最晚的几件。

纵观大漆彩绘玉器的历史，始于夏代早期，盛于商周战国，汉唐后销迹，历时约 2000 多年。其展现的黄河上游早期文明，无比靓丽，难怪所有赏阅者无不为之动容。

大漆
彩绘玉器的
真伪判断

笔者发现并收藏大漆彩绘玉器，是凭借着自己多年鉴藏古玉的偏爱、经验与直觉。民间的收藏爱好者都知道，流迹于市坊的器物稍纵即逝，留舍大多凭借直觉即时选择，市场不会给你冗长的时间去探讨、研究、考证再作取舍。当然，这种直觉是凭借着自己多年积累的眼力，绝非冲动乱为。市场器物只有收藏后才有时间和条件作深入地研讨和探究，也只有到那时才能证实自己当初直觉的对错与否。

对大漆彩绘玉器进行 ^{14}C 检测，是在历时几年的品读、研究和以求真伪的漫长的探讨过程之后，而最后采用的科技手段的佐证，以求证实笔者的研究。在对实物的器型、材质、风格、纹饰、工艺、沁色、包浆、附着物及加工痕迹等全方位的多重审视、研究之后，笔者虽仍坚信彩绘玉器当属旧物而不是新品臆造，但毕竟只是"目鉴"范畴。

为此，笔者决心对已经研究了几年的大漆彩绘玉器做一下 ^{14}C 纪年测定。对自己以前的看法，是认可还是否定，这是至关重要的最后一步。

真伪判断涉及众多， ^{14}C 检测是这一漫长工作时序上的最后环节。因其独特的重要性，本章节给予优先表述，将其做法与自己的思索如实公之于众，以利读者鉴看。

一、碳十四纪年检测

我国有文科、理工科之分，常有文科人士对理科原理缺乏了解，而理科工作者又对文科知识不甚了解。有些业内外的藏友与专家对碳十四（以下简称 ^{14}C）测定的原理缺乏了解，故对其准确性不是很放心，因此有必要说明一下 ^{14}C 测定的原理与科学性。

从宏观视野上来说，以太阳为首的核心光照、宇宙射线覆盖一切，各种现代的科技设备，尤其是许多医疗诊断设备都有放射性，坐一次飞机受到的辐射要比地面上大得多。我们实际生活在各种射线之中，关键是在安全剂量之内，便不会有损健康，适度晒太阳反而还有益于健康。

从微观世界的角度看，物质由分子组成，分子由原子构成，原子又由原子核与绕行于核外的电子组成，原子核又由质子和中子组成。再细分还有粒子、夸克之类，这与我们探讨的目的关联不大，如果不是搞粒子物理前端研究的，也难以继续深入。

^{14}C 测试又称 ^{14}C 纪年法。从物质是由原子构成这一基础科学理论来看， ^{14}C 是碳元素的一种具有放射性的同位素，于 1940 年被发现，是宇宙射线撞击空气中的氮原子所产生的。空气的主要成分是氮气和氧气，在宇宙射线的作用下，氮原子发生变化，原子核由原来的七个质子减少为六个，成了碳元素的一种同位素，它的分子量是十四，故叫 ^{14}C。 ^{14}C 的原子核又放射出中子，最终又变成了氮原子。这个变化每过 5730 年减少一半，就是所说的 ^{14}C 的半衰期。而衰变反映和半衰期时间与反映物的起始浓度无关，利用这一性质发明了用放射性 ^{14}C 测定年代的美国化学家利比（Libby WF），获得了 1960 年诺贝尔化学奖。

^{14}C 测试纪年有正负 50 年的误差，如做树年轮校定可精确到几年，而古物断代一般无须如此精确。因为 50 年对于在几百年之内的测试结果来说，相对误差很大，如 100 年年误差 50 年，便无太大应用意义，需减少误差；但若 5000 年误差 50 年，误差率仅为 1%，则对断代意义非凡。若 5 万年以上也不行，因 ^{14}C 经 10 个半衰期后，物体中所余 ^{14}C 数量太少，从而失去了准确性。故，这一科学方法一般适用于几百至 5 万年之间的时间测定。

大气中二氧化碳含有的 ^{14}C，通过光合作用进入植物体内变成了含碳的有机分子，动物通过进食植物，体内自然也吸收了 ^{14}C。只要活着的植物或动物就要不断地补充含碳化合物，体内 ^{14}C 与 ^{12}C 比值保持恒定，而 ^{12}C 是不衰变的。动植物活体内的这一比值恒定，也就是说，只要活着，就是"现在时"。然而当有机体死亡，不能再从外界摄取含碳化合物时，其体内的 ^{14}C 便因衰变而逐渐减少，与 ^{12}C 的比值也随之减少，而这一比值与大气中的数值相比较，也就知道了生物体的死亡时间，从而可以计算出其死亡时刻距当今的年代跨度。

动物死亡无须费言，植物的死亡是指如树干伐断，枯叶落下，草木割除等等脱离活体后丧失生命的部分。天然的生漆是漆树自然生长的汁液，含有碳元素。从树上割下时起，漆液脱离了树木活体，其中 ^{14}C 衰变的"时钟"便开始启动。土壤中有植物残留，一切含有碳元素的物质均可以应用此法检测推定年代。从考古学上来讲，碳测年是目前最准确的纪年方法。由此可见，古玩作伪者不能控制或改变宇宙射线，更没有改变 ^{14}C 同位素衰变周期的超能力。因此不必怀疑 ^{14}C 测试纪年结果的科学性，更不必担心古玩赝品制造者有在此领域的作伪能力。

笔者求助于北大的 ^{14}C 实验室，据了解，北大 ^{14}C 实验室是理化实验室，工作具有相对独立性，只对样品采样的测试负责，不受考古人员目鉴看法的影响，具有十分严谨的科学性。

玉器是矿物质，不能进行碳检测，但彩绘玉器剔下的附着物可以，而测定附着物的年代对器物本身的时间判别举足轻重。笔者选择了器型图案明显具有战国时期风格，推断为 2500 年前的实物器，剔下器表上粘连牢固的碳后，进行检测。因测试步骤复杂加上测试排队诸因素，等候结果的时间很长，历时一年才获取到测试数据，最终结果为前 1.65 万年的天然碳。

检测结果不容置疑，但如何解读，须认真对待。这与笔者目鉴推断为 2500 年前的时间相距甚远，不具断代的有效参考。但认真思量，并非没有价值，现代做伪者若能找到万年前的天然碳让人无法想象，他们也没有办法凭目

北京大学加速器质谱（AMS）碳—14 测试报告

送样人　　张雅玲

测定日期　2004-11

实验室编号	样品	样品原编号	碳十四年代（BP）	误差
BA04318	炭粉（玉漆附着物）		16565	100

说明：计算年代采用的碳十四半衰期为 5568 年，年代数据未作树轮年代校正。

北京大学　　加速器质谱实验室

第四纪年代测定实验室

2004 年 11 月 19 日

检测报告

视识别粉末状碳来自何时。此次做 ^{14}C 检测最重要的意义在于以科学的方法证实了原来目鉴是古代还是现代的初步结论，即笔者收藏的大漆彩绘玉器并非现代臆造之物，新旧之别显然明确，彩绘玉器出自历史地层，古物之鉴已然确认。

首次检测虽然肯定了大漆彩绘玉器是来自古代，但具体的年代与笔者研究还有很大差异，为了进一步利用科学手段协助断代，遂决定进行第二次 ^{14}C 检测。

这次笔者选择测试另外几件器物上的土锈，经过一年，检测结果显示土的时间为前 1.61 万年。彩绘玉器黏附的积土比积碳时间晚一些，可以推测为先民在埋藏这些宝贵器物时，出于保护目的填充物采用了自然界的天然碳，因

此碳比土要早。另外，经查国家考古对齐家文化地层的碳测年是 1.54 万年，这次土的测试与之极其相近，证实了彩绘玉器出自齐家文化地层，从而进一步证实了其出处与时代，也证实了临夏百姓说的这些器物出自当地属实。

第二次碳测年结果，虽又进了一步，但两次结果，均在 1.6 万年左右，大体时间还是在同一时期，没本质区别，但离笔者对器物本身推断的时间仍差距甚远。对于这点，笔者再次请教于 ^{14}C 实验室的工科专家，才知大漆可以检测。生漆属天然漆树生长而成，含有碳元素，漆液自树上流下开始 ^{14}C 衰变计时，即大漆的碳测年结果即是漆液脱离树体的时间。据此分析，彩绘玉器上大漆的采用时间，也就是制造彩绘玉器用漆的时间。事实上人们不会采下生漆后放置几百或几十年不用，生漆也保留不了太长的使用时间。由此推断，用漆时间也就是采漆时间，就是制作大漆彩绘玉器的时间。漆液脱离树体开始 ^{14}C 衰变计时，当然就是彩绘玉器的准确断代。

北京大学加速器质谱（AMS）碳—14 测试报告

送样人　　张雅玲

测定日期　2005-4

实验室编号	样品	样品原编号	碳十四年代（BP）	误差
BA05206	漆（玉刀表面）		3410	40
BA05207	土（玉刀附着）		16135	50

说明：计算年代采用的碳十四半衰期为 5568 年，年代数据未作树轮年代校正。

北京大学　　加速器质谱实验室
第四纪年代测定实验室
2005 年 4 月 26 日

检测报告

笔者特意选择了一件漆膜完好、光亮如新的彩绘玉刀，据器型及综合表征推断，此物虽有商代早期特征，但自己认为还是保守点好，不敢断为商代，因此初断早不过西周，晚不低于战国，应在距今 2500-2800 年间。实验室教授与我共同刮取了器物上、中、下、左、右侧五个地方的漆膜，包在检测采样专用锡纸内留检。之所以从器表五处采样，是为了尽量保留漆绘图案的完整，漆样数量既要够检测需要，又不能只刮一处，否则损坏图案太多。这次检测 10 个月便拿到了检测报告，结果为彩绘用漆为距今 3410 年。

实物所用生漆的采制时间比笔者研究得出的断代仅早几百年，原断代为商代晚期至西周，现在根据 ^{14}C 检测应该为商代早期至夏代晚期，比原断代时间略早，但属相邻时代。这一时间差异对藏家而言无本质区别，对收藏而言，藏品的关键是新旧不能误判，断代不能横跨重要历史时期。

通过三次 ^{14}C 检测，彩绘玉器真伪鉴定、断代时期都与笔者研究相吻合，原有推断得以科学证实。

二、大漆彩绘玉器表面状态识辨

众多周知，藏家寻觅选择藏品的过程中没有可能运用科学技术手段，更不用说用 ^{14}C 检测了，只能单凭"眼力"判别。彩绘玉器的发现同样如此，尽管 ^{14}C 的检测说明了笔者研究的结果得到了科学的证实。初期的识辨与 ^{14}C 检测完全没有关系，因此，笔者认为有必要将自己初始发现大漆彩绘玉器时目鉴的各种要素与思索如实披露，将真实的表象与看法展现给读者，这样才不失完整。

目鉴是发现与甄别古物真伪的基础手段与首要环节，至关重要。科鉴是对目鉴的进一步佐证，二者相辅相成不可或缺。再者，科鉴不能说明释疑全部，亦不是随处都可以具备可操作性。彩绘玉器的发现与收藏，客观上也是从"目鉴"开始的。

依常态而言，赝品大体有两种，一种是根据文物进行仿造，另一种便是造假者肆意臆造。根据文物进行仿造并非新生事物，而是自古就有。仅就玉器而言，仿古制品在宋代出现了第一次高峰。宋人尚古，器型多根据殷商、战汉的器型进行制作，纹饰、工艺显示了宋代的特征，因此从现在看来即便是宋仿殷商的玉器也是珍贵之物。我国历史上仿古玉的第二次高峰出现在民国时期，品种与数量都较为可观，但大多做工偏于粗糙。而第三次高峰，则是当代制造的仿品。由于近代科技的飞速发展，仿古制造也引用了诸多前沿技术，他们以公认的标准器为模本，来仿造出同样的器物。凡是仿制，涉及材料、工艺、配比、艺术水平、审美眼光、作旧能力等各方面要素，自有高低之分，低者易于识别，高者很难分辨，甚至可以以假乱真，故称高仿。单就器物自身而言，虽然已具有复杂的工艺和高品位的艺术含量，即便标价不菲，但也是赝品，有一定鉴定能力的藏家不会被仿品所迷惑。

古玩的臆造大多粗劣，还不具有仿造上品的工艺水平，因此常有不同时代的特征风格混杂在一起，成了没有章法的四不像。故臆造之物大都比较好认，仅从器型风格、纹饰特征上区分基本就可杜绝失误，但也有臆造艺术水平很高的。假冒新发现的古旧品种，要完全做到符合某一时代的特征很难达到，总是可以发现马脚之处。总体而言，臆造品比高仿品好认得多。面对实物，第一步排除仿制与臆造是至关重要的。

笔者收藏古玉 30 余年，阅鉴器物不在少数，从大漆彩绘玉器的表面状态来看，并不是仿品。这种器型工艺的玉器从未见过，没有仿制的参照物，也就排除了模仿的可能性。

那么，重点判断其是否是臆造品。臆造之物，当然是新做，器物的包浆、附着物、气味、加工痕迹、材质、手感等所能见到的表征当逐一查看，综合思考。

第一，从包浆来看。无漆膜覆盖的露玉之处包浆明显，仅从包浆厚薄推断，远远早于明清玉器，至少在千年以上。沁色多为土沁，有的鸡骨白色水沁处较深厚，属生坑器物看不出包浆，小心擦拭亦显包浆，符合生坑古玉的特征。因有漆膜纹饰，无法大面积盘玩，只能保留生坑原状。彩绘玉器的包浆与沁色，均显高古之气。

第二，从漆及漆膜来看。其用漆一律为天然大漆加矿物质颜料，无近代化学漆。漆膜大多厚实，与玉体贴附牢固，漆质为生漆，不是化学滕，更不是彩色涂料。漆膜表面光泽稳重，不浮不滑，温润老道，特显老旧大漆包浆，非新髹绘。漆膜大多以软性工具髹绘涂抹，有的局部可见粗毛刷痕，有的漆膜内含有一些细颗粒杂质，这说明漆的纯净度并不完美，从痕迹查看，无新做之虞。

第三，从器表的附着物来看。器表的附着物有黄土、沙土，色浅淡些的白土，深一些的含植物腐殖质较多的褐色土和黑色的碳末。仔细剃下物表附着物呈大小不一的片状，非粉末状，也符合高古玉附着物的特点。无论玉底或漆底附着物都粘连得较为紧密，有的剃除时因粘连过紧还十分困难。附着物与器表粘连无任何胶质的化学成分，属长久挤压自然粘连，这种附着物的状态是很难人为仿做的。这是因为仿做之物即便在土中埋几年，表面土也不是这种形态，除非至少埋藏几百年以上，那对做伪者已无意义。

第四，从气味来看。气味也是需注意辨别的元素之一。赝品做旧大多带有各种各样的杂味。需说明的是，一般藏家不同于商贩的很重要的习惯之一，便是藏家为了鉴赏把玩，通常都会把器物清洁干净，尽量还原其本来面貌；商贩则不做处理，弄干净了反倒让人以为是新的而不好卖了。真品附着土带有淡淡的馨香味，俗称老土香。新土则无土香味，作伪为了逼真，往往会掺有化学黏合剂或其他杂物，这样就会产生泥土之外的杂味，这些需仔细分辨才能察觉。彩绘玉器表面附着物清洗前有老土馨香味，其味淡雅柔和，非人为后做。

第五，从器物痕迹来看。露玉处表面磨痕在放大镜下查看，可以看出是非高速工具打磨，有杂乱甚至宽窄不一的细微磨痕，这说明打磨无规则，或手工或用的慢速工具，磨料的颗细度与均匀度也不够，非现代工具与磨料所为。

第六，从玉质来看。玉质有甘肃地方玉、和田玉、青海玉、英石、岫岩玉，亦有石性很大的低档玉料等，玉料材质上下相差很多。有人以为其是因玉料不好所以才髹漆装饰，实际并非如此。有的器物玉质上乘，漆绘漂亮；有的器物玉质很差，漆绘也很讲究。由此看来，漆绘图案表达的寓意并不是根据玉的材质决定的，而是另有含义。其表面手感特征较为一致，无论玉表与漆表，都有一种老包浆特有的嫩滑愉悦之感。

依上述各项器表特征查看，彩绘玉器当属旧物，并非新做。当然这只限于初步的观察，不能最终定论。如若进一步识别是何时期，尚需深入探求。

三、大漆彩绘玉器新旧的进一步思考

东西到手回家后，第一个思考的问题还是器物的新与旧，这仍然是进一步识判的重中之重。这里真伪的核心是指旧物还是新做，至于精确的时间、断代、存世量、文化艺术价值等都在其次。对于看问题的角度与侧重面，藏家与职业文博人员略有区别，准确的时间断代与出处对职业考古是十分重要的；但以藏家的角度看古玩收藏，新旧最重要，否则将无从谈起。

比如，对藏家而言，其藏品是战国还是汉代，是宋晚还是明早，不是本质失误，亦无多大损失；但一旦是新做，则血本无归，毫无价值，即便朋友转让也不可为，这是收藏道德的底线。稍有资历的藏家都知，一旦"打眼"买了假货，都不敢随便拿出来给别人看，丢人，当然更不敢转手，那将不只丢人还是骗人，不只是眼力之误，还成了人品问题。

笔者多年习惯，淘得藏品的第一步是清洗消毒。清洗是为看清器物原貌，消毒则利于把玩。同时，清洗过程也利于新旧之分的进一步识别。以适当比例的消毒液浸泡一定时间，比例与时间根据消毒液指标要求而定，以不伤器表材质为限。大漆虽耐酸碱腐蚀，但玉材对酸碱有反应，所以一般不用强刺激腐蚀性的消毒液，以医疗部门常用的品种即可。消毒后用清水多次漂洗，彻底除去消毒液残留，同时也消除掉一般性黏附于器表的杂质。

一般经过清洗后的藏品基本都显露原貌，但也有相当一部分大漆彩绘玉器附着物粘贴十分紧密，用软性物清理不掉。其体表被土锈或炭末覆盖了绝大部分，整体看上去显得黑乎乎一片，无法显露纹饰形态，更不用说看清画的是什么，如何画的了。不剃除器表积物无法看到真相，但如何剃除，前提是必须要保障不损坏漆绘，不伤及漆表。尤其是纹饰线条边缘处，因比玉体表面高出凸起，在积炭覆盖下又很难分清边缘处的深浅，弄不好可能把漆膜一起铲下，很有难度。

经揣摩与多次局部小面积试验，笔者发现，在清水浸泡中，漆膜与玉材的黏接力高于附着物与漆表的黏接力，可能是因为附着物的吸水率大大高于漆膜与玉材的吸水率。考虑到硬性金属工具易给漆表留下划痕，要以竹签或木签来仔细剃掉土、炭，所用力度、剃除方向、铲入角度等根据图纹走向及漆膜状态适当调整。有的很费时力，一件器物所费时间达十几个小时以上。当所有图案完整的显露出来后，其精美、神奇出乎意料，清理干净后的玉表、漆面，光泽柔和内敛，包浆特征更加显露无遗，古旧韵味十足。

在清洗剥离附着物的过程中，从粘连的紧密，碎土的形状、气味、成分等看，均无疑问。无论剥离的土、炭碎屑，认真查看均无化学合成胶质成分，这点其实运用土办法也非常简单，就是烧一下，看烟色，闻气味，很易辨别。

人们常说"真金不怕火炼"，即黄金高温炼烧后物质成分不变。相反，怕烧的是化学成分构成的各种塑性物。讲一件笔者亲历的往事，笔者曾收一面汉铜镜，红斑绿锈，纹饰不错，手头也轻，专家、藏家都认为对，民间高手也认为确真无疑。就是这面铜镜，用火一烧居然着了，小火苗一寸多高的，黑烟发出刺鼻塑料味，令在场所有玩家大惊，在家纷纷感叹竟有如此高超的"杰作"，今后得更加小心。

凡掺有近代化学制物的成分，大多一烧便知。问题是你只能烧属于自己的东西，商家的不能烧，淘宝过程中他人的东西不能烧，即便买到手你也不宜在现场烧，只能回家认真琢磨后认为有必要时才能用此法检验。这实际是验证自己眼力的一个手段，简单但不易行，操作受到了很大局限。

大漆彩绘玉器经清洗、检查，附着物烧蚀等进一步验证，更加坚定了自己做出的绝非新做的初判，凭以往的经验，当属旧物。综合判断，至少应是千年以上的高古器物，大多在春秋战国时期前后。

1. 断玉器真伪

大漆彩绘玉器的承载体为玉器，玉器的真伪与大漆彩绘玉器的真伪是一致的。如果玉器为伪，则大漆彩绘玉器为伪，因此，断玉器的真伪非常重要。但由于玉器本身就是非常系统的学科，不属本书论述的重点范畴。因此笔者在此，只是根据大漆彩绘玉器的分期进行简单的玉器概述与真伪识别举例。

在夏代，玉器制作中开始出现简单的镂空技法，尤其是边缘镂空各种纹饰较多，美化的意识在玉器中的表现和追求进一步得到展现。

商周时期青铜器的发展，给玉器制造提供了新的工具和技术手段，使玉器的工艺水平、制作规模达到了更新的高度。商代早期与新石器时代晚期的玉器类似，中晚期后，逐渐形成了风格。商代玉器以玉璧、玉璜和大量的象生动物为主体，造型各不相同。其造型生动优美，雕琢细腻，线条简练但富有生气。动物造型有少量圆雕作品，形象生动。商代玉器中人物形象也有很多，人头、人面玉片、面具以及整身人像，也有人兽一体的表现方式，这与商代人祭制度有关。商代玉器的艺术风格可简单概括为：满身纹饰、眼睛夸大、线条刚劲、边缘镂空。西周早期玉器的造型、纹饰、风格承袭了商晚期的遗风。至西周中晚期，又在传统基础上创新，出现了属于西周独特风格的一些典型标识和技法。商重视纹饰组合，周凸显造型表现，体现了不同的艺术风格。西周玉器的艺术风格具斜刀琢线、纹饰流畅、满身相缠、依形选料、镂空独立、动物各异、朴拙华丽、妙趣横生的特色。

春秋战国时期的玉器，除陕西、甘肃南部的西秦地区有自己的一些区域风格外，其余诸国有基本的共同风格。春秋时期最重要的纹饰是虺龙纹。战国时期，是中国历史大变革的时期，玉器形成了完整的礼器定制和佩饰规则，且玉表全部或局部的亮光十分夺目，出现了强玻璃光，俗称"水银光"。战国玉器的早期纹饰承春秋时期的艺术风格，云纹、谷纹的相杂纹，逐渐由复杂转向了有规律性。大漆彩绘玉器，仅就玉器自身而论，其形制、纹饰、琢工、刀法等，要符合其所属时代的特征，这是辨别真伪的基础环节。

大漆彩绘玉器从收集始，历经判断新老，初断年代，科技检测，进一步时间修正，全部工作完成历时六年以上。彩绘玉器属于新发现的器物，因无借鉴，辨识难度与困难显而易见。加之器物大都又被大漆绘画所覆盖，更增加了器物自身的辨识难度。

下面通过举例说明如何判断彩绘玉器的真伪。大漆彩绘马首柄玉刀，长43.5厘米，宽6厘米，厚0.9厘米，按玉器标识尺寸常规习惯，取外形最大处测量。刀柄为昂首马头，嘴微张，头顶部鬃毛成三角冠形，有一定的装饰性，神态温和驯服。柄与刀身衔接处的格挡斜置约45度，有纵向四道瓦沟纹槽，沟槽有宽窄不等处，凸显了三道条线形棱嵴。

从马首刀柄与斜置格挡的造型风格看，流露出西域少数民族的风格。

这件器物雕琢工艺简单，马首脖颈两边有斜方格网状细阴刻线纹，线条非笔直，细刻线宽窄不一，远没有战国时期制玉的细阴刻线娴熟，应为慢速坨具磨制。其琢玉手法略显粗犷，因马首面与脖颈大部分表面无髹漆覆盖，这使得玉表状态易于辨认。从琢磨手法及形制风格看，时间肯定早于战国，战国的玉雕比这要细腻，但又比新石器时代的制器细致一些，由此来看应晚于齐家文化晚期。齐家文化时期方格状阴刻线纹尚未现，没有这么多的纹饰点缀，与其相比，更还原始粗犷。由此可见，玉作自身特征显示早于战国晚于新石器时代，大致应属商、周时期。

再看马的眼睛为减地浅雕长方椭圆形，若斜对角外展出峰则近似商代典型的"臣"字眼，西周至战汉后几乎没见过这种椭圆形眼，因此可推测这种眼形应在"臣"字眼之前。依此判断，其大体出现的时间应是商早期或夏代。

其玉质属于新疆青白玉，白中略返青带灰，材质上乘，玉透度较好，润泽有熟透之感，高古玉玩家常说的"已经熟透了"，即指于此。玉表包浆较厚，手感滑腻，从感观看，包浆厚度比齐家古玉略薄，但比战汉之玉的包浆要厚实许多，抚摸之滑感类似齐家古玉，形成时间应在几千年以上。

仅从这把彩绘玉刀柄部露玉处玉表包浆判断，应不晚于商周或略早，但早不过新石器时代晚期，从包浆形态来看最少也在3000年以上。单从此项来看，大致也应在商代前后。

详细查看玉表抛光的磨痕，这需用10倍放大镜看，一般不要大于20倍，以免可看面积太小而不易查看磨痕走向。刀柄磨痕走向杂乱无章，痕迹粗细不等，这说明原琢玉最后工序的玉表抛光属纯手工打磨，且磨料颗粒细腻均匀度不够，这是商周前高古玉表面磨痕的特征。由此又可推断此器应在商周或略早。

其刀身全部由黑色底漆覆盖，无露玉处，身上、中、下基本等宽，头部呈半个弯月形曲线上翘，身两侧薄中间厚，刀脊与刀刃最薄，横断剖面呈菱形，使得刀身两侧中间形成一条凸起的脊线，顺刀头部形状弯曲直抵刀尖。只从刀身中部看，其等宽顺直，两侧出刃，中线有脊与剑相同，但因头部弯曲出尖，整体还是刀形。总体看，这种刀形窄长又类似匕首，涵有西域民族风味。刀身线条流畅，自然优美，中间棱脊两侧出刃的琢磨比平面形的工艺复杂了许多，显示出了某些秀丽的美感。新石器时代晚期的齐家古玉的各种形制玉刀较多，浑厚古朴的原始风格突出，造型的秀丽尚不明显，就这把彩绘玉刀的形态看，肯定比齐家古玉要晚。而商周以后的玉刀大多出现阴刻线装饰纹络，边沿也常有戟牙装饰，雕琢更趋复杂，彩绘玉刀形状的素洁简单看来又比商周略早。因此，从刀的造型推断，约为商周时代早期，起码晚不会在西周之后，也不会早于齐家文化时期，应属夏商之物。

依据造型线条元素的断代，一般前后有较宽泛的时间段。这一时间段，对高古之物，几十年数百年不足为奇，但不会超过一个大的历史时期。如原始社会与奴隶社会有时混淆，但与封建社会相比就有显著区别。鉴断时代还要考虑到宋代盛仿古玉风气，绝不能单从形制判断。因此，造型风格的时间推断是一个历史阶段的研判，只是断代的参考要素之一，最终还要看是否与其他断代要素相吻合，需通盘考虑。

沁色也是古玉断代的重要参考要素之一。因玉质的坚硬细密，其他物质的颜色渗入非短时内可以形成，根据沁色的特征亦可做出时间

大漆彩绘马首柄玉刀

推断。首先需要说明的是，伪做的人工染色沁，以化学染色剂涂抹于烤热的玉表，因其色泽、均匀度、渗透浅薄、没有包浆等多种因素所致而不难识别，且做沁的各种方法均有漏洞，看起来很不自然，在此不做过多讨论。彩绘玉刀因大部分玉表被大漆覆盖，又因玉料上乘，质地细密，不易形成沁色，故沁色很少，只是在刀柄马头的鼻、嘴部有少量的牙白与牙黄色沁，色浸入玉质较深，色度深浅不一且很自然，最重要的是有沁色的玉表与无沁色处的玉表包浆同等厚泽。这种玉质若形成这样的沁色至少需要 2000 多年以上的时间，也就是说，仅从沁色判断，器物时间不会在战汉之后。当然，沁色形成还与器物接触的外部条件有关，有时同址出土的两块玉，一块有，一块无，其形成机理较复杂。另外，还有沁色腐蚀严重而看不出包浆的生坑之物，不要错判，盘玩之后其沁色包浆一定会出现。故，沁色是断代的重要参考，也属大时间段的研判。单从沁色看，彩绘玉刀不会晚于 2000 多年。

玉刀表面附着物不多，与玉表或漆的贴接亦不特别牢固（相对其他彩绘玉器而言），容易清洗，将局部深褐色土质附着物剃下细看呈片状，无化学胶质类成分，属自然形成。附着物有淡淡的老土馨香，显高古玉特征。彩绘玉器的附着物较为多样，有红土、白土、黄土、沙土、积碳、植物腐蚀后的泥浆及相互混合交叉之物。有的易于清洗，有的贴接牢固需费力剃除。附着物的鉴查需特别仔细，从其成分、质地、形态、气味等多方面综合判别，不难分出新老。附着物研判新老容易，鉴断准确时间较难，一般作为断代参考。就附着物论，彩绘玉刀当属高古玉器。

上述断代研判完全是依据古玉鉴别的要素与经验判定，综合器型、玉表、琢磨工艺、材质、痕迹、包浆、附着物等多元要素，同时还要考虑各要素之间的关联与相互印证。综合判识，彩绘玉刀约在商代前后，有把握的断定底线也是在战汉以前、新石器时期之后。

前文已提及过，作为个人藏家，判定所认之物并抉择弃留存在极大风险，在新老鉴别上异常严格，一处疑问便予以舍弃，在时间鉴断上也要趋于保守，宁晚勿早，留有余量，尽量减少失误。

至此，该玉刀目鉴的初步断代结论，是战国以前的商周或更早一些，有把握的断定也是在距今 2500—2800 年。

忆想自己当时的心境，虽自觉很有把握，但终归属目鉴范畴，并非绝对踏实，心想若万一有不周之处将满盘皆输，几十年玩玉经验也将成为纸上谈兵、过眼云烟。故自己彻底析解彩绘玉器玄迷的脚步并没终止，在探真求索的过程中，自己又深感收藏之路的永无止境，由此感发收藏行为的探索阶段，痴迷、坚守、寻的、求真、疑难、破解、乐趣、玄念百味杂陈实难形容，其实这也是每一位真心热爱收藏之士不可规避的境遇。

以上，彩绘玉器对于"玉器"部分断代初步完成。当然，这只是针对玉器本体表现特征的时间鉴断，紧接的第二步工作，还要鉴查析辨大漆彩绘部分。

2. 断漆绘时代

接续研究的问题是，大漆彩绘是否是与当时的古玉制器同期完成的？还是对前世遗存的后加补涂？有没有现代人添彩绘制的可能？这也是几位文博界古玉专家初看彩绘玉器后共同思索的问题。他们最初的共识是："古玉没有疑问，漆绘还要进一步研究。"其实，这也是彩绘玉器断代必须解决的第二步工作。三点思虑逐一辨别。

首先，古玉为现在新绘的可能性，几乎没有。当今任何人都不会将真品古玉施加彩色涂鸦，这样做岂不是画蛇添足将真品做假，糟蹋古玉暴殄天物。如直径近 30 厘米的战国早期谷纹出廓龙凤大玉璧，工艺精湛，琢磨难度极大，沁色深厚，包浆润泽，这样的玉璧已是贵重不菲之物。行家识物，偶遇真品便宠爱有加唯恐护之不及，绝不会人为损坏。仿制者只会将新器仿古做旧，绝不会将古器故意改新，古玉真品现在人为添加漆绘既不符人情也不合逻辑，基本可以排除。

但还不能彻底排除，虽说人情逻辑如是，也不能只依此便作最终结论，万一有乱理之为呢？只凭逻辑性推测不足以完备，还要有一些物质化比较，进一步比较各种漆膜，将硝基漆、醇酸漆、调和漆、近代的水质漆及大漆涂抹各种漆膜，同时再以宋代木胎漆器参考，与彩绘玉器上的原有漆膜比较，新漆老漆有明显区别。彩绘玉器上漆膜的饱满厚重之感，其包浆的沉稳老道，是在任何新髹漆膜上绝对看不到，比之宋代漆器还要深厚沉稳，因此可以肯定，彩绘玉器上的大漆图案，绝非当代人新漆所绘。

其次，继续进一步研究是否为后世添彩。有学者提出见过宋代加彩的石造像，因此建言甄别是否宋代出于尚古之风，在古玉器物上添加大漆图案。为解此疑惑，笔者将彩绘玉器漆膜与宋代漆器相比，发现包浆有明显差异，彩绘玉器漆膜的包浆更加厚实、老道，隐约泛有润泽性幽光。唐宋以后的漆器，从漆膜查看包浆较薄，虽无浮光，但那种温润的幽光相对较差，且唐宋用漆平滑，均匀度很好，说明漆料杂质很少；而彩绘玉器上的漆膜，明显看出漆内杂质较多，且粒度大小参差，说明用漆纯度不够，或添加的矿物质颜料粒度不够细密均匀。若宋代在如此珍贵的古玉上添加彩绘，绝不会不用好漆。据此推测，其比唐宋时代要早得多，这是由生产力水平造成的制备工艺的欠缺所致。

更加重要的是彩绘玉器漆膜上的附着物，无论土质、细沙质、碳质，其形态、气味、成分，与漆膜附着力度均和无髹漆玉表处的附着物完全一致。这一点异常重要，这说明了漆膜附着物与露玉处附着物同期。因玉器时代已判定。同期形成的附着物之下覆盖之漆膜，当然也是制玉同期所绘，从而排除了后世添加漆绘的可能。

笔者自知对漆器鉴断的经验不足，但对附着物的鉴查还是很有把握的。高古附着物是人为做不出来的，更无法做到漆绘边缘与露玉部分相接处完整附着物的连接。有部分附着物牢固的彩绘玉器，因把大部分图案掩盖，整体看上去黑乎乎一片，看不出纹饰图案，需一点点清理剔除。此项操作需小心异常，有漆与无漆处的图饰边界很难分出，紧巴的附着物无论玉表或漆表同样牢固，即要剔除附着物又要保留完整的漆膜图案，很费周折。回忆当时为此绞尽脑汁边试验边想办法的情景，历历在目，有时清理一件器物要费时一两天以上。从附着物牢固度看，没有后期添加漆绘的可能性。

另外，从彩绘玉器漆膜的包浆、材质看，也排除了后世添彩的可能。单从漆的表征讲，其老道、厚泽的形态，起码应在战汉以前。由此又从一层面证实，彩绘与制玉同期，既不是后世添彩，也不是现代人画蛇添足。

四、大漆绘画风格

关于彩绘图案与纹饰的风格、艺术表现、绘画手法等，也要给以辨别。虽然依据文化艺术风格特征作时间上的区分，难以精确，但在大的历史时期方面，不会出现根本性偏差，是一个很好的佐证。也就是说，其文化艺术风格特征的彰显，与前两步时间推断结果要相符，不能出现撞车性冲突，这也是彩绘玉器断代的第三步。

关于艺术风格，在其他小节已有专题评论，为尽量避免重复，在此只扼要阐述与断代的关系。

绘画表现与人的审美意识密切相关。审美意识是人类文明初始与发展的一个重要组成部分，绘画又是一个形象直观的艺术表现方式。关于审美意识的起源，《夏商周美学思想研究》一书中谈道："古今中外美术学家们已经从不同角度作了论述，目前的主要看法有：神赋说、游戏说、劳动说、巫术说、模仿说、表现说、压抑说、集体无意识说、原道说、理应说等。其中游戏说、劳动说、巫术说、模仿说都触及到了审美意识的历史起源。"（朱志荣著）

对于美的追求与欣赏，出自于人的天性，爱美之心人皆有之。追根溯源，在石器时代，人类求美之心已开始显露，人类打制的石器的造型除实用功能外还有美的因素。发展到新石器时代，石器由打制进展到琢磨，美的因素有了更多的体现。由奴隶时代始，随着各种造型与纹饰的出现、演变，由简到繁的升华发展，人类的审美意识逐步成型、深化、多彩。至封建社会已开始走向自觉成熟，此后伴随社会文明的进步，美学的体现开始出现理论性的阐述探讨，随之逐渐完善成熟，以致发展成为不同的流派体系。

从宏观历史进程的视角把握美的追求与展现、审美意识的形成与发展，可以看出，在不同的历史时期，有不同的特征表现；反之，不同的特征与表现手法也体现了相应的历史时期。这是伴随人类起源之后生产力发展、文明进步的必然结果。不同历史时期虽然有不同阶段的显著特征，但不同阶段之间的过渡接续，是渐变圆滑、逐步积累升华而非戛然而止的突变。这些基本的识别脉络，对我们赏析彩绘玉器绘画纹饰、识别彩绘玉器时间早晚、辨别彩绘玉器属于哪个历史时期大有裨益，因此也对器物整体断代判别有重要意义。

大漆彩绘玉器上的绘画图案，星罗棋布，数量博大。若按局部画意与纹饰的不同统计，总数逾千幅，若按独立完整画面计算，也逾几百幅，其内容数量庞杂，难以确切数量。画的风格、笔法、韵味，具有同一历史时期的阶段性特征，内容涵盖动物、植物、人物、山石、工具、车船、神像图腾、生活劳作、打鱼狩猎、自然景物，几乎包罗万象。全部图案均以单线条勾勒描绘，形态简练古拙，笔法粗犷，对象关系往往不成比例，无明暗、无透视关系，完全是平面投影式的表现，类似皮影，绘画语言简单、直白。有些画法还留有人类早期岩画的影子，但从构图的复杂性看，比岩画时期要晚一个阶段。有些纹饰还遗留有彩陶纹饰的风格，但延展的变换显然比彩陶纹饰又有了很大进步。显而易见，彩绘玉器上的图画纹饰既可看出与岩画彩陶的接续，又可看出与之相比的显著进步。由此可见，彩绘玉器上的这些画作，是原始文化时期岩画与彩陶之后连续发展的绘画艺术的产物。

部分武士造像或图腾神像、服饰、持器、神态，与战国时期漆器绘画或铜器浮雕纹饰像极为相似，但在绘画细节的表现上，彩绘玉器上的这些图案的笔调要显得生涩、稚嫩，没有战国时期漆绘图案的细腻、娴熟，可以认为比战国时期要早。战国漆器的这些图腾造像是彩绘玉器图像的继承延续，不同的是，战国漆器在画作技艺上更加熟练进步。

在商周青铜器纹饰上经常看到相类似的组合纹饰的结构、式样、双线组合、线条勾转等。一些图案的神幻诡异变化莫测，在战汉漆器上得到了进一步的发挥演变。还有一些飘浮状飞人形象，相貌服饰基本写实，姿态却是飞行状，比齐家古玉上的浮雕飞人图案更细致，但相比汉唐以后的飞天形象要简单得多。从各种图案纹饰的艺术特征看，大漆彩绘玉器出现的时间是在原始部落文化时期之后、战汉年代之前，应是夏商周这一历史时期。

由此看来，大漆彩绘玉器上这批绘画的风格特征出现的历史时代指向，与玉器断代和漆器识别时间吻合，为整件器物断代进一步提供了软性要素佐证。

我们在判断古器物的时间这一重大问题上，物质要素的各项指征不能出现相左的矛盾，文化艺术方面的要素特征也不能出现大的偏离，方方面面、大大小小的特质表征要相互依托、互为印证、浑然一体、自然吻合，指向同一历史时期，这样断代的把握性才能更高。若有任何一个要素的判定出现大偏差，将带来很大质疑或将可能导致推翻最终的断代结论。

因此，藏家对器物是古代还是现代之判定十分审慎严格，但对于确切的年份，并不严格，高古之物更是如此。如清代要分康、雍、乾、嘉道或清末，其间有几年或几十年范围；汉唐以前断代时间的范围可能要几十年、上百年；若是石器时代器物判定，时间段可达几百年或更高（当然是指无纪年标志的器物），这都属断代的正常结论。时间越久远，所断时间的范围越宽泛。

清洗之后，完整的纹饰图案呈现眼前，对其整体风格便于直观把握。具体典型图案的解读在以后的章节中再析，本节先概述一下大漆彩绘玉器总体风格上的直观感觉。

一位著名高等学府专职研究美术的博士生导师，在看了这些大漆绘画实物后大为震惊："我不懂玉器，也不懂漆器，但绘画语言骗不过我们，绘画的风格、技法、寓意，具有相当程度的一致性，表现了同一历史时期的特征，也体现了那时人们的艺术水平。让现代人以远古时期人们的思想精神、时代特征、审美取向、绘画语言、表现手法、完整地系统地全方位创作是没有可能的。我们专搞美术研究的都创作不出，外行就更不用说了。"

这是因为绘画风格所体现的绘画技巧、图饰结构、审美情趣、色彩运用及表达的韵味、内涵都与时代背景息息相关。也就是说，单就绘画风格论，应能彰显高古之气，同步于整体器物断代时间的初判。

纹饰图案基本是以线条组合构成，没有复杂的绘画技法，但又构成了千变万化的纹饰图案。与岩画和彩陶图案相比，有那种古朴、简拙的韵味，体现了早期绘画风格。从其画法表达的寓意上看，比岩画和彩陶图案更加复杂进步，也更加明确、具象，是绘画上的一个显著进步。因此可以推测，彩绘玉器上的绘画，出现的时间应在岩画与彩陶之后，从绘画技法的单一古朴上看，又在汉唐之前。

纹饰图案内容涵盖十分广泛，单线双线、勾连转折、波纹弦纹、流动变化；植物、动物、人物、花鸟、鱼蛇龟兔；车马、舟船、弓矛斧棒、狩猎劳作、服饰用具、图腾圣像、龙凤神物等几乎包罗万象。无论整体多么复杂，分解其局部画法，仍显稚嫩，犹如人类文明在幼童时期的绘画。

因绘画图案甚多，无法一一具体描述，只能给以重点举例性综合归纳：有些纹饰具有商周的特征，后世一直流传的青龙、白虎、朱雀、玄武，这些图案在彩绘玉器上均有表现，只是形态简洁直观，无细节描绘。漆剑、圭上的人物图腾，与在湖北发掘的战国墓里漆棺的图腾基本相似，多件器物上图案的流动飘逸、变幻莫测的风格，与战国漆器的绘画风格相近，彰显了一个时期的艺术风范。一些图案的诡异神秘、变化奇特，在汉代漆器中多有体现。还有一些器型、纹饰、人物服饰具有西域少数民族乃至外来文化的特点。

综上所述，纵观整体绘画与图饰风格，大漆彩绘玉器明显具有商、周、战、汉这一时期的特点。部分神像、图腾绘画与国家考古发掘的战国铜器纹饰或漆器图案十分雷同，彩绘玉器上的部分图案画风更加古朴，明显早于战国时期。更加耐人寻味的是，彩绘玉器出自甘肃临夏，而正式发掘的铜器和漆器则出自湖北楚国墓，其间究竟有何关联，又给我们留下了一个待解之谜。（相关图片在后章人物与神像一节中刊录）

依据绘画风格，大漆绘画应出自夏代至战、汉，历时 2000 余年。结合器物断代与 ^{14}C 测定结果，其画风与器物时代相互吻合。

五、大漆彩绘玉器的时间地域

目鉴与科鉴的结合，经验判识与高科技手段的印证，使得彩绘玉器的真伪新旧已然明朗。至此，从发现并收藏始，已时过几年。

大漆采样碳测年结果比笔者推测早几百年，更增添了欣喜。采样检测的这件器物风格综合识别有商的痕迹，也有战国早期的某些特征，因此不敢断代为商。故推测西周至战国期间，最早也就是距今 2800 年，不敢再往前说了。实测结果用漆是 3410 年，比原推测还早了 600 多年。考虑碳测年的误差，也早了 500 多年，依此推断此物应在夏商之间，个人看法更偏重于夏代。黄河上游的早期文明，造就了这批稀世珍宝。^{14}C 检测天然漆的时间，有力佐证了彩绘玉器的年代。但毕竟是例证，全部器物总体时间的区分，仍需进一步工作。

大漆彩绘玉器是伴随齐家古玉的面市而出现的，其制作工艺是先琢玉，再漆绘；以玉器造型特征为主，漆绘图案风格为辅，有机结合，相互参照。了解这些，识别这批彩绘玉器的时间顺序就不是很难了。

例如，卧蚕纹出廓玉璧，从蚕纹、出廓龙纹、沁色、整璧器型看，明显具有战国时代的特征，璧上满饰漆绘图案也符合战国漆器图饰的风格，遂将此玉璧断为战国时期。

玉鬲，袋状三足、撇口器身，造型与纹饰遗有原始文化时期特征，显然比青铜器早。商周青铜器鬲与之雷同，实际是沿用了玉器形制。彩绘玉鬲无论造型还是纹饰都有彩陶遗风，可认作原始文化后续之作。笔者在研究齐家古玉中已论述过青铜器的许多器型出自齐家玉器，从形制款式上讲，先有玉器后有青铜器之观点亦得到了多位古玉专家的认同。此玉鬲漆绘图案的漩涡纹带有齐家彩陶上涡纹图案的典型特征，因此推断此物在齐家文化晚期至商之间，应为夏代或夏商之间。

　　举此两例，只是表明断代的基本方法。至于古玉鉴断的各时代特征、标识等识玉之法，不是本文阐述的主题，且同类相关资料颇多，故无须赘述。

　　再次强调，论此地步，是必须在剃除新制或赝品的前提下，确保古物真实基础上的讨论。本节所涉，也是基于前面章节所述的延续。

　　全部大漆彩绘玉器大致可分为夏、商、周、春秋战国、秦、汉，及至唐宋，之后时代的器物没有见到。彩绘玉器的发展符合诞生齐家文化这一地域的历史发展轨迹，从彩绘玉器图案的精美、器型的复杂来看，在战国时期达到了高峰，至汉唐时期开始粗糙，唐宋后器物已见不到了。大漆彩绘玉器自身可以明显看出起源、辉煌、衰落、消亡的这一发展轨迹，与当地历史发展轨迹十分吻合。而临夏史料的记载也是唐宋以后衰落，至今当地仍是贫瘠落后的一隅。

　　大漆彩绘玉器的出处，因属民间旧货的淘集，非专业发掘之物，所以只能是各种综合因素的分析判断。

　　笔者当初发现收集的彩绘玉器来自于甘肃临夏。上世纪末，北京旧货市场出现了临夏人的地摊，据他们讲，当地陶器、玉器很多，在开发西北施工修路时常发现，有的毁坏，有的丢弃，当他们得知北京旧货市场可以卖钱，就蜂拥而至了。临夏之地偏僻贫苦，当地盖一间砖瓦房舍也就2000元，人月均百元生活费就过得不错了。以我在甘肃多年的工作生活经历，与他们沟通很是便利，聊聊家常、风土人情、生活习惯、宗教信仰，这些都是难以忽悠骗人的，他们确实来自临夏。这些东西出自那个地方，只是，那时齐家古玉还未被社会认知，再加上彩条图案，无人敢要。

　　西南地区收藏协会的一位领军人物，其收藏西北玉器多年，又是军工企业的元老，与我同事军工同喜古玉，因而不乏共同语言。此公也是几十年的"玩家"，眼力颇好，代表的还是当地一批资深藏家。他到北京与我会面，上手几件彩绘玉器后大赞并感慨道："当初我在西北军工厂当厂长时，在甘肃临夏曾见到过这样的东西，没敢认，如今后悔不迭。"老友的闲聊笑谈，无形旁证了大漆彩绘玉器出自西北地域。

　　无独有偶，在敝人修改本文稿期间，经人介绍陕西华山脚下的一位藏家也有同类彩绘玉器。大喜过望，心想自己终于不是孤军奋斗了，随即赴陕西登门拜访。他是一位公安战线的退休干部，多年玩石赏玉，珍藏的数件漆绘玉器都被他视为挚爱，收藏的时间也达10多年之久。其间当地无他人认可，在周围朋友的一片反对之中他竟敢倾囊收藏，其执着坚守，难能可贵。须知我俩是在完全互不相知的情况下各自独立的收藏，正是"海内存知己，天涯若比邻"。他的藏品全部来自陕西省西南部邻甘肃省之地，据《大百科全书·齐家文化》的论断，此地依然属于大齐家文化地域。

　　随即，笔者又拜访了西安的一位玉友，鉴赏了他手中的十几件漆绘玉器，均晚于战国时期，应属汉唐之物。器物来源也出自甘肃临夏，是齐家文化的中心地带。

　　至此，本书中所列大器彩绘玉器，全部出自诞生齐家文化的这方风水宝地。

　　彩绘玉器记录了黄河上游早期文明的高级形态，展现了夏商时期多方位文化的靓丽，不愧是黄河古文明的一道奇异彩虹。

　　大漆彩绘玉器抽样检测用漆距今3410年，这是选择漆膜最为鲜亮的实物的测试结果。依此作为标的物，依据器型及漆膜的保存程度推测，有些器物要早于这个时间，也就是说，彩绘玉器的出现应在距今4000年左右。在齐家文化的同一地域，时间又在齐家文化之后，所以统称"后齐家文化"。这里也是夏代的诞生之地，因此不难理解，彩绘玉器起源于夏代或夏商之间。

　　彩绘玉器的诞生发展时序，同步于历史文化的发展，是顺序演变，前后交融，虽难以某年某日的确切分割度量，但历史时代的识别与文化的展现清晰可见。

大漆
彩绘玉器图案
解读

　　齐家文化玉器是黄河文明的瑰宝，后齐家文化的大漆彩绘玉器，则是齐家玉文化继续发展的一颗耀眼明珠，也可看作是古黄河文明的一朵"奇葩"。

　　在黄河上下大江南北的华夏大地，发现的古玉数不胜数，大漆彩绘玉器则凤毛麟角。至今只有在黄河上游的齐家文化地域有所发现，大大超出了人们原有的传统认知，给我们的认识解读带来了许多困难同时也带来了莫大惊喜，彩绘玉器的罕见、奇异、绝伦艳美，堪称"奇葩"。

　　笔者鉴赏的玉器、漆器等器物众多，积累了相当经验，有较多的同类器物参考比对，便于鉴别，也利于识别评判。但玉器和漆器二者融合在一起的器物，过去未曾见过，有诸多未知必然会增加许多难度。器物自身虽是完整的玉料，但玉表有大面积的大漆覆盖，无法单独以玉器的条件鉴评而下结论，特别是有些器物露玉的面积很少，难以大面积观察玉材自身及加工痕迹，减少了可鉴查的因素。单看漆绘则是另一类器物，从漆器视角看待已是完美的佳品，只不过不是传统的木胎而是玉胎，因此有人称之为"玉胎漆器"。以漆器而论，玉胎比木胎自然珍贵许多，除材质贵重、工艺复杂外，其最大的优势是基本免受温湿变化等自然因素的腐蚀破坏，这就又使得漆膜形态有了新的特征，不能完全以原有的木胎漆器鉴别要素论断。木胎漆器极难完整保存，唐宋以后的还可以，战汉以前的则很难见到完整的。而玉胎漆器则无此诟病，既保留了完整的胎体，又保护了完整的漆膜。其实无论我们从玉的视角还是以漆的基准称谓，都无损器物自身，彩绘玉器是玉雕与髹漆的完美结合，是玉器也是漆器，是一个二者结合的新的器物品种，当属难得的珍品。仅从制备工艺上看，彩绘玉器就带给了我们超凡的琢玉与髹漆技艺的双重结合，两种精美器物的共体性展现、玉与漆的完美结合创造了大漆彩绘玉器这种奇珍异宝。

　　由于玉材的抗温湿不变形与大漆的耐腐蚀性，使得玉胎漆器易于保存，品相完好气象如新。因其保有原有的器形和完美的漆绘，器物所承载的内涵与信息极大地保留了原貌，利于我们品读，这在几千年以上的遗存中难能可贵。

　　彩绘玉器所展露的玉雕技艺与髹漆工艺，艺术造型与绘画语言异常丰富，其描述的纹饰、图案、人文情景，如同一部历史的百科全书。其所载有的史料素材、人文信息、绘画风貌、加工技艺、审美情趣、生产能力、生活方式、思想意识、社会形态等多元内涵的文化价值难以估量。

　　原始社会是人类文明的初始阶段，这一阶段已开始出现了文化层面的创造。伴随生产力的发展创造、物质财富能力的增强，到奴隶社会阶段，文化的创造已开始显露原始的辉煌。彩绘玉器也正是在这一时期开始出现，其展现的造型、图案、色彩、工艺、审美水平与艺术效果，达到了史前文明的巅峰，成了代表这一时期文化发展程度的代表性器物。

　　大漆彩绘玉器中的鼎、鬲、蒲、豆、簋、罐等器物，至商周后的青铜器形制无出其右。而彩绘玉器上这些器物的某些特征及绘画纹饰，明显可以看出来自以前的陶器，如袋足、绳纹等。相关器型与纹饰的联想，可清楚地看出陶器、玉器、铜器这一发展轨迹，再次证实了先有玉器后有青铜器的这一观点符合发展历程。彩绘玉器无非是提供了原始部落玉文化至奴隶社会青铜文化之间这一段历史的实物史料。因彩绘玉器的特殊与稀有，加之其承载的信息十分宽泛广博，为我们了解距今 4000 年左右这一时期的文化成就提供了新的实证物据。

　　大漆彩绘玉器由于载有大量的绘画纹饰，给我们提供了巨量的人文信息。这一信息的全方位、多层次、大跨度的展现，使我们通过绘画的形式直接看到了古人的生活、劳作、服饰、工具、器物、行具、牲畜、动物、植物、自然状态，乃至人们的期盼、向往、神幻、巫术和一些造型灵异与图腾创造。本书前文对此所做的一些解读剖析，充其量不过是一些表征皮毛。因涉及领域太广，横跨交叉多个专业，绝非个人能力所能够透彻剖析，何况笔者非专业人士，只是业余爱好之辈。笔者勉力披露是为抛砖引玉，别埋没了这批瑰宝的光彩，更深入解读尚需有识之士的能为。

一、图案综述

1. 图案三大类型

大漆彩绘玉器上的绘画，大多是在夏商、春秋战国时期，画作的内容可归纳为三大类型。

一是写实型：记录了生活劳作的真实形态，没有艺术的夸张渲染，也没有失实的变形。因早期绘画语言的简单质朴，表现的都是真实场景的直接描绘，如人站在独木舟上划桨，挥动斧头伐树，等等；画法简单，表达明确。这种写实的绘画，具有一定的卡通味道，相当于人类幼儿时期的绘画，正是这种稚嫩的画法，反而更显得真实可爱。

二是抒情型：画面透出的是一种欢快的气氛，表达的主基调是情感、情绪的表达，所以称其为抒情型。尤其突出的是以极简单的线条、质朴的笔法勾画，其图案体现的欢乐情绪十分强烈，没有静洁的心意难以做到。人物喜气洋洋，动物猛兽也全无恶相，如同人们的宠物玩偶，令人喜爱。植物花草也摇曳着喜庆，这种欢快情绪看起来是那么自然、淳朴、真实。没有发自内心的感触和现实的真情，是无法使画面呈现出这种情感的。这些画面表现的人与自然的和谐是完全的自然、纯真。由此我们不难理解，古代天人合一理念的提出是出自自然生活的感情提炼。

三是神幻型：现实并不存在的图形物种，以人或某种动物的原型为基础，经夸张变异而创造出的十分诡异的形象，显示着具有一种神幻般的魔力，是人们幻觉般的向往，还是有意创造出的具有超凡能力的神灵，以作为尊崇、敬畏、祈盼或崇拜的标志，可能二者均有之。有的图形经后世历代的丰富演变，成了民族的图腾标识，对其追根溯源，其原始要素的创造可追溯到夏代早期。

这三种类型的绘画给了我们关于早期先民的生存状态、精神向往、审美情趣、思想意识、艺术表现、文化创造等多方面的展示，使我们直观地看到了大量人文层面的信息。

特别需要提及的是如何看待外来文化的影响。在彩绘玉器上，有些图案表现的某些人物的相貌、服饰，明显具有西域外来民族的特征。据面貌特征看，大体有两类人种，欧罗巴人或斯基泰人，这两种外来族人已被近代专业考古发掘所证实。在齐家古玉的造型表现中，也可见到中东地区两河流域艺术元素的影子。

在学术界有个别看法，认为华夏文化是在西来文化的基础上发展起来的，这种观点有些本末倒置。吸收外来文化之长是兼收包容的体现，但并不是改变了自身主体。玉文化始终贯穿于华夏民族文化的形成与发展，在一定意义上讲，玉文化的发展史也是华夏民族文化的发展史，这一观点已基本形成共识。而中华玉文化的起源重点在辽河、黄河、长江三大流域。因此，中华文化形成的多元论是当前的主导看法。当你系统地研读齐家文化玉器后会发现，在齐家古玉中有对辽河流域红山文化玉器的工艺借鉴，也有长江流域良渚文化玉器艺术特征的影子。在史前的多元玉文化起始形成期，齐家玉文化具有兼收并蓄的集大成之地位，并有继新旧石器时代的延续和对夏商周后世的传承发展的明显征候。因此笔者认为，原始文化的多元状态并不是等同的并驾齐驱，黄河上游远古文明的兼收并蓄与后世历代的传承发展，自然形成了其源头与核心地位。黄河文明是华夏文化的源头，也是华夏大地多元文化要素的核心。

对内如此。对西域外来文化的影响，黄河文明也有部分的吸收兼容，这也是在齐家古玉与后齐家文化彩绘玉器中看到西来文化元素的原因。但对外来文化的吸收与借鉴并没有改变黄河文明的主体，不能把包容吸收与主体发展相混淆，吸收外来文化的长处正说明其自身文化的深厚博大。中华文化作为世界东方文化的主体，数千年传承有序未曾间断，其持久的生命力，与其主导的和谐、包容的核心理念密切相关，后齐家文化的彩绘玉器又给我们提供了许多这方面的实物佐证。

东西方文化在对待民族、宗教、社会、国家和自然的关系上，从指导理论上就有许多差异，如何才能真正对人类社会的发展进步有利，值得我们思索。在我们研究古文明的形成与发展中，会得到许多启示。

2. 与岩画的比较

绘画是大漆彩绘玉器给我们留下的历史人文信息。因其内容涉及广泛，品相保留清晰，数量十分庞大，时间亘古久远，显得异常宝贵。多位专职美术学者品赏这些彩绘玉器后，按捺不住地发出诸多感慨："这些大漆绘画的价值大大高于玉器的价值"，"这些绘画可能要改写中国的美术史"，"仅就绘画素材的研究就是一个庞大的工程"，"夏商前后的这些绘画要颠覆我们原有的一些观点"，"这是中国绘画史一批源头时期的美术创作，艺术价值非同小可"……对艺术学者或大师的赞叹与评点，笔者原以为不过是感慨激情之语，不免有情绪化因素。但是，当系统地整理拍照这些绘画素材后，逐渐产生了对其不可小觑的感觉。伴随品读的深入，其文化内涵的广博、厚重，越发令人惊诧。

第一，与岩画或彩陶纹饰相比，大漆彩绘玉器的图案可以明显看出其间的区别。岩画与彩陶图案极其简单，偏重于符号性；彩绘玉器的图案则较为复杂，具有了绘画性。

第二，对比岩画与彩陶图案，线条与纹饰的艺术性有了明显进步，不像岩画类纹饰过于抽象，人物与动物的构图过于简单；漆绘图案已贴近一定程度的写实还原。

第三，彩陶图案的表达是对实物的抽象化，总体带有明显的标识特征，更近似于标记性的记录，欠缺艺术性的描绘；漆绘图案则相对复杂且增加了艺术成分，已体现了一定程度上思想和情感层面的表达。

第四，严格地讲，岩画还不具备构图与呼应，是够不上绘画性的艺术作品；彩绘玉器的图案，观察全幅画面可以看出构图、布局甚至还有呼应搭配的关系，是一幅完整的绘画作品，不再是一个个独立的局部图案。

这几点与岩画彩陶图案的显著区别，不难得出汇总性的看法。彩绘玉器的图案，虽然所有画法仍具有平面投影式的直观描绘，与岩画和彩陶纹饰的平面画法近似，但整体图案的表现则有了长足的进步，无论人物、动物、花鸟、植物的描写都呈画面表现，尽管线条简单，表现质朴，但已超出了符号纹饰的性质，属于绘画范畴。全幅画面可以看出构图、布局具有呼应搭配的关系，是一幅完整的绘画作品。后世美术绘画的艺术画法、色彩表现、笔墨技巧，无非是在这些初期绘画基础上的发展延伸。因此，说彩绘玉器上这些大漆图案是黄河早期文明炎黄先民的原始绘画并不为过，可以看作是中国绘画史的早期原始形态，为我们提供了大量的从原始社会末期至汉代以前这一时期绘画的形态与演变的实物素材，意义非同寻常。

绘画这一艺术形式，可以表达具象到抽象的全部空间。从写实到情感，从景物到思幻已无障碍，从大量的彩绘图案中可以看到这些多方位的画作描绘。生活情景、生产方式、人物形象、动物形态、植物花草，山水树木几乎包罗万象，不仅是这些实情的记录，其中所表现的人们的情感，欢乐、和谐的气氛，为现代人了解4000多年以前先民眼中的自然景物、思想情感、审美情趣、艺术手法，提供了大批素材，使我们获得了诸多直观的感受。同时，其所创造出的一些诡异色彩的形象、图腾、神灵，又使我们看到了黄河先民眼中对自然现象的感悟、期盼、创造性的艺术形象思维。这一时期创造的一些图腾神灵，在商周以后有些得到了传承，有些得到了丰富发展，甚至一直承继到当代。

大漆彩绘玉器的这批绘画不仅镜像般记录了亘古实情，还揭示了当时人们对自然奇观一些现象的不解、敬畏等思想文化的表达，又为我们提供了大量的反映精神层面的素材。彩绘玉器上的许多图案性纹饰、画面的结构布局、绘画风格、表现手法、无透视焦点的景物展现等等绘画艺术的特征，在中国绘画艺术后世的传承与发展中，作为基础艺术要素没有质的改变，只是在绘画技艺、色彩运用、意境表达上更为丰富。绘画流派的扩展，追根溯源，一切绘画的基本要素还是出自夏商前后的这批大漆绘画之中。彩绘玉器上的绘画具有中国绘画源头性的表现，系统体现了距今3000至4000年期间黄河先民的早期绘画艺术。

大漆彩绘玉器是由玉器雕琢、髹漆工艺、艺术绘画三者叠加的综合体现，为我们提供了生产能力、加工制备、艺术创造、视觉审美、社会人文、思想理念、文化发展等多方位多视角的信息，数量空前、要素多元、涵盖广泛、意义非凡、表现直观、色彩斑斓。其历史价值、人文内涵、艺术品位、文化地位，绝非本文一纸就能得以客观评价的。

让我们怀着对先人的尊崇、对亘古文明的敬畏、对黄河历史的深情，在不断地进一步研读探索之中，更深体味其文化魅力吧。

二、图案分类解析

1. 人物与神像

大漆彩绘玉器中以人物为题材的图案，主要是在璧、琮、盆、罐、刀、剑等器物上。人物的绘画体现方式有写实性、神化性、图腾性、拟人性等，既有实际生活的记录，又有想象中"神"的创造，实与虚在人物中都有体现。尽管笔法简单，但轮廓的神态却栩栩如生，活灵活现。

伐木人双手举斧砍伐树木或灌木的果实，地下放置编篓相接，人的表情喜笑颜开

骑马图

狩猎图

挑水行车骑驴图

拉车人。双手驾辕的拉车人，其左手在辕处有一小鸟，充满了生活情趣

骑驴人物图

挑担人物

婴戏图

舞人

舞人

舞人

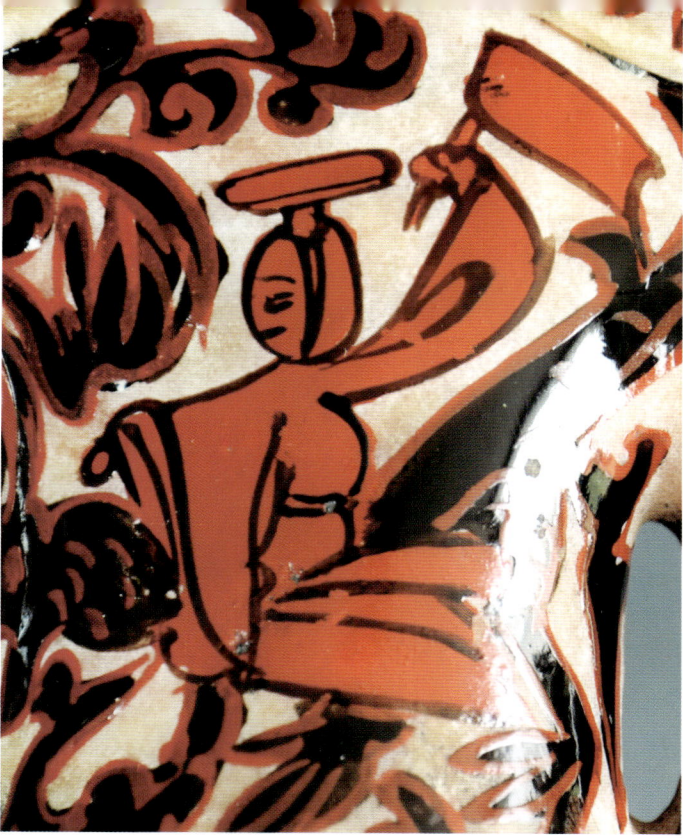

各种姿态舞人

驭龙首领

伏虎首领

狩猎人物

各种舞人纹饰

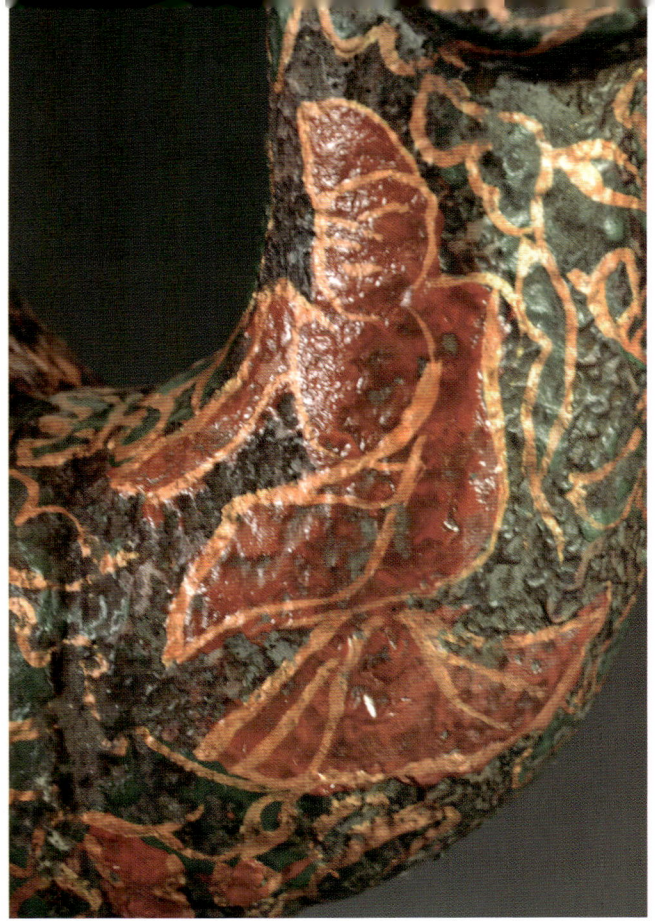

各种舞人纹饰

多姿多彩的舞人、飞人、乘龙戏兽者

各种舞人神态

各种姿态神情的人物绘画

闲逸亭中人物

乘凤首领

修炼打坐人物

57

　　首先，写实的人物有挑水、拉车、坐车、骑驴、砍树等劳作的情形；还有划船、捕鱼、猎兽等狩猎行为；亦有欢快舞蹈，与兔竞技飞奔的动态形象等。笔法凝练，人的喜庆神态跃然。

　　有趣的是一些细节画法，如挑水的水桶是尖底锥形，这种形状在陶器的水罐中曾有发现，挑水的水桶为何不做成上下均粗的桶形呢？底的面积大承重也大，木桶可以，但陶制就不适宜，桶底面积大承重受不了水压易漏，因此推测画面挑水的尖底水桶为陶制的可能性大，绘画细节给我们提供了许多可琢磨之处，侧面印证了器物时代的早晚。

　　双手驾辕的拉车者，左手车辕处还架着一鸟，充满了生活情趣。

　　双手举斧砍伐树木或灌木的果实，地下放置编篓相接，人的表情喜笑颜开。

　　赤身裸体手持藤蔓枝叶戏耍的儿童，后世宋代常有的婴戏图，与此风格极像。

　　所有这些实情的绘画记录，无疑向我们展现了人类实际生活的一些影像。尽管有些比例失调，如斧的大小近半人高，鸟的体型相对过大；画工极粗犷，面无五官，有的也仅是几点代表；手无指，腿过长，等等，但整体轮廓形态传神，生机盎然之态醒目直观，相当有感染力。

　　其次，动物拟人与人兽合体是另外一种神幻的表现手法。

拟人持弓鸟

58

人身鱼尾持刀像

直身站立的拟人鸟，弯弓搭箭欲射的姿势自然，鸟首顶有翎羽，前有长喙，身有翅膀羽毛，腿臂修长，站立持弓。

鱼尾人身，头戴尖帽，双臂横持大刀。

狐首人身，转臂迈步的舞蹈姿态。

这些图饰到底寓意了什么，很难说清。无论从虚幻的想象，还是意化的拟人表达，都显示了与自然状态的紧密结合。那时先民的想象、创造、形象的超自然变异，也可以说是后世故事、神话的原始素材与基础。

尤其值得一提的是在簋盖内壁中央，黑底红彩绘画彩持刀美人鱼像，头有双环发髻，挺胸，凸臀，身材婀娜，显然是美女，双腿却是后甩的鱼身，颇有动感，俨然标准的美人鱼像。其美丽动人不亚于安徒生童话《海的女儿》中举世闻名的丹麦美人鱼像。而这幅漆绘美人鱼像，弯臂持奉的是一弯刀，但神情却不是打斗拼杀，而是舞蹈，是捍卫生活的象征，还是与自然搏斗的标志，让人难以准确猜测。美人鱼持大弯刀，独有一番韵味，先人的想象着实令人惊叹。

兽首拟人舞姿。狐首人身，转臂迈步的舞蹈姿态

持刀美人鱼

欢快舞人

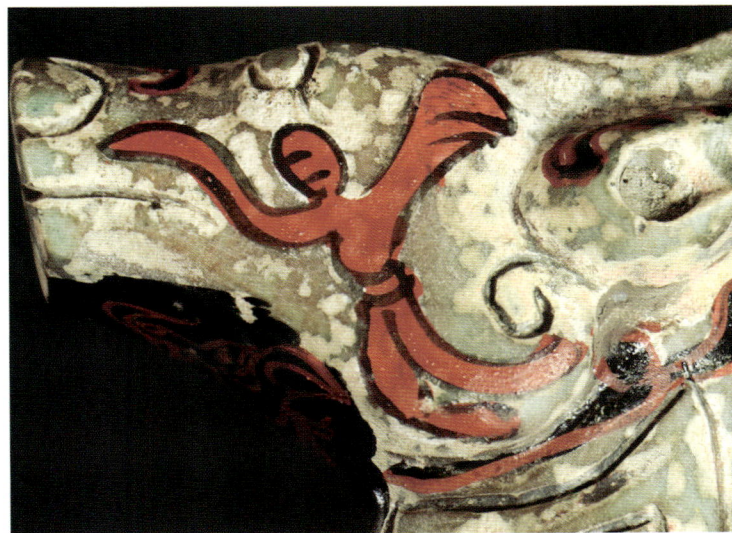

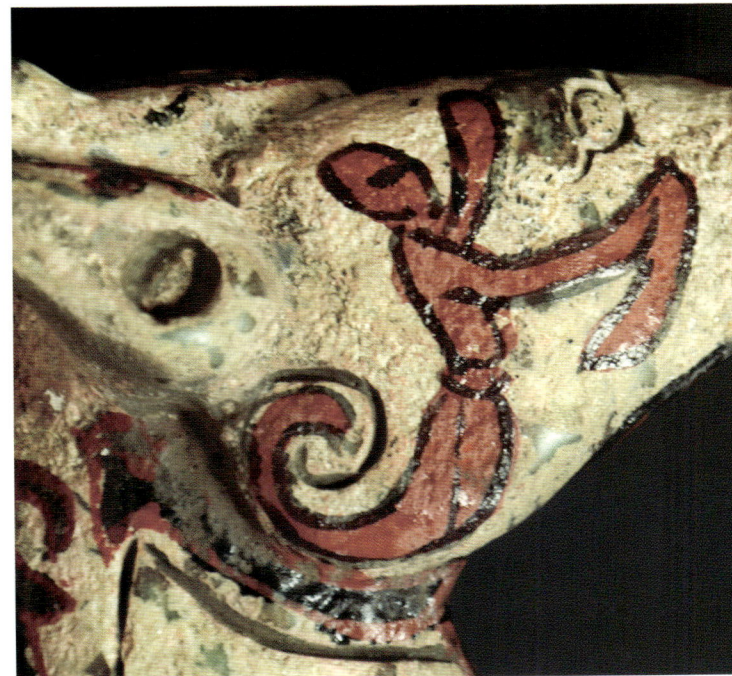

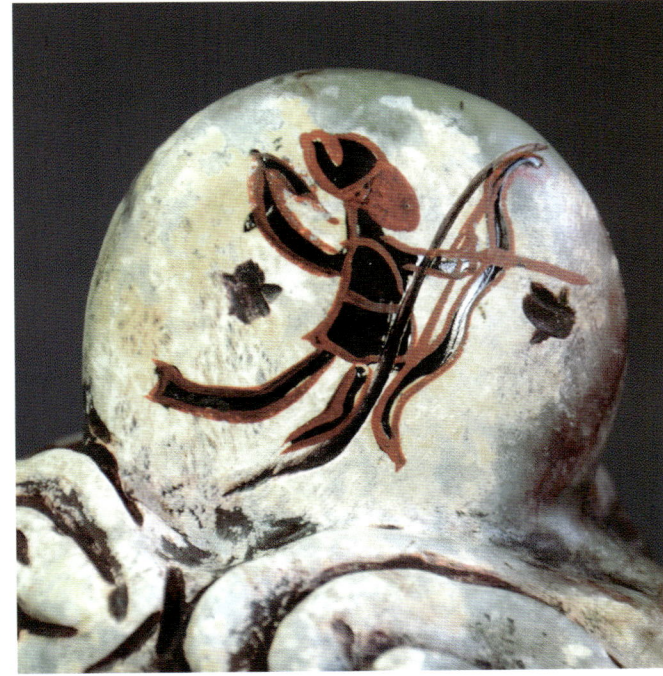

各类飞天人物图案

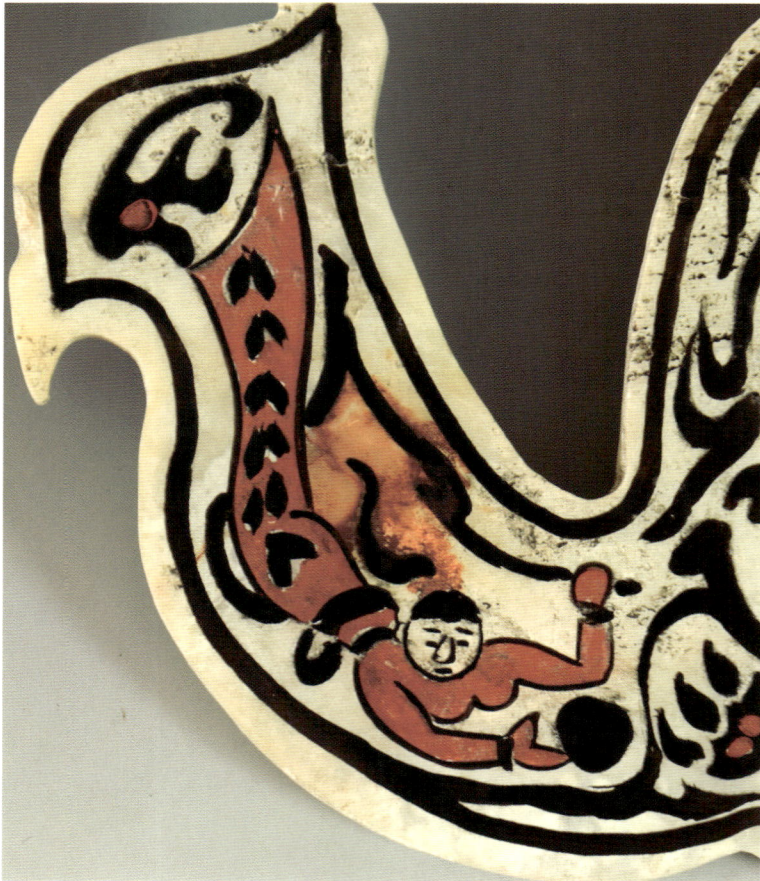

各类飞天人物图案

各类飞天人物图案

　　还有一些飞人的形象，其身躯服饰飘逸，显然不是舞蹈或飞奔，而是空中悬浮、飞翔。联想后世唐代各种飞天形象，飞天造型是否也源于黄河早期文明的图案？耐人寻味。

　　在此需提及，彩绘玉器飞人图画并非孤立出现，在其之前的玉雕纹饰上已有类似图画。齐家文化晚期，一件大型组合塔式玉器的十层综式筒型器的四壁，凸雕纹饰即是人身蛇尾的飘飞状态。单线条勾勒表现的图案十分粗犷，总体形象却充满着飘逸的动感。对于人身蛇尾，笔者与几位古玉学者研析推测，应是伏羲女娲的原型。仅从画风与表现的艺术手法看，要比彩绘玉器上飞人的形象早得多，当时就玉器本身的表征断代也是新石器时代晚期的齐家文化，比夏代早一个历史时期。飞天的原始形态在黄河文明的原始部落文化中既已出现，彩绘玉器上的绘画无非是后世进一步的延续扩展，说明了时空先后的次序与文化层面的进步，从中也可领略出远古时期人类文化艺术点滴的进展，都需一个漫长时间。

　　第三，人形图腾，则是人物神化形象的集中体现。有牛首人身、人首虎身，有脚踏月亮和太阳，还有配以火焰衬托，头上戴有巨冠和形状各异的兽纹大耳，各种图像都显得威严、勇猛，令人敬畏。这些图腾表示的是权势、统治，显露的是力量、威慑，能与太阳、月亮、火焰、苍天融合或驾驭，显示出无限神威。这显然是人类在神秘大自然的基础上，延展幻想出的一种超自然力的形象，用以膜拜、敬仰，或是一种祈盼的象征，是一种以人为基调的变异与夸张的神像。

齐家文化玉器人身蛇尾图案，此类形态在原始部落文化后期已出现

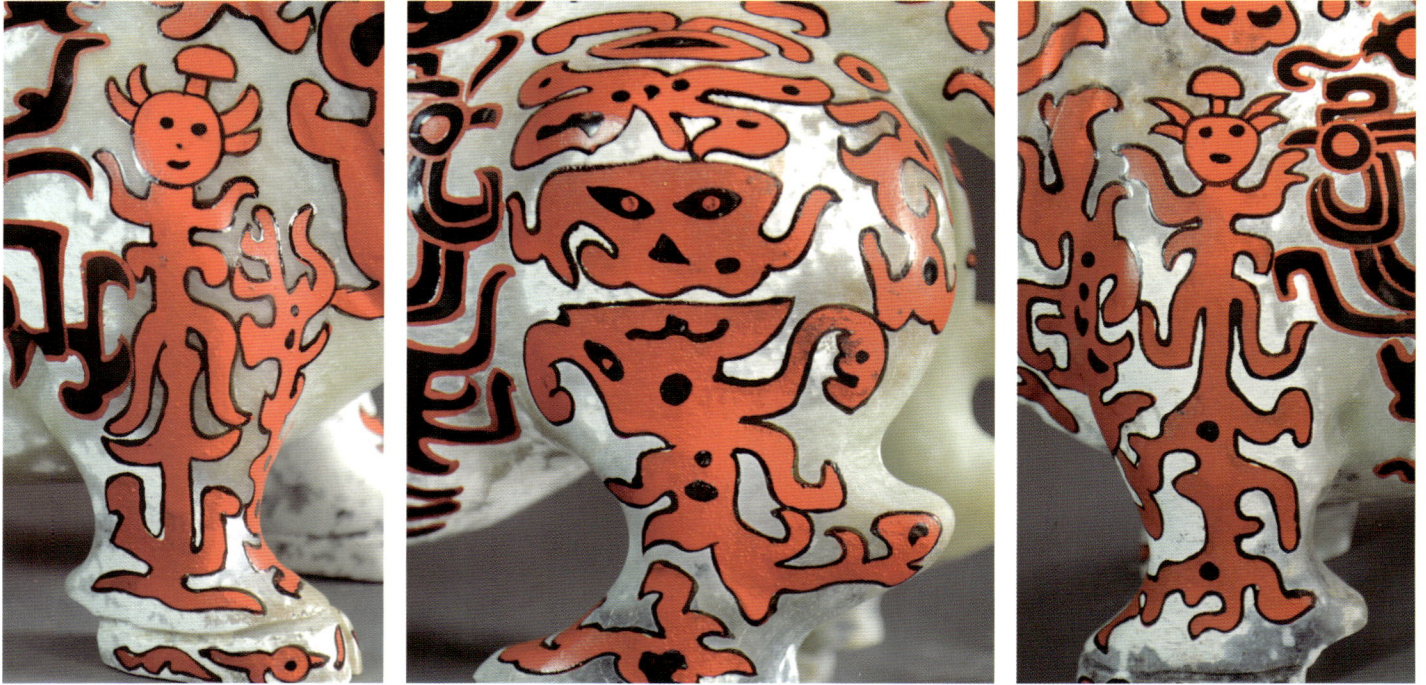

各种变异人物神人像

各种神人像

各种神人像

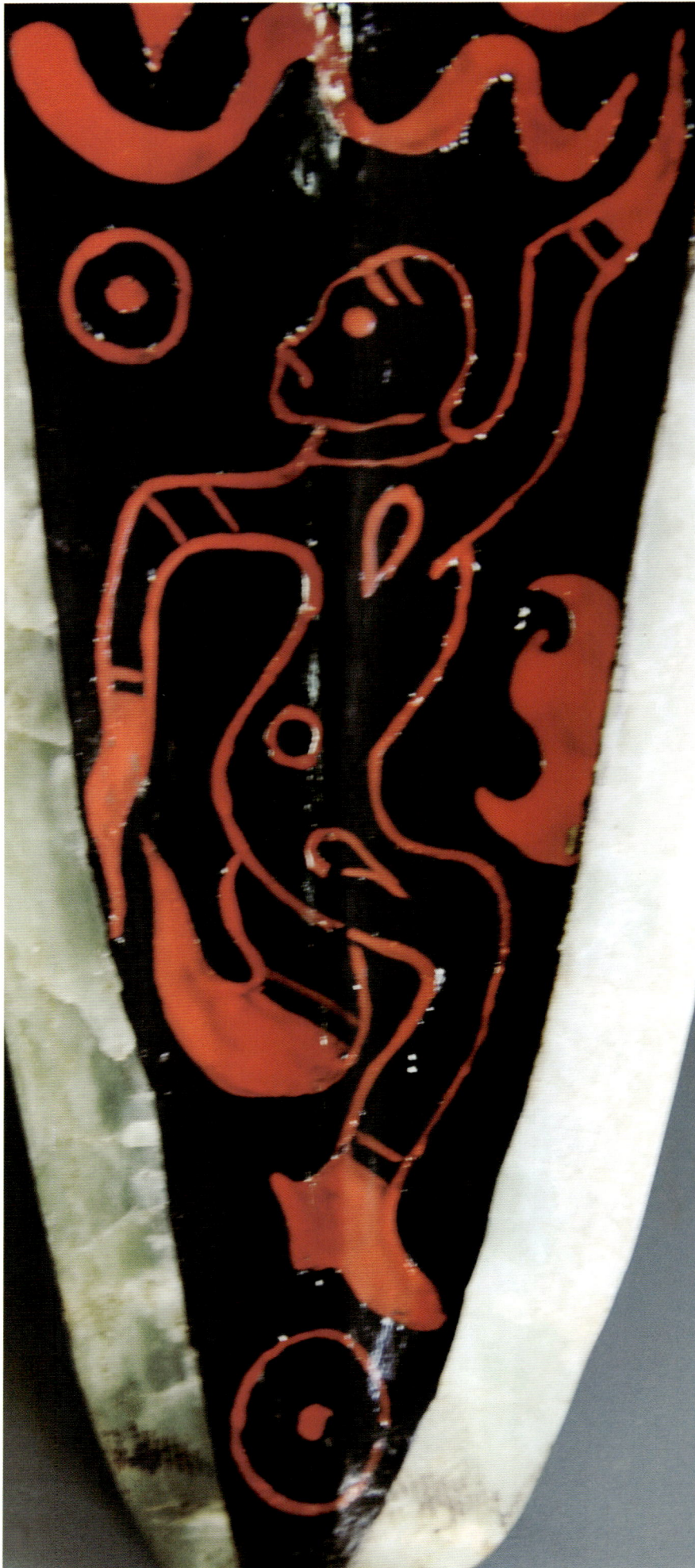

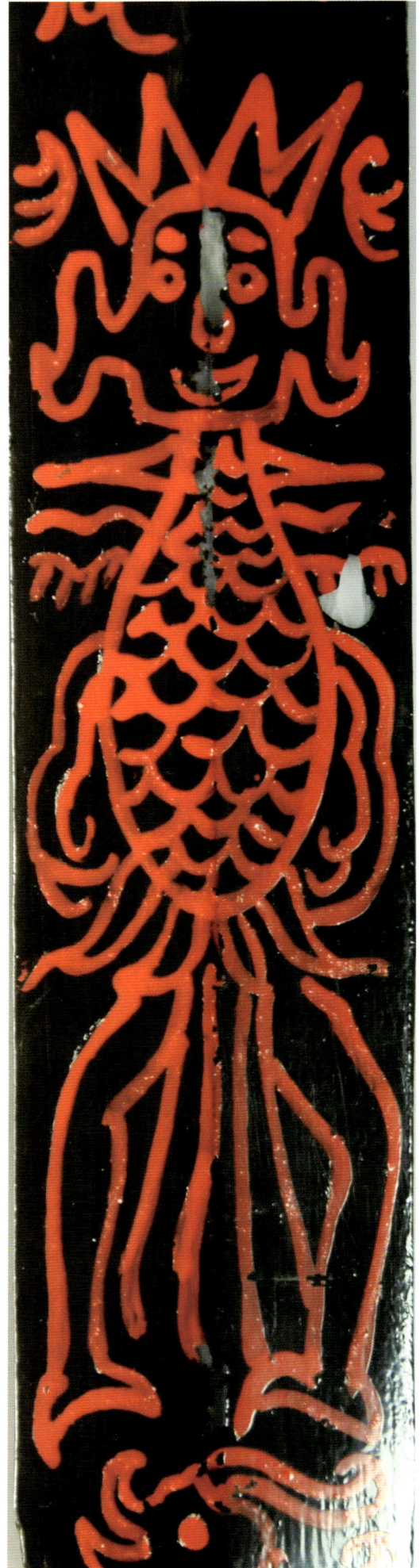

各种神人像

神人武士像

神人武士像

各种神人武士像

各种神人武士像

人物图腾像

　　特别需要指出的是，几件彩绘玉刀、剑上的人物图腾，呈"大"字形站立，右手持与人等高的长兵器拄地而立，长兵器头部有单或双层戈，人首顶有立式双角，两侧有云形大耳，人面有五官，身有鳞片，状似穿山甲。身两侧除双臂外还有多条羽状物，像多足动物，又像身披盔甲，臀部下垂帘状毛穗，双腿左右叉开，一副雄赳赳气昂昂的武士神像。这种纹饰的图腾像在南方楚文化的漆器与铜器上也有出现。如曾侯乙墓漆棺上具有浓厚巫术色彩的绘画内容。这种神像形貌诡谲怪异，类似《山海经》等古文献记载的南方神化系统中的神灵，绘制在漆棺上推测是为了呵护死者，祈求冥福。

　　战国青铜器"太岁斗兵"戚上精美的浮雕图像，展示的也是这种非凡气质的神化人物，其双脚各踏月亮与太阳，与彩绘玉器上的图腾基本一样。

　　前后相比，战国时期的出自湖北楚国墓葬正式发掘，在细节纹饰上比之前的彩绘玉器上的画法略细致一些，在图饰轮廓形象上则无本质区别。但前后两者时间跨度大约为几百年，地域跨度也有上千千米，前者在西北黄河上游，后者出现在长江南部。无疑，楚文化中诸多图案源于黄河上游原始古文明的夏商时期（这种例证在以下图案中还有体现）。

各种持兵器图腾像

持兵器图腾神像

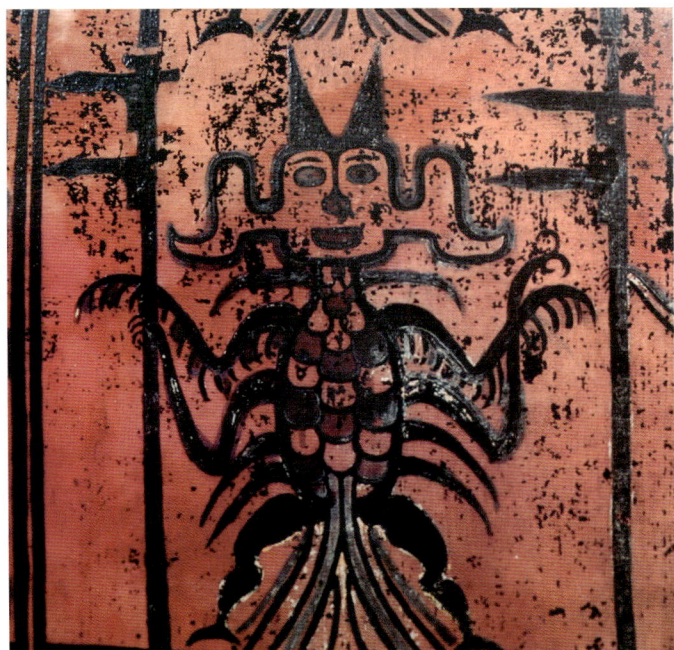

湖北荆州战国漆棺图腾像　　　　湖北楚国墓漆棺图腾像

曾侯乙墓乐器纹饰（五弦琴）
漆器纹饰完全摒弃了商周器物纹饰威狰狞的程式化作风，代之
一种活泼洒脱的新风格。

"太岁斸兵"铜戚。战国南方青铜器上常见精
美浮雕图像，内容多为神化人物像。气质非凡，
造型怪异。

　　尽管我们现在还无法拿出更多具体史料，以证实西北与江南二者是有所传承的。但笔者认为，不同地域不同时间出现的相同图案，绝不是各自孤立、毫无关联。神像本身的对比，《山海经》等古文献相关神灵的记载，以及夏代至早商这些在玉器上漆绘图案的事实，都告诉了我们对黄河下游乃至长江流域后世文化的影响。在论及齐家古玉与四川三星堆文化的关联影响时，笔者曾作过黄河上游的部分先民南迁穿甘南藏族自治州入川的推测。我们不妨进一步推测，远古先民从四川东行即可进入湖北、湖南的楚文化区域。远古先民的远距离迁徙给文化带来的交融影响不可小觑，尽管现在条件所限，还拿不出这条迁徙路线的具体史料考证，但最早出现在夏代黄河上游的漆绘图案，与以后出现在长江流域战国时期楚文化的漆绘图腾形象雷同，绝不会毫无关系。尽管二者时隔千年、距愈千里，但眼见的历史物据仍然让人无法熟视无睹，不得不引起我们的琢磨和联想，由此而引发出种种推测。

西域民族人像

部分彩绘玉雕人物造型上有西域少数民族的形象，在漆绘人像上同样也有少数民族的形象。圆雕立人神像服饰上所绘的单膝跪地人物，高鼻大眼，头戴尖顶小帽，脚穿翘尖足靴，明显是西域少数民族的形象穿戴。之前提到的新疆阿勒泰地区斯基泰部落的鹿图腾，在齐家文化的玉雕中出现，而彩绘玉器上戴尖顶小帽的人像无疑应是斯基泰人。

斯基泰人又译为西古提人、西徐亚人或赛西亚人，古代波斯人称之为戴尖帽塞克人，我国《史记》《汉书》中称之为塞种、尖帽塞人。这一民族是哈萨克草原上印欧语系东伊朗语族的游牧民族，善于养马与骑射，曾游牧随居于今日的俄罗斯平原到内蒙古和鄂尔多斯沙漠。约3000年前曾是西亚具有一定威胁力的民族，其骑兵驰骋于小亚细亚、亚美尼亚、高加索至叙利亚一带，其后逐渐衰落，其中一部后来成了突厥。斯基泰人还善于冶金打造饰物，彩绘玉雕中有背篓拿锤采矿的塑像人物，从相貌看也是斯基泰人。我国古代西北游牧民族与斯基泰人的交往自然存在，延伸到黄河上游地域也是很正常的事情。因此，无论图腾、雕像、人物画像，斯基泰人文化与图饰的记录多次在齐家古玉和后齐家彩绘玉器中显现，不过是历史现象的记录。西域少数民族对黄河上游古文明的融入与影响，理当属于文化范畴的一个元素。从彩绘玉器人物图像中，已然看到华夏文化在远古时期，既已显现出多民族、多元化的特征。

大漆彩绘玉器中仅人物一项的图案，就值得我们认真探索品读，本节只不过是一个概括性表述，就已初显了彩绘玉器不可掩饰的风采。

2. 龙图腾

龙的形象在大漆彩绘玉器上，无论是造型还是数量上均十分可观，已构成了完整的系列。不了解龙文化，就难以了解古老的中华文明。为表述方便，笔者将原始文化时期的龙称为"原始龙"，夏商至战汉时期的龙称为"早期龙"，唐宋以后基本定型的龙称为"近代龙"。为便于研读解析，我们先将华夏民族的龙文化作简单回顾。

龙形象起源于新石器时代，在我国的原始部落文化时期，就已出现了龙的雏形。目前已知最早的当属距今7000年前后的红山文化，辽河流域的史前先民创造了猪龙的原始形象，猪龙的耳、鼻、口类似猪首，圆形的蜷身类似虫蛹。蛹形器在红山文化中受到推崇，蛹、虫（含飞虫）的变化寓意了生死轮回与再生，体现了对生命延续的崇拜。猪首与蛹身的结合，轮廓形象又近似胚胎，其实也有生命崇拜的寓意。红山文化中还有一种C形龙，比猪龙大，头部成夸张兽形，身加长，可看作胚胎形的扩展。C形龙头部吻前伸，水滴形眼，顶部长鬃飘然后甩，如云似冠像孔雀的凤头，长长的柱状身躯弯转成C形，已初步含有后世龙的原始雏形。

红山文化玉C形龙

红山文化玉猪龙

　　无独有偶，黄河上游5000年前的齐家文化玉器中也发现了猪龙和C形龙，整体器型与红山文化的器型极其相似，只是更加硕大。C形龙头部像牛首或兽首，水滴形眼镶有绿松石，更显华丽，体型比红山C形龙大了许多。笔者还在西安一位酷爱齐家古玉的藏家处，鉴看过一尊巨型玉猪龙，其形制与红山玉猪龙一样，玉质、包浆、沁色完好，高愈1米，重约过吨，出自甘肃地域，属齐家文化时期。如此巨型玉猪龙，令人匪夷所思，若非亲身目睹，实难相信。玉雕实物告诉我们，早在史前文化前期，红山与齐家先民都创造出了猪龙和C形龙，这也是龙的最原始雏形，自此，龙的形象便开始了不断丰富完善的历史进程。

　　夏商周时期，早期龙形头、身逐步变化，虽带有本时代特征，但轮廓形态并没脱离原始猪龙与C形龙的基础造型，在玉雕和漆绘图案中均可见到。经过夏、商、周至战国时期的演变发展，龙到秦汉时初步成形。而龙的框架、要素、样式，至唐宋以后才基本成为定式。"角似鹿，头似驼，腿似兔，项似蛇，腹似蜃，鳞似鱼，爪似鹰，掌似虎，耳似牛。"龙的造型是一个开放的、不断纳新的过程，历朝历代直到今天，还都在不断地加减、丰富和发展。

　　中国的龙，不是自然界的现实物种而是中华民族的瑞物，是基于民族文化观念的民族性标志、文化创造、形象符号、精神象征。龙作为一种长期被神圣化的生物图腾，在中国各族人民的心目中，从古至今，一直占据着极重要的地位。不仅在汉民族内，就连在中国的少数民族中，也有许多与龙有关的节日。不同民族节日的时间、内容与活动虽不相同，但龙的主体地位是共同的。

齐家文化巨型玉猪龙　　　　　　　　　　　　　　　齐家文化玉C形龙

　　中国中南地区的壮族、瑶族和西南地区的哈尼族均有"祭龙节"。壮族的祭龙节在农历二月间。每年杀猪"祭龙"，可保人畜平安。祭祀之日，外寨人骑马或戴斗笠者均不得通过寨心。云南省的普米族有"龙潭祭节"，兰坪普米族的龙潭祭节在农历正月、二月，宁蒗普米族则在农历三月、七月。普米族人各家均有自己的"龙潭"，大都在深山密林或山涧峡谷中。祭龙潭节时，全家同往自己的龙潭歇宿三日，用木棍、木板搭成的高台称"龙塔"，龙塔前树百尺标竿，上挂7个用鸡毛麻线拴成的七角斗架，视为龙神住处。然后以酒、牛奶、酥油、乳饼、茶叶、鸡蛋等食物祭于龙塔之上，请巫师登坛祭祀，求龙神保佑人畜兴旺、五谷丰登。祷毕，将涂有酥油的50个面偶投入龙潭。

云南河口大瑶山瑶族尚有"龙公、龙母上天节"，龙公上天节为农历八月二十日，龙母上天节为农历七月二十日。是日，当地瑶族百姓祭龙之后，还要举行龙公、龙母的升天仪式。中国民族众多，与龙有关的节日不胜枚举。虽各具特色，但本质含义却是一致的，即以龙为兴云布雨、祈福丰登的图腾。

在堪舆学中，"龙"是常见的术语之一。古人将山和水常比喻作龙，把山脉或风水佳地称"龙脉"，把曲折有灵气的流水称为"水龙"，龙就成了山和水的象征。可见，龙的形象体现在社会的各个角落，影响波及各个文化层面，除了在华夏大地传播继承外，还被海外华人带到了世界各地。对每一个炎黄子孙来说，龙的形象是一种符号、一种归属认同、一种精神、一种血肉相连的情感，成了一种文化的凝聚和积淀。因此，"龙的传人""龙的国度"也获得了世界的认同，龙是华夏民族的代表。

龙在中国传统文化中是内涵博大而又极富魅力的形象，龙的本身不仅兼容了多种飞禽走兽的形态和功能，连龙的后代也是多元相容的。"龙生九子，各有不同"，流传的龙的九子分别为赑屃（又名霸下，似龟，喜负重）；螭吻（鱼形的龙，又像无尾的蜥蜴，俗称螭虎）；蒲牢（形状像龙，较小）；狴犴（像虎，有威力）；饕餮（样子似狼，贪吃）；𧈢𧏡（似鱼非鱼，善水）；睚眦（像长了龙角的豺狼，嗜杀好斗）；狻猊（形状像狮，喜烟好坐，常用于香炉足上）；椒图（形似螺蚌，性温顺），这九子各有各的个性和爱好。在当今市场经济大潮的影响下，还盛行貔貅（pi xiu）之说。南方与东南亚称之为龙的第九子。只吃不拉，只进不出，寓意发财。民间传说很多，实际不止九个，笔者认为，可不按龙的这些文化传说来论，只考虑体态造型上的区分，便可简单许多。龙的形态可分为：蛇形龙，鳖形龙，兽形龙，鱼形龙四大类。主流形态自然是蛇形龙，从古至今应用最多，其次便是兽形龙。中国人视为神圣的龙，并不完全一致，而是各有特常、自由发展，体现了宽容博大的胸怀，反映的是一种文化心理。龙的多元复合，是中华文化本色的体现，是包容性与宽容精神的结果。

龙文化涵有中国文化中特有的基本理念：其一，龙的寓意，蕴涵着中国人最为重视的四大观念：天人合一的宇宙观，仁者爱人的主体道德观，阴阳交合的发展观，兼容并包的多元文化观。其二，龙的理念，包含着中国人处理四大主体关系时的理想目标、价值观念，在和谐的基础理念上，追求天人关系的和谐，人际交往的和谐，阴阳对立平衡的和谐，多元文化相融的和谐。其三，龙的精神，蕴含了精神气质的多元一体。综合体现了力量、气魄、奋斗、向上、不屈不挠和惩恶扬善。因此，龙文化对中国统一与多民族凝聚有极大的促进作用。

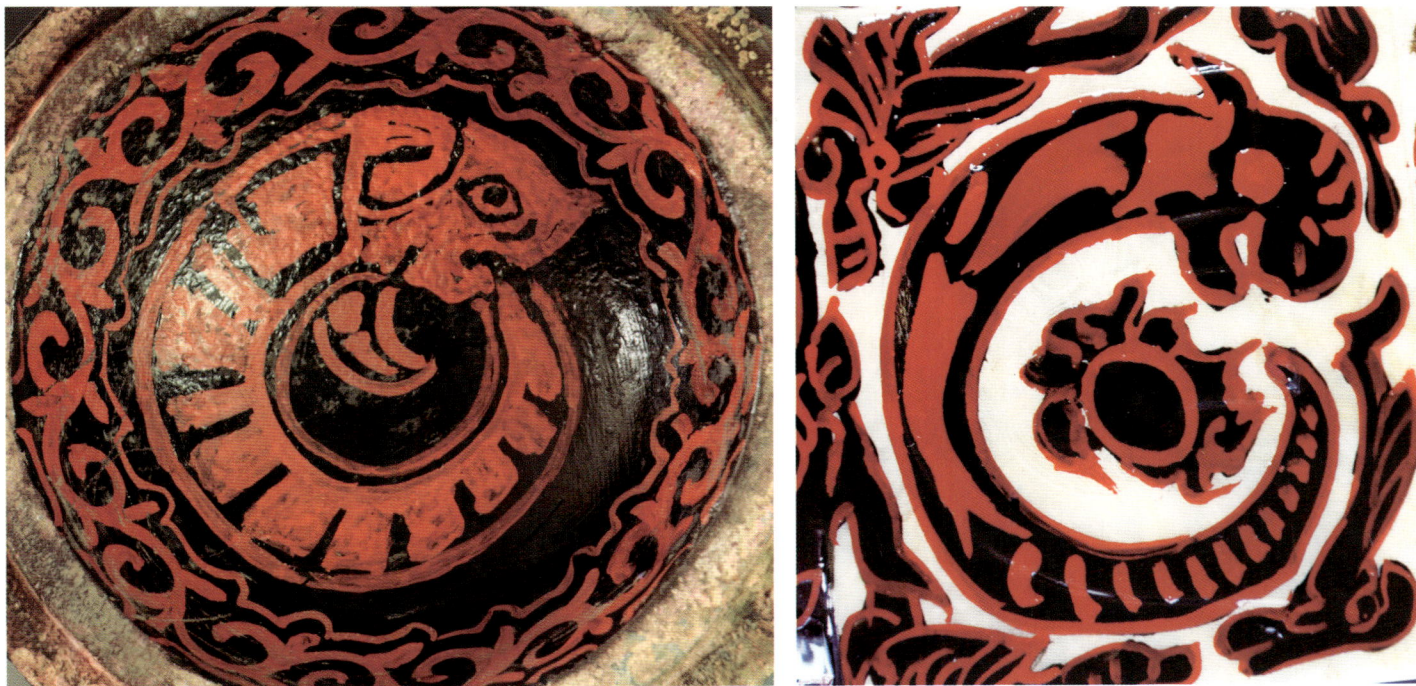

大漆彩绘 C 形龙

在这些认识的基础上，我们系统性品阅大漆彩绘玉器上龙纹的绘画，无疑为我们对龙早期阶段的认识，提供了丰富的绘画资料。在解读这些形态演变的同时，研读领略其造型与神态，对于区分是何时期的绘画作品、表达什么心态、推测断代器物的时间也很有帮助。解读这些龙纹画饰，很有意义也很有趣味。

从大漆彩绘玉器上龙的图案可以看出，夏、商早期，龙的画法属于原始形态。战、汉后，龙的画法已有了唐宋时期龙的特征。在这1000多年的历史进程中，龙的画法有一些局部的变化，彩绘玉器给我们展示了这一时期龙纹画法的演变流程，为龙图腾早期形成提供了系统、丰富的绘画史料。虽然那时并没有完全规范统一的画法，但从近似圆的胚胎形向蛇一样长形体的变化是总趋势。结合一些龙形的玉雕参照就能很明显地发现这一变化规律。

系统品读这些龙纹绘画：

彩绘玉琮上黑红漆绘的小C形龙，体形风格相似于红山文化的玉猪龙，不同的是猪首改成了虎首，弯曲的身体呈胚胎状，更像齐家文化的C形龙。此器应是夏代或更早一些。

另一幅玉簋盖内壁上红黑漆绘画的C形龙，卷曲圆形，首尾相接，体略肥大。此龙的画法与商代玉雕龙形有诸多相似之处，开始显露出商的特征，但整器风格仍未脱离C形的基本形状，判断应是夏代晚期至商代早期。

两幅C形龙的图案，与新石器时期玉雕龙相似，极具胚胎形象。胚胎是生命体延续的起始，毋庸置疑，这一形象蕴含了对生命的崇拜。新旧石器时代，由于生存条件的恶劣，原始人一直把生命延续作为头等大事，胚胎状龙的雏形其实是这种观念的体现。

下一幅玉簋盖内龙的形态已稍有改变，虽总体仍未偏离C形，但背已有戟，似鬃毛，身有纹，似鳞片，尾毛后卷，龙首上颚长，下颚短，在整体还是C形龙的形象上，已开始出现近代龙首的元素，参照商代有与此雷同的玉器雕件，判断此彩绘玉簋应是商代。

漆绘原始C形龙图案

大漆彩绘 C 形龙

商周玉猪龙

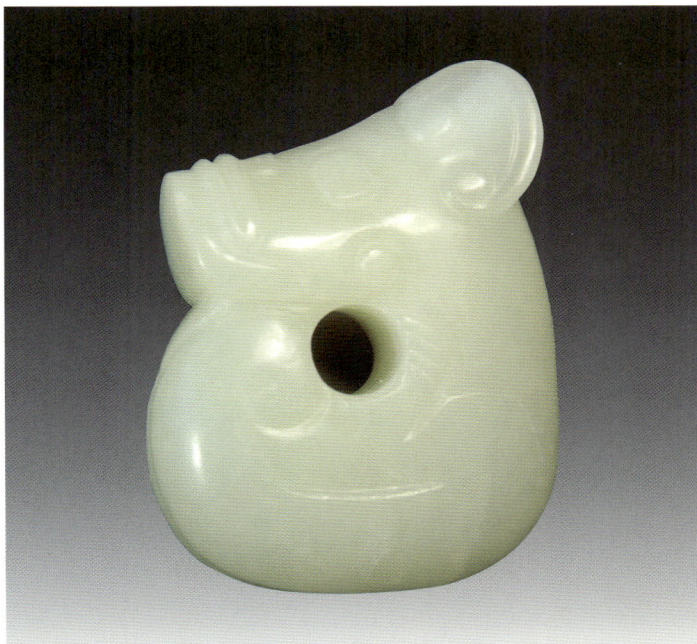

商玉猪龙

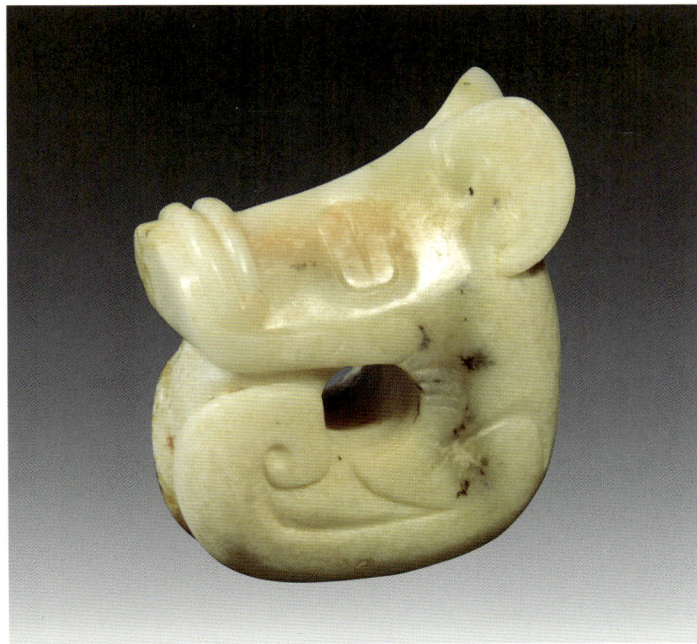

商玉猪龙

西周 C 形玉龙

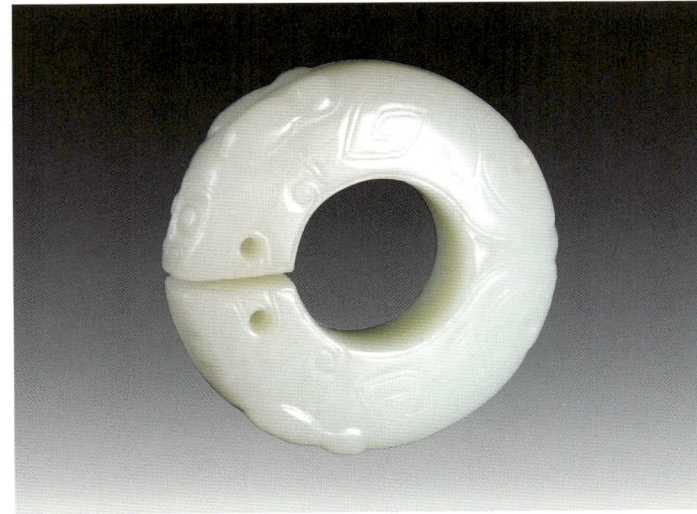

西周双龙形玉玦

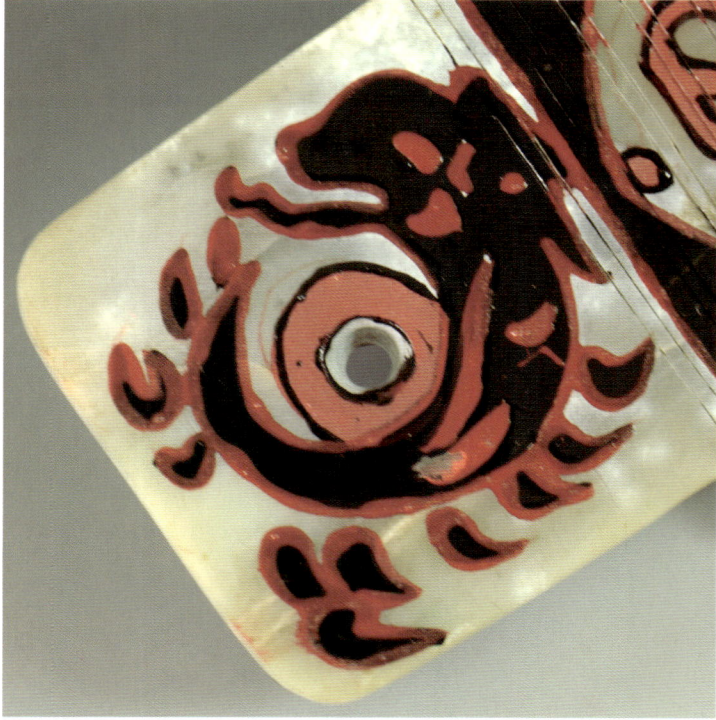

各种形态的 C 形龙

蛇形龙

蛇形龙

早期龙纹饰

早期螭形龙

简易龙纹饰

前后都有首的双头龙纹，双头蛇身，有鳞，有翼，有足。双头龙在龙文化的造型上始终没有形成主流，但可看作龙纹饰在演变中的一种。

　　上述黑红两色漆画已明显可以看出在夏商时期 C 形龙的细微变化。其早期基本继承了原始文化龙的形态，晚期在 C 形龙的基本形态下对龙的细节描写出现了改进。也就是说，夏商漆绘龙的形态变化，前与原始文化时期相承，后与战汉特征相接。

　　战国前后的几件玉剑、圭、璧上的龙纹，身体开始延长，逐步出现蛇的体型，有的"一"字形伸展爬行，像大肉虫；有的随意弯曲扭动，已完全脱离了原始的 C 形体态，龙在 C 形的基础上打开了。但体态稍显笨拙，动感并不突出，龙的神威从形象上还没有显现出来，缺乏灵气。龙的形象虽然改变了，但还没有成熟。

　　玉刀上俯视的龙纹全图，从龙头、蟒身、四足的整体形象看，已与近代龙的形体十分相像，更能看出龙纹发展变化的程度，其形态具备，神态不足。

亦有前后两端各为龙头与鸟头的龙纹,这种合体的造型结构,在西周玉佩中多有出现,称之为"龙凤佩"。其实,在彩绘玉器的绘画纹饰中,这种结构早有出现。

从漆绘的几幅图案可以看出,其身形如虎似犬,头有独角,有的身侧有翼,有的没有,这种龙在玉雕及其他品种的纹饰中都可见到,类似貔貅。

汉代,龙的形态变成兽身,但体态较长,有鳞片,兽与蛇融合在一起,四足肉爪,还没有鹰爪那么锋利。但龙首已像近代龙,口吐长芯,又似蛇,长角似鬃,神态威猛有力。从彩绘玉鼎的龙纹可见,有腾云驾雾的雄姿,造型传神,驰骋于云雾之中,气宇轩昂,龙的形态神魄已趋于成熟。需注意,至此龙的神态虽有威猛之气,但无凶恶之相。唐以后的龙形除爪与蛇身长短变化外已无根本改变,但神态逐步显露出凶霸的成分,至明、清时代则更加明显。

从漆绘上展现的原始社会后期至汉代前后龙纹的变化,使我们了解认识了华夏民族崇尚的龙图腾,在远古时期 2000 多年的变化历程,彩绘玉器给我们提供的这些宝贵的绘画资料,十分珍贵。

各种龙纹画饰

各种龙纹画饰

各种龙纹画饰

各种纹龙绘画

各种纹龙绘画

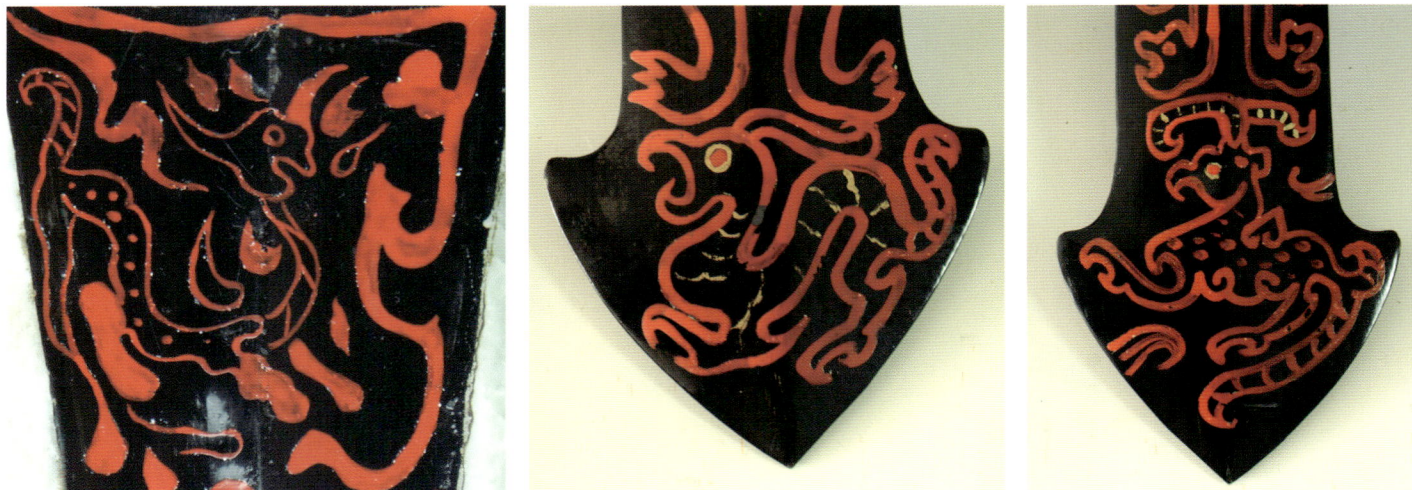

各种龙纹形态

各种龙纹绘画

各种龙纹形态

各种龙纹形态

兽形龙

兽形龙

兽形龙

兽形龙

蟒蛇形龙

3. 鸟与凤

中华民族的传统文化中，龙与凤是人人景仰的图腾。在封建皇权时代，龙代表皇帝，凤代表皇后，吉祥语也是"龙凤呈祥"。凤是怎样创造出来并演变发展的？3000多年以前的凤是什么样子？彩绘玉器的图饰又为我们提供了丰富的绘画史料。

凤实际是在鸟的基础上逐步演变并神化的图腾，尽管凤这种物种并不存在，但凤的形象尽人皆知，代表祥瑞、华美、庄重、火热，是人们心中的圣灵偶像。

华夏民族远古先民崇爱鸟，"玄鸟生商"说广为流传，这与人类原始时期的认识能力有关。实物史料证实，以鸟为崇尚或图腾大大早于商代既已出现。我国史前的远古人类，浙江省余姚河姆渡约7000年前的遗址中，出土有11件雕刻或堆塑鸟图像的文物，质料有牙、骨、木和陶等，其中"双鸟朝阳"纹象牙雕刻蝶形器1件，圆雕象牙鸟纹骨匕5件，连体双鸟纹和钻刻鸟纹骨匕1件，堆塑双飞燕器盖1件，木雕鸟形蝶形器2件。鸟形图案的经常出现，尤其是堪称河姆渡文化艺术精华之一的鸟形象牙雕蝶形器上，刻画了一组对称的鸟纹，它们相对朝着一个光圈形，昂首扬尾，神采奕奕，显示着欢欣喜悦的向往和追求的神情，说明了河姆渡人对"鸟"有着特别的感情和爱好，很可能是他们的图腾崇拜。

另外，鸟纹在新石器时代，作为重要的装饰基样，在我国各地发掘的原始部落遗址中大量存在，如仰韶文化半坡类型、庙底沟类型、马家窑类型、齐家文化及大汶口文化遗址中均有发现。古代东方，从山东到辽宁有许多关于鸟的传说。山东大汶口文化、龙山文化和岳石文化的遗物中，曾发现不少关于鸟的造型和纹样。出土了陶制鹤、雁或鸠等鸟灯的形象。环渤海东北地区的国家，史称为燕，即奉燕子为神明，石兴邦先生曾指出："鸟是东方的象征""形纹栏是东方文化教育的特点。"（石兴邦著《山东地区史前考古方面的有关问题》）在新石器时代的陶纹上也有鸟的形象。可以说，在我国从江南到中原、从东北辽河到黄河上游流域的广袤大地上，原始先民以鸟为美好愿望的表现和写照，蔚为大观，其历史可上溯六七千年。

与之关联紧密的是生殖观念，众多部族中，如殷商、满族、先秦等都相继出现过。因为生殖关系到人类的存亡问题，这种崇拜必然具有全民性。从这个角度去思考，我们便不难理解为什么先民会在陶器、玉器、漆器等物上描绘那么多的鸟形。

相关内容的各种史料很多，但大都以神话传说的方式来载录，对于神话传说类史料，我们该如何看呢？

齐家文化玉鸟

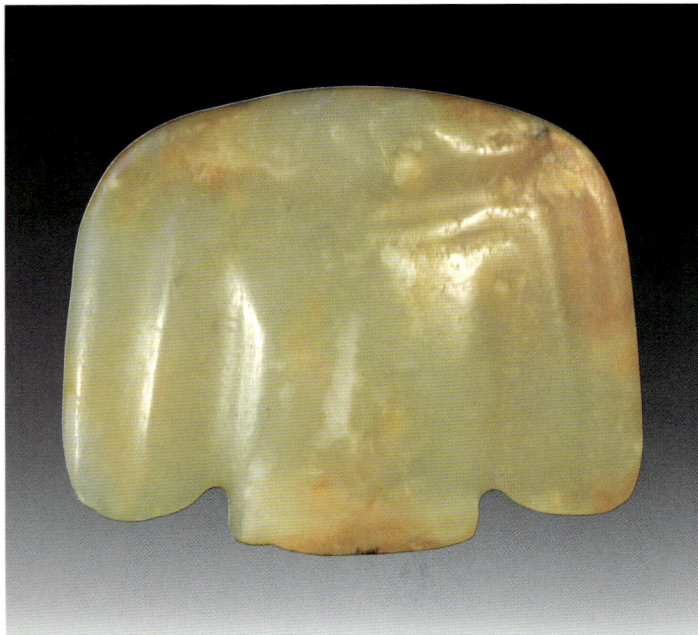

红山文化玉鸟

世界文明古国，都有不同传说的创世神话，创世神话具有世界性，它是人类原始时期的意识形态，用以解释天地来源、世界万物的形成、人类起源乃至民族的由来等，因此也称"开辟神话"。鉴于生产力水平所决定的科学能力制约，这些神话描述的内容大多不是科学的客观真实，我们不能依据这些神话的具体内容去考证历史的客观真实。但相关记录的史料是客观真实的，它记述了先人们文化层面的思想意识，反映的是人类幼年时期用幻想的形式对自然、宇宙间神奇现象所做的幼稚的描述和解释，体现了远古先人对天地宇宙、自然万物和人类由来的原始观念，具有重要的历史价值和一定的文学价值。同时，它也为我们对某些思想源流、艺术形态表现乃至图腾造型起始成因的追根溯源，提供了丰富并有据可考的史料依据。

在中国的创世纪神话中，以鸟作为始祖的阐述占有相当重要的地位。

在我国文献典籍中，不乏"玄鸟生商"的始祖创生神话。

首先，让我们赏读一下《诗经》中《玄鸟》的原文："天命玄鸟，降而生商，宅殷土芒芒。古帝命武汤，正域彼四方。方命厥后，奄有九有。商之先后，受命不殆，在武丁孙子。武丁孙子，武王靡不胜。龙旂十乘，大糦是承。邦畿千里，维民所止，肇域彼四海。四海来假，来假祁祁。景员维河，殷受命咸宜，百禄是何。"译解的大意是：上天命令燕子降落到人间生商王，居住在广茫茫的殷地。 古时上帝授命成汤，征服四海治理四方。遍告天下众诸侯，九州全部归属商邦。 从前商朝诸先王，接受天命无灾殃，武丁孙子有福吉祥， 孙子武丁又很贤良，能够担当成汤事业。 大车十辆龙旗飘扬，满载黍稷供祭享。 国家千里疆土是人民安居的好地方。自从据有四海之地， 四海的诸侯都来朝拜，来朝的人很多，十分繁忙。 景山四周绕黄河，殷受天命最为合适，担当的幸福连绵无疆。

这是对商代建朝及业绩的赞颂，商人崇拜的图腾就是鸟，这里的玄鸟是指黑色的燕子，天命玄鸟的传说正是原始商部族的起源神话。

在此，需提及某些细节问题尚有不同的看法："玄鸟生商"是说商族起源于何地， 学术界对此存不同异议。有人认为商族起源于河北地区；也有人说商族出于东胡族，是东北的燕亳山戎；还有人认为商族起源于东夷；近年又有人提出商先起源于北方，主要分布于西辽河与大凌河流域的红山文化即是幽燕地区的商文化；也有人说是河南小屯，因有殷墟墓葬等。笔者认为对此史实性见的歧见不必纠结，本文关注的是共识。鸟是商部族的氏族祖先，与卵生传说的观念与信仰确具有一致性，玄鸟是其氏族的庇护者。

玄鸟指的是什么，相关解释也很多，黑色燕、白色燕，其他神话异鸟，难以完全一致。笔者认为，玄鸟具体指哪种鸟并不重要，重要的是"鸟"，这就肯定了玄鸟生商反映了图腾崇拜中的卵生信仰，而卵生信仰的重要标志就是其始祖由卵所生或吞卵而生的传说。虽传说并非真实，但诸多史料记载的远古先人的这些思想认识是真实的。

有关鸟的卵生传说史料也有很多：

《毛传》："玄鸟， 鳦也，一名燕，音乙。" "春分玄鸟降，汤之先祖有娀氏女简狄配高辛氏帝，帝率与之祈于郊谋而生契。"

《史记·殷本纪》说："殷契，母曰简狄，有娀氏之女，为帝喾次妃。三人行浴，见玄鸟堕其卵，简狄取吞之，因孕生契。"

《诗经·长发》："有娀方将，帝立子生商。"

《郑笺》："禹敷下土之时，有娀氏之国亦始广大，有女简狄，吞鳦卵而生契。"

《楚辞·离骚》："望瑶台之偃蹇兮，见有娀之佚女。"

《天问》："简狄在台喾何宜，玄鸟致佚女何嘉。"王注："言简狄侍帝喾于台上，有飞燕堕其遗卵，喜而吞之，因生契也。"

《吕氏春秋·季夏纪音初篇》："有娀氏有二佚女，为之九成之台，饮食必以鼓。帝令燕往视之，鸣若谥隘。

二女爱而争搏之，覆以玉筐，少选，发而视之，燕遗二卵，北飞，遂不反，二女作歌一终，曰'燕燕往飞'，实始作为北音。"

商代青铜礼器"玄鸟妇壶"上镌刻的图像，是"玄鸟妇"三字合书的铭文，也是《史记·殷本纪》中神鸟衔鸟卵、商人女祖简狄吞鸟卵生契的记载。

作为一种原型，对于有关玄鸟图腾的神话，从文化人类学角度进行审视，有其典型意义。类似鸟卵生子的传说还长期流传于东北地区，如《论衡·吉验》："北夷橐离国王侍婢有娠。王欲杀之。婢对曰：'有气大如鸡子，从天而下，我故有娠。'"《清太祖武皇帝实录》："长白山，……有神鹊衔一朱果置佛古伦衣上，……其果入腹，既感而成孕。"高丽李奎极《李相国文集》中亦有鸟卵生子的传说，与《魏书·高句丽传》所记之事略同。

另外，由卵而生的始祖创生神话在民族学资料中也屡见不鲜。侗族古歌《侗族从哪里来》中说，侗族始祖母和始祖父都有是由龟婆孵出的。纳西族《创世纪·开天辟地》中也说纳西族始祖是由蛋孵化的。黎族始祖母也是由卵而生。居住在红河州的哈尼族传说：洪荒时代过后，地面长出茅草，茅草里出现一个大蛋，经鹌鹑鸟孵化成人，就是哈尼族的祖先。(何星亮著《中国图腾文化》)

神话传说中人的来源还有葫芦生，石头生，泥土造人，以及从山洞或树木上长出来的种种的不同说法，但常见的卵生之说记载最多且细，当属主流。

"卵和蛋是生命的最高表现，其他所有表现都从属于它。在科学的意义上，人的卵，以及产生卵的卵巢和在其中发育成婴儿的子宫，甚至在更广泛意义上包含一切女人，是创造力的最好最大成就的象征。"（魏勒著《性崇拜》）

卵生概念，把鸟的生育与人的生育联系了起来，表达了人类对生命延续的追求。在古神话中，以鸟作为始祖占有相当重要的地位，鸟卵是生命本源，而生殖则关系到人类的存亡与部族的延续。因此，这类崇爱是全民性的，得到了世世代代的传承。我国中原地区流传着结婚生孩子染红鸡蛋的习俗；河南招待客人的水沸蛋；岳母为女婿做的荷包蛋；无论大江南北，分娩"坐月子"，鸡蛋是重要礼品，都源于这种崇尚生殖观念的遗风。不止我国，世界其他民族也多有此风，因纽特人相信卵可致孕，禁止未婚妇吃卵。俄罗斯有"杀母鸡取体内的蛋，用于妇人求子，吉普赛人男人把蛋黄吹入妻口，吞下可孕。"(御手洗胜著《神与神话》) 其实蛋的生子传代延续生命的象征意义与美好的祝福，早已超过了其自身的营养价值。

除卵生传说外，另一种崇鸟体现是彩鸟祥瑞说。

《山海经·南山经》："丹穴之山，其上多金玉。丹水出焉，而南流注于渤海。有鸟焉，其状如鸡，五采而文，名曰凤皇……是鸟也，饮食自然，自歌自舞，见则天下安宁。"

《异物志》说："其鸟五色成文，丹喙赤头，头上有冠，鸣曰天下太平，王者有道则见。"后世人们一直认为，五彩鸟就是凤，它象征着祥瑞。

《诗经》曰："凤凰鸣矣，于彼高岗；梧桐生矣，于彼朝阳。"而在民间流传至今的"丹凤朝阳"图案，正与此诗寓意相通。

《汉书》《后汉书》《三国志》及《晋书》中都曾记载五彩鸟出现之事。古记称，"有凤来仪""凤凰于飞"，这种理想鸟，被人民和贵族统治者当成吉祥幸福的象征和爱情的比喻，也可追溯到约三千年前。

汉代的《山阳麟凤碑》上刻有凤凰形状，下面注曰："天有其鸟，名曰凤凰。"

四川出土的"凤凰出"砖，在长方形砖体上镌刻有一只娟秀美丽的长尾大鸟，"凤凰"两字在头部前方，"出"字在尾后下角处，反映了当时人们渴望见到凤凰出现的善良愿望。这一时期，除凤凰形象的描绘以外，还有朱雀、鸾鸟、赤鸟、长离、鹏等各种神鸟，形象大小异同，都是凤鸟的变体和异化，是不同鸟纹的丰富多彩的各种表现形式。

关于青龙、白虎、朱雀、玄武的"四灵"之说，汉代还有另一说法：即麟、凤、龟、龙。无论哪个说法，鸟——凤凰或朱雀均为"四灵"之一，代表了南方方位。由此可见，鸟占有着重要地位。

《春秋演礼图》中说："凤为火精，在天为朱雀。"明代李时珍在《本草纲目》中说："凤，南方朱鸟也。"可见，凤凰、朱雀、朱鸟实际上指的是同一种神鸟。

凤鸟形态，在不同时期也有某些不同特点的体现。殷墟妇好墓出土的玉凤，作仰身回首状，冠、喙如鸡，短翅长尾，尾羽分作两股交叉，翅上琢出阳线翎纹，姿态极为生动；西周的凤鸟，图案化线条轮廓清晰优美流畅，成为西周时期的流行题材。春秋战国时期的凤鸟纹一改商周时期的神秘和严谨，猛禽形象的凤鸟纹已较少见，代之出现的是修颈、长腿、温顺秀丽的凤鸟纹形象，优美清秀，动态轻盈，这一时期的凤鸟纹不再是商周时期闭嘴、瞪目、昂首凝视的规矩特征，而是趋向轻盈活泼、自由鸣叫舒展的欢快状态发展。春秋晚期的玉雕鸟凤纹数量较少，战国中期以后开始逐渐增多，不同于商周时期单独成形的凤鸟纹，一般都装饰于玉璧、玉璜、玉佩、玉管上，单独成形的凤鸟纹圆雕件较少。秦汉时期的凤鸟纹，基本上继承了战国时期凤鸟纹的造型，凤鸟长冠、修颈、眼呈圆形，显得格外秀媚而有神。有所变化的是凤的形象轻盈娟秀，多做飞鸣起舞的动态，表现了"凤飞鸣则天下太平"的含义。唐、宋以后直至当今，凤鸟已无形态上质的变化。由鸟至凤图腾的演变延续，真可谓是从盘古开天地，三皇五帝直到如今，历经几千年，现今仍是中华民族共同尊崇的吉祥圣物。这不得不算是一个奇观，华夏文明历史的悠久、璀璨、传承有序，令人叹为观止。

鸟的图案，从出现在新石器时代的陶纹、泥塑、刻饰上始，随后在玉器上得以更加广泛的展现。浮雕、立雕、线纹、佩饰，鸟的形象比比皆是，其间不乏鸟凤过渡的中间形态。商周时代的玉器凤鸟，便呈现了鸟与凤的结合，这也是一种由鸟向凤的过渡形象，具有了一定程度定式的规范。笔者选择了几件原始文化至商周时代凤鸟的玉件实物照，刊于本节，那时鸟的形象特征可一目了然。青铜器许多鼎、罐、瓶、卣上，有诸多鸟的铸纹，大多是商周鸟纹的风格。以后的漆器与锦帛上，鸟的形态更加丰富，直至后世瓷器与绘画，花鸟成了绘画的重要流派体系。从古至今，鸟的形象在人们的心目中都一直占据着相当重要的位置，从未减少。

齐家文化晚期玉鸟

夏商玉鸟

商代玉鸟

西周玉鸟

汉代玉凤鸟

汉晚期玉凤

　　大漆彩绘玉器上鸟与凤的图案，依风格变化可有写实、夸张、神化之分；按形象分可有雀形、鸠形、鹤形、雁形、鹅形、鹰形、孔雀形等等。我们可以看到许多鸟的图案出现了交叉、借鉴、变异，将几种美丽鸟形的优势要素糅和在一起，再加上人为夸张的美化润饰，便创造出了凤。

　　我国古代星宿学中有"四象"，青龙、白虎、朱雀、玄武，说的是四方星象。也有人称之为四大神兽，龙与鸟，各占了一方。朱雀是四灵之一，朱为赤色，南方属火，有火里重生的寓意，和西方的不死鸟一样，又称火凤凰。

　　《山海经·大荒西经》中提到五彩鸟有三种名称，"皇鸟，朱雀，凤鸟"。无论何称，都是一种鸟，即后世演化成凤凰的鸟图腾的雏形。

凤凰是百鸟之王，雄的叫凤，雌的叫凰，合称凤凰，是神鸟。其形象的演变与龙的演变过程雷同，有一个渐趋复杂的过程。原始的雀鸟形，演变到将鸟、孔雀、鸡、鹰四类鸟禽结合的初始形态，进一步发展成鸿头、鹅颈、鱼尾、麟臀、鸡嘴、燕子下巴。凤形态的规范化基本在辽金以后，由于北方民族对禽中之王"鹰"的崇拜，又为凤加上了强劲的翅膀，突出了鹰姿。在清代，又逐步集雉尾、鸡身、如意冠、鹅颈、鹰目爪、孔雀翎、鸳鸯羽于一身，显得更加豪华艳美。

几千年来，由鸟至凤的发展、创造，是人们在鸟禽的基础上不断美化、综合、优选、完善的过程。虽然在宋以后基本定型，但随皇朝更迭，细节描绘也还是微有改变。由此可知，凤的主体形象是唐宋以前形成的。

我们若系统地品读一下彩绘玉器纹饰上鸟凤的图案，明显可以看出，其以绘画的语言，描述了自原始文化后期至汉唐之间这一历史跨度中，凤的演变形成过程。

为便于品读，笔者从全部漆绘图画中摘出六十余幅鸟凤的绘画。笔者曾请既不懂收藏也不懂绘画的朋友，按时间顺序看了一遍，他们都有共同的感受，便是认为这些图画告诉了我们凤形象是怎么来的。用绘画语言来表述，是在文字发明以前记录述事的最重要的手段，其直观、系统，便于领会解读。我们为保留下来这些远古时期的大漆艺术绘画所欣喜，更为其所记录表达的思想意识和文化内涵所倾倒，其带给我们视觉的冲击与心灵感受，难以用语言形容。

各种漆绘鸟纹

各种形态鸟纹

各种形态鸟纹

各种形态鸟纹

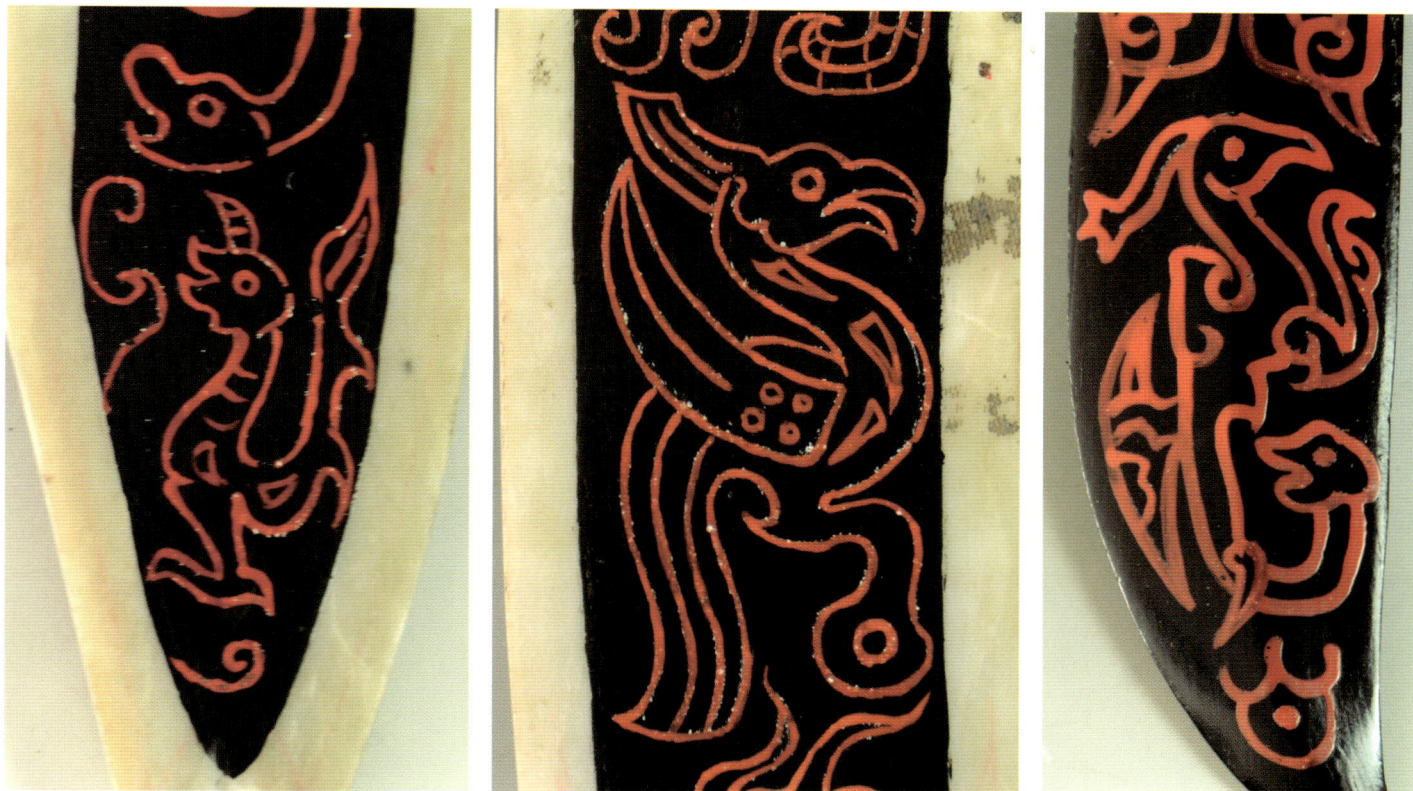

各种形态鸟纹

由于图画的直观，读者可自己赏阅体味，本节只选其中十几幅典型点评，述说笔者感受，说明问题即可。其他各种鸟纹图片，数量较多，供读者自己品读。

漆画中雀形鸟，象山雀也像麻雀，浑圆的身体，短小的翅膀，笨拙的飞行，在一些场景中作为配饰出现，基本写实，是现实生活与自然状态的描绘，这是鸟的早期形态。

另一幅俯视图案的雀鸟，黑漆红纹，已有燕形的部分痕迹。从玉器作品看，有齐家玉器鸟的风格、红山玉器鸟的韵味、商代一些玉鸟的形态，已部分脱离了实体物态，在写实形象上有所凝练简化，略显硕大笨拙的体态。

从上述图案中可以看到，在燕雀形的基础上，头顶加了鸿冠，又称凤头，开始了对鸟的美化。虽还有憨态，但已不那么笨拙，总体显示了质朴的俊美、可爱。

在凤头燕雀的形体上继续添加了雉鸡状翎尾，体形也开始加长，鸟形进一步得到美化。

漆绘雀形鸟

漆绘燕形鸟

修饰美化类鸟纹图案

　　随后，鸟的形体变大，逐步脱离了燕雀形，从多幅图案中可看出向大型飞禽，如天鹅类体形的演变。双翼大幅展开，脖颈逐步变长，凤头已不单一，出现穗状花形，尾也出现多翎长羽的花尾，还有的似孔雀开屏状。从总体轮廓形态上看，已开始显露凤的轮廓。

修饰美化类鸟纹图案

修饰美化类鸟纹图案

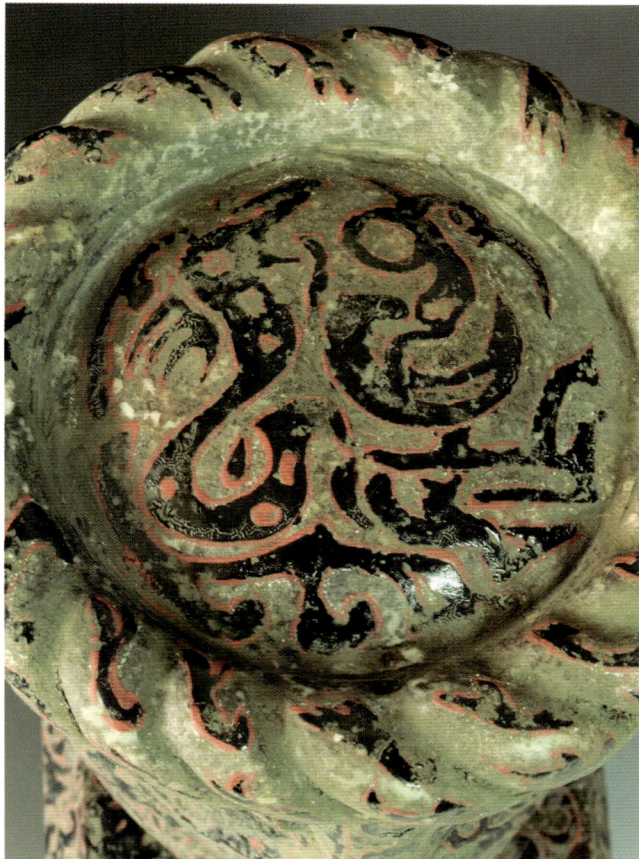

修饰美化类鸟纹图案

修饰美化类鸟纹图案

修饰美化类鸟纹图案

修饰美化类鸟纹图案

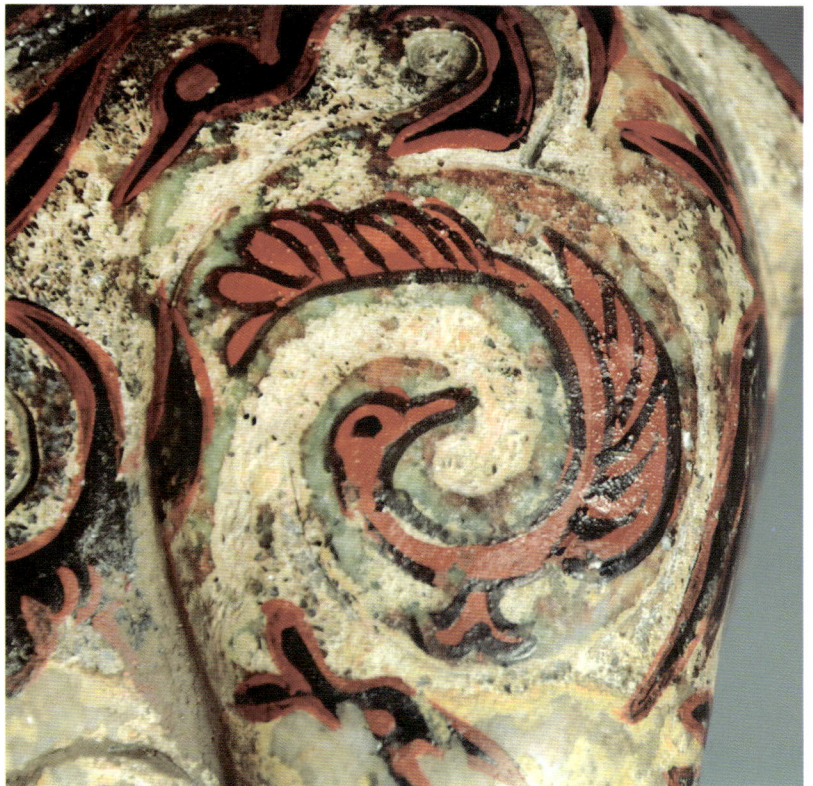

头尾进一步美化的各种鸟

头尾进一步美化的各种鸟

翎尾进一步美化的鸟

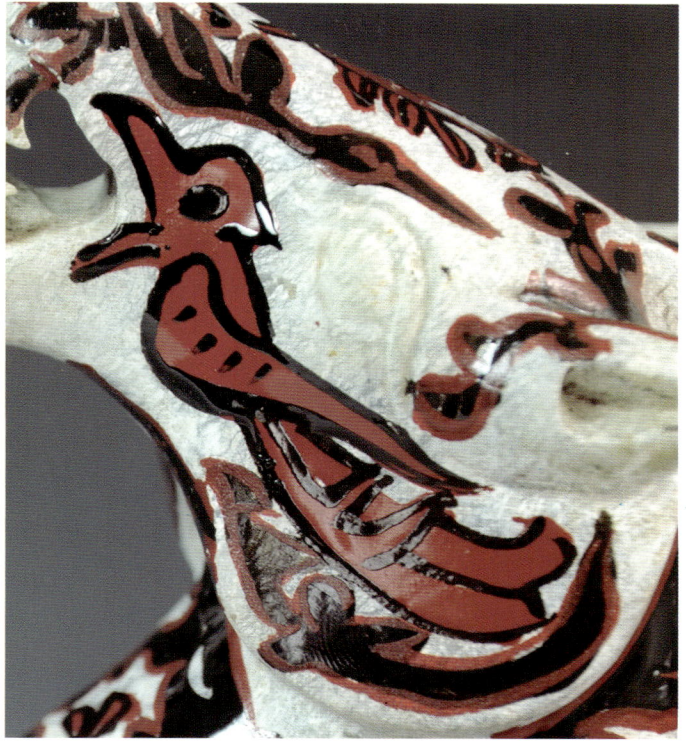

翎尾进一步美化的鸟

翎尾进一步美化的鸟

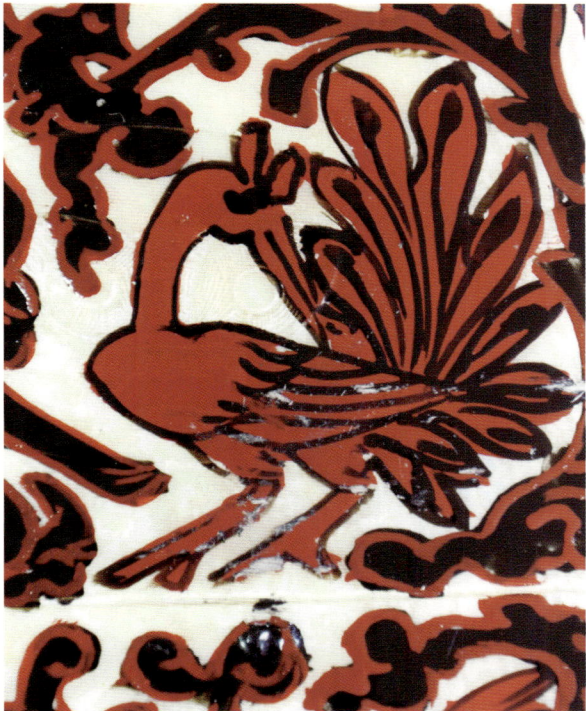

翎尾进一步美化的鸟

鸡、鹰形态的凤鸟图案

鸡、鹰形态的凤鸟图案

鸡、鹰形态的凤鸟图案

　　另一种鸡形体态的鸟纹，在商周的玉器与青铜器上屡有出现，通称之为"凤鸟"，与彩绘玉器上的图案十分近似。这种鸟纹头部变成了鸿冠弯喙，小翅花尾，尾部似公鸡的翎花，爪是弯趾，似鹰爪。其实鹰的元素在3000多年前已有，并非完全在辽金后才出现，体形似鸡又像鸳鸯，也是凤的一种。

　　雀鸟向凤的发展变化过程中，融入了其他禽鸟的成分，也是神化的过程。在漆绘鸟类的图案中还可看到一种怪异的神化鸟纹，其身形似鹰，展翅飞翔，苍劲有力，双翼又像蝙蝠，双耳耸立似兔耳，尾羽卷曲似云朵，显示出一种神灵怪异的形态，其实这也是在鸟纹神化过程中的一种尚未稳定的形态，寓意了力量。

　　像天鹅的身姿，长颈圆首，加上一对修长的鹤腿，造型开始流露出典雅高贵的美，这又是一种体形的变化。鹤形的体态使凤的演变进一步向高贵性美化，身体修长、凤冠、弯喙、长腿、鹰爪，再加上孔雀芦苇般的花翎，摆出了芭蕾般的舞姿，整体形象变得典雅、高贵，秀美中带有灵气。这种凤的形态基本囊括了几种鸟形的美的特征，奠定了后世凤凰"灵与美"的基础，显示了出神入化的风韵。

　　与之对应的，我们来看一下湖北江陵县出土的、现存于湖北省荆州博物馆，战国中期的虎座立凤及帛画龙凤图中的自由飞升的凤。其造型神韵与器上漆绘的鹤形风格雷同，只是楚文化的立凤在局部纹饰描绘上更加细致一些，这应不是偶然的相近。加上前节所谈的彩绘玉器中的人像图腾在楚文化漆棺上出现，二者证实了一个共同的现象，那就是黄河上游3000年前的艺术造型在湖北的楚文化中得到了延续与发展。在前文人物一节中已谈过，尽管我们现在还找不出更多具体传承的轨迹，但雷同性图案在两地的出现应不是毫无关联的巧合，其中必有文化间的交流和影响。

　　另一幅漆绘玉驼上的画面令人神往，相视的对称凤纹，嬉戏于花丛之中，美不胜收，宛如仙境。野猪身上，红黑两色绘画自由飞翔的凤，花尾飘逸，神态安详。后世汉唐以后凤的形象与之相比，已无大异。

凤鸟　　　　　　　　　　　　　　　　　鹤形凤鸟

纵观百幅彩绘玉器上带有鸟凤的图案，画面直观地告诉了我们凤的形成与演变过程。在生殖崇拜、卵生文化、祈福生命延续的原始文化理念基础上，敬鸟崇鸟，进而将孔雀、雉鸡、仙鹤、苍鹰、蝙蝠、雄鸡、鸳鸯等等诸多鸟禽的美感综合在一起，演化出了凤的形象。华美端庄，高贵典雅，俊秀中不失力道，缤纷中蕴含文雅，黄河先民创造的这一神化图腾，令人拍案叫绝。

对于凤图腾的创造与丰富延续了近2000年，先人的才智、审美、艺术性的创造思维与空间想象力的活跃宽泛，应使我们有所领悟：对于美的追求没有终极，自然界绝不缺少美的踪迹，缺乏的是我们发现美的慧眼。纯洁的境界，宁静的心态，才能使人感悟美的存在，也会得到美的滋润与享受。

天鹅形凤鸟

战国锦画龙凤图

战国木胎漆器虎座立凤

玉驼漆绘对凤

玉野猪身绘飞凤

各种鸟凤纹饰绘画图案

各种鸟凤纹饰绘画图案

各种鸟凤纹饰绘画图案

各种鸟凤纹饰绘画图案

各种鸟凤纹饰绘画图案

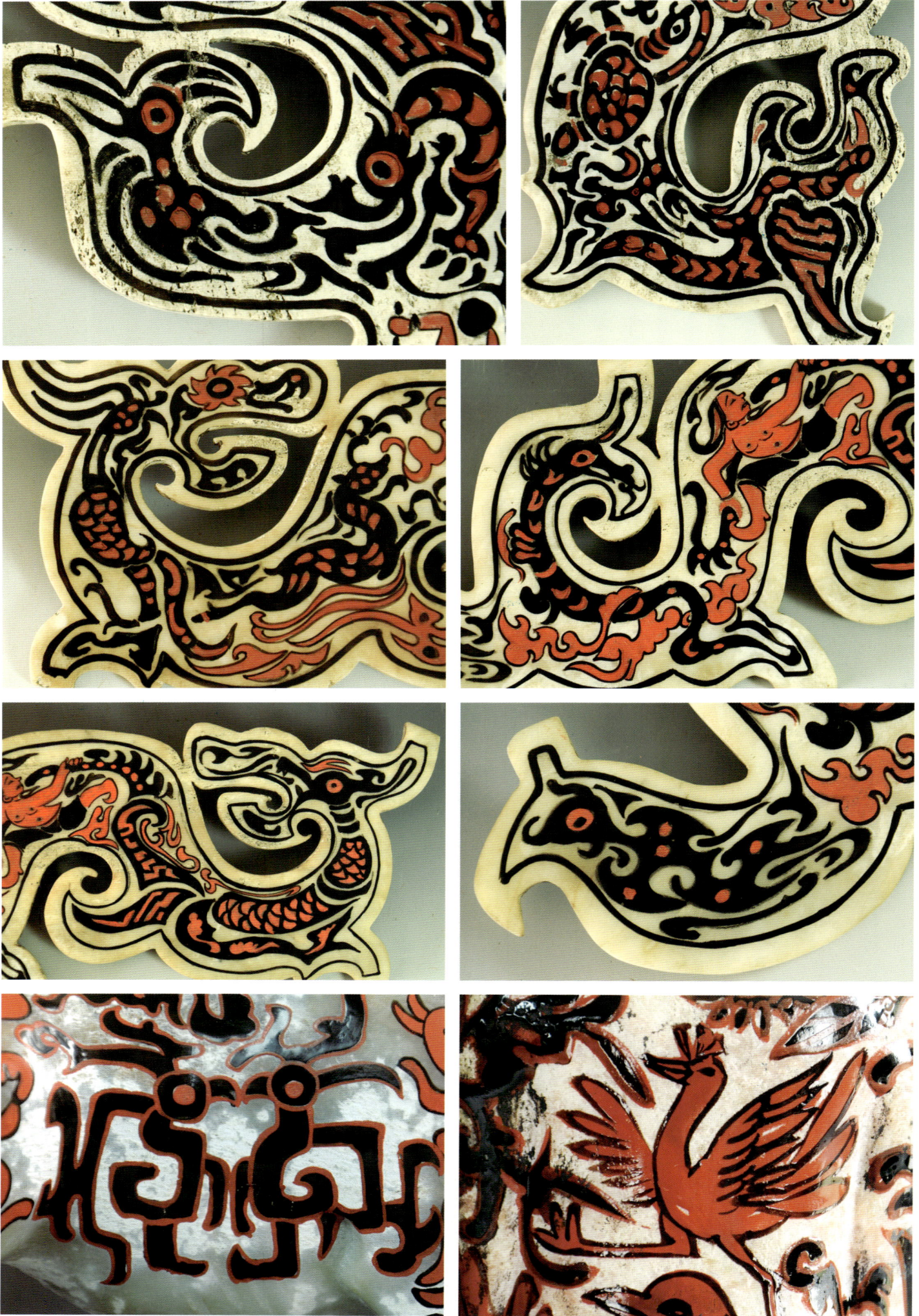

各种鸟凤纹饰绘画图案

各种鸟凤纹饰绘画图案

各种鸟凤纹饰绘画图案

各种鸟凤纹饰绘画图案

4. 其他动物与神兽

大漆彩绘玉器上绘画的各种动物，无论养畜还是野生，神兽抑或图腾，都异常丰富。

动物品种主要有牛、马、驴、兔、虎、蛇、鸵鸟、象、鸟等，还有一些拟人、夸张或想象的动物，如长了翅膀的猛兽、神化的动物，都是图腾的形象。

动物的绘画语言依然简单、粗犷，用凝练的线条勾画出动物的轮廓，千姿百态，动感十足，神态鲜活超乎形似。由于笔调的简练，几乎无细节上的描绘，但画法是写实而不是写意。从轮廓造型基本可看出是什么，又特别传神，神形结合准确表现出是什么动物。这种高度概括，准确表达，是基于对动物特征的精确把握，没有细致入微地观察体悟和融于心灵的熟悉，将无法用简单的线条以如此凝练的手法表现盎然多姿的自然生物。

马和驴，是两种近似的家畜，其在玉器上实际漆绘的尺寸很小，图案画幅实际尺寸也就约 1 厘米，寥寥几笔就画出了驴的形象与神态，这种凝练的写实手法令人叹服。人们不禁有所疑问，那时有驴吗？

马和驴有共同的起源，同是马属但不同种，互相交配又产生种间杂交的骡和驮。驴起源于非洲，非洲野驴是现代家驴的祖先，驴被驯化大约发生在 5000 年前。

法国科学家曾对 52 个国家的四百多头家驴进行了基因研究，同时对非洲、亚洲西南部等几个地区的野驴种群进行了基因对比，结果发现家驴与非洲北部努比野驴非常相似。早在新石器时代，非洲已形成驴的亚属，其中就有现代驴。至青铜器时代，驴已被驯化成家畜。我国的家驴，是数千年前由亚洲野驴驯化而来的。亚洲野驴，至今仍有少量生息在亚洲内陆，阿拉伯、叙利亚、印度、中亚细亚和我国的新疆、西藏、青海、内蒙古等地，因物种珍贵，现今已列为一级保护动物。

123

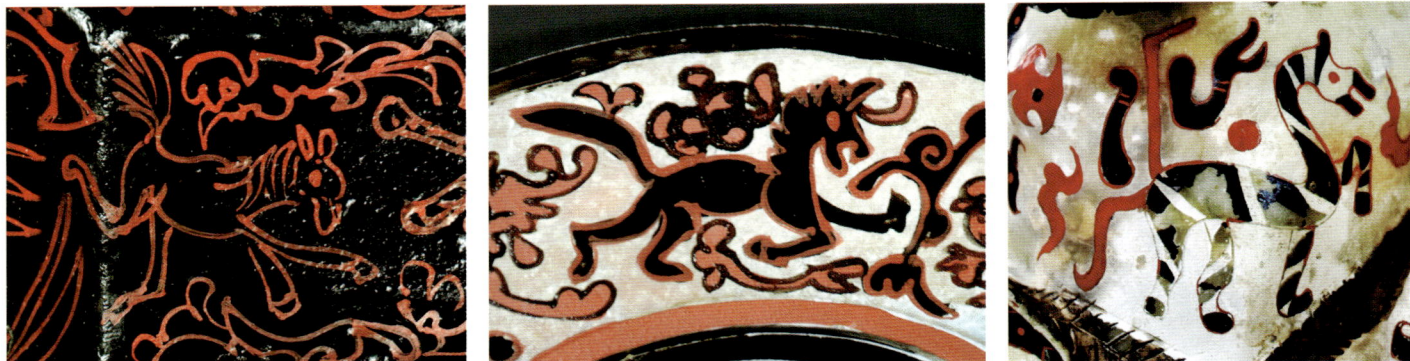

漆绘马纹

　　我国在4000年前，新疆莎车一带已开始驯养驴并繁殖其杂种。新疆人也有骑驴的习惯，脍炙人口的小合唱《库乐班大叔你上哪》，唱的是"要骑着毛驴到北京看望毛主席"。虽是歌词的演绎，但也说明了新疆人骑驴的生活习惯。驴的使用，自秦代开始由我国西北进入甘肃、陕西及中原内地，渐作役畜使用。据《汉书·西域史》记载："都善国（新疆都善地区）有驴、马，多崇驼；乌孙国（新疆西部）有驴无牛。"可见，漆画上驴拉车、人骑乘，是那时生活实态的写照，也是史实的记录。马的画法也同样简单，拉车飞奔的姿态与弓箭射手的骑驭驰骋，显示了马的动态健美。而另一件彩绘玉牛的牛背上画的马，周身黑白相间，红眼红尾，悠闲迈步，神态驯服柔和，近似卡通形象，稚雅可人。四周有火焰的纹饰，似乎表现了对马的喜爱。

　　牛的画法近乎抽象，四腿后蹬，弓身低头，双角前抵，一幅斗牛的姿态，很是活灵活现。虽线条粗犷，但体现了牛的蛮力与健硕，神态表现得很到位。

赶驴

驴拉车

驴拉车

奔牛

　　画的大象体型肥大，憨态可掬。双象左右相对站立，左象以黑底红色勾绘，右象以红底黑色勾绘，是姿态与颜色完全对称的绘画表现。另一玉瓶器身下部的小象则以对称纹饰的表现手法来刻画，左右相背，昂首向上，大鼻后甩勾转，似一对幼象的嬉戏，象的拙笨肥大与憨态可掬体现得淋漓尽致。

象

象首

象首纹饰

　　玉琮上的蝉，以黑红二色线条表现，物形写实。其身与双翅添加了许多枝叶与兽首的纹饰，是对蝉的一种装饰艺术的表达。另一玉人服饰上所画的蝉纹，则是变形、抽象的符号或商标式图纹的表现。古人对蝉很推崇，玉器雕件中一般分晗蝉、佩蝉与帽蝉三类。晗蝉无系孔，殡葬时放于人的遗体口中以保容颜永驻；佩蝉有系孔，易于佩戴；帽蝉也有小孔，便于绷系冠帽表面。因蝉息高枝，食饮甘露，佩蝉寓意清高，受文人喜爱。

蝉纹饰

蛇

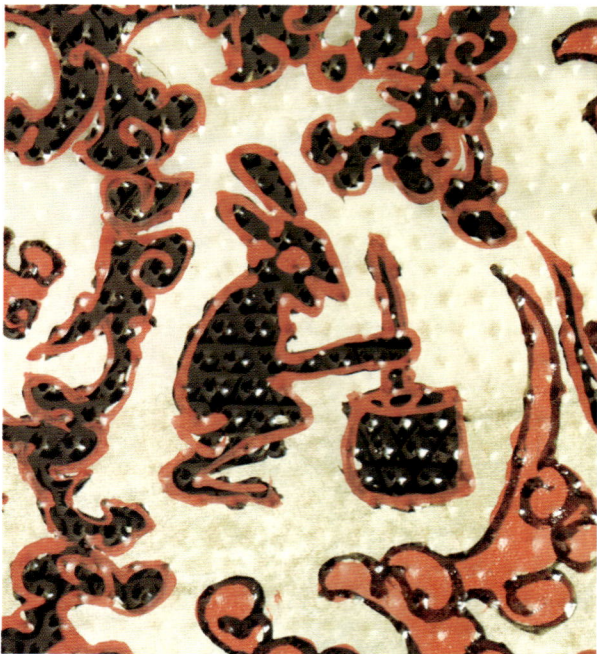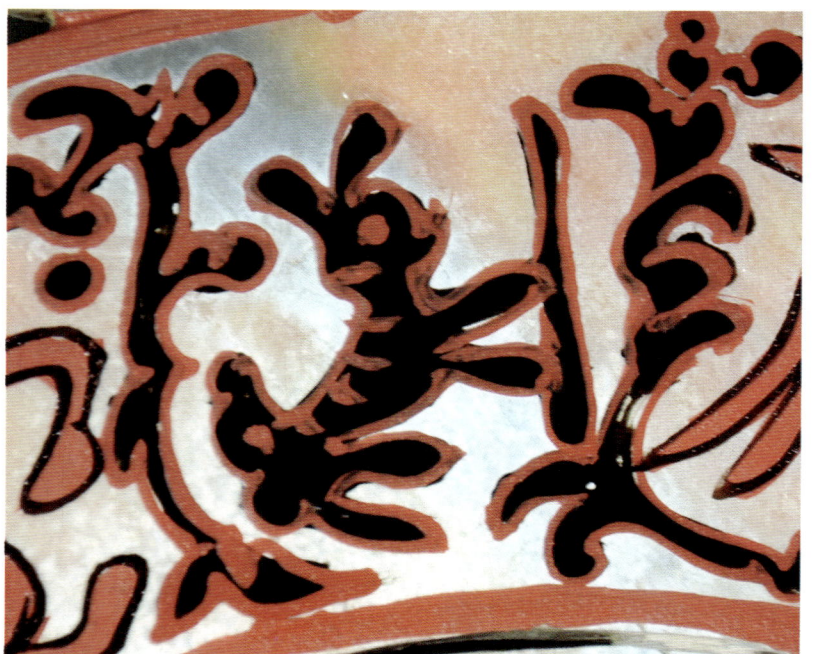

捣杵兔　　　　兔

蛇的画法基本写实，细长弯曲的圆柱身躯，黑色体表加红色条纹，颇有蠕动之感。

小兔子坐地，前肢握杵立于臼中，类似捣蒜捶米的形象，生动可爱，完全是拟人的绘画。

鸟的画法形态多样，要专题摘录。这里只谈多件器物上出现的一种大鸟，其硕身肥壮，头顶有长长的翎羽，像孔雀，颈部像鹅，双腿修长，奔跑起来显得很快，整体很像鸵鸟。推测是将几种禽鸟的特征综合到一起的美丽兽鸟，是鸵鸟形态基础上的改制添加，现实中没有这种鸟，也没有这样的兽，是人们想象中的崇拜物或图腾。

神鸟

衔莲花兽

还有一种头有独角，身带两翼或口衔云朵状花枝的兽，似虎似马，也是现实中不存在的物种，应是想象出来的神兽。勇猛的动物再加上能飞的翅膀，突显神力也更加完美，令人不由得产生一种敬畏。

各种带翼神兽图案

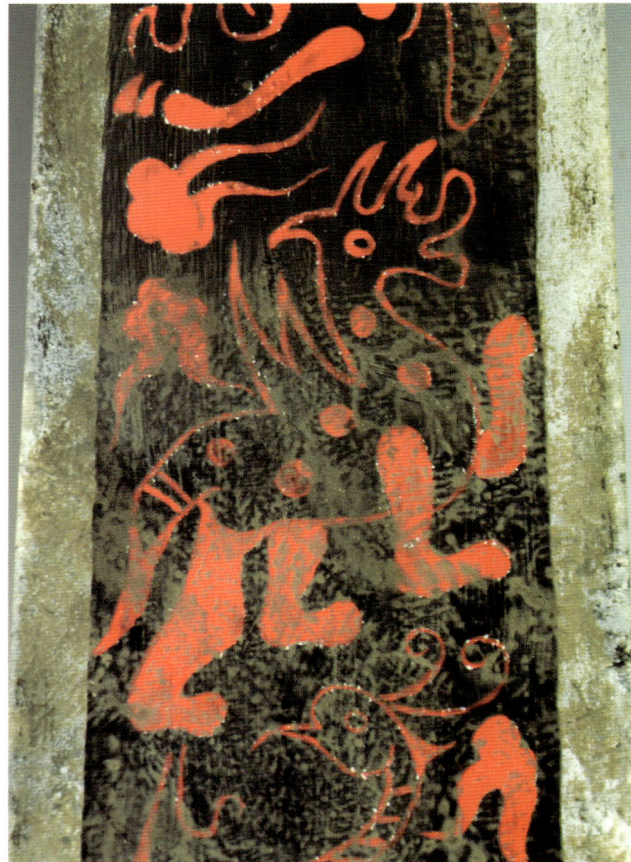

各种带翼神兽图案

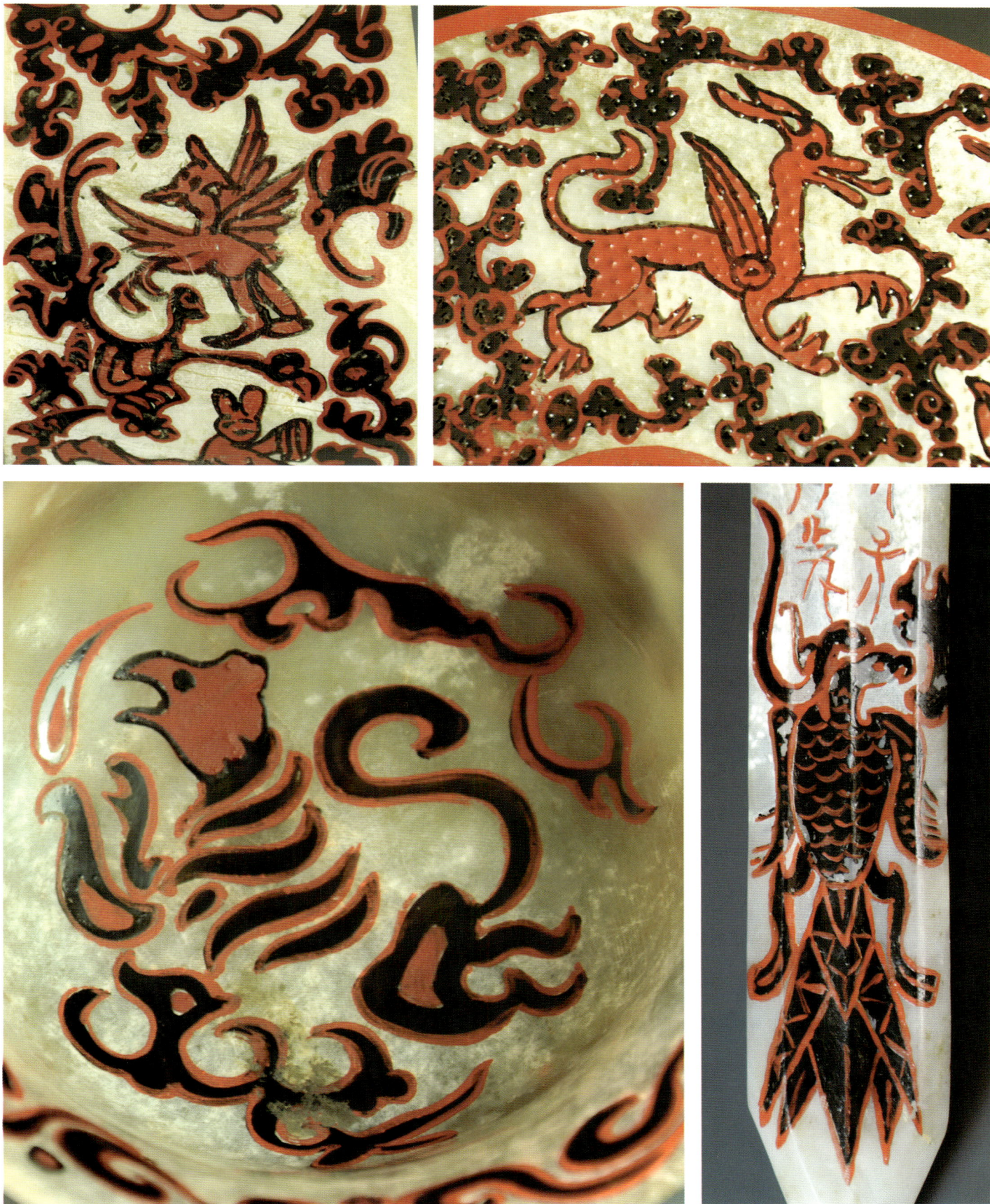

各种带翼神兽图案

天马行空的想象，在黄河上游的古文明中早有体现，远古时期人们的想象没有羁绊，任其发挥的自由也体现在漆绘图饰之中，而各种神兽、神灵、崇拜的图腾也是基于这种臆想空间上的创造。

虎的绘画很传神，昂首竖尾，发力前扑，大口张开，十分凶猛，却又憨态可掬，带有儿童玩具般的卡通意味，招人喜爱，是否彰显了远古先人自然的审美情趣，值得琢磨。也有一些简化的虎形轮廓或纹饰，在后世青铜器的纹饰中屡有出现。我们从漆绘一些兽纹图案中可以看出其演变的原型。

各种虎、兔、虫、鸟图案

各种虎、兔、虫、鸟图案

131

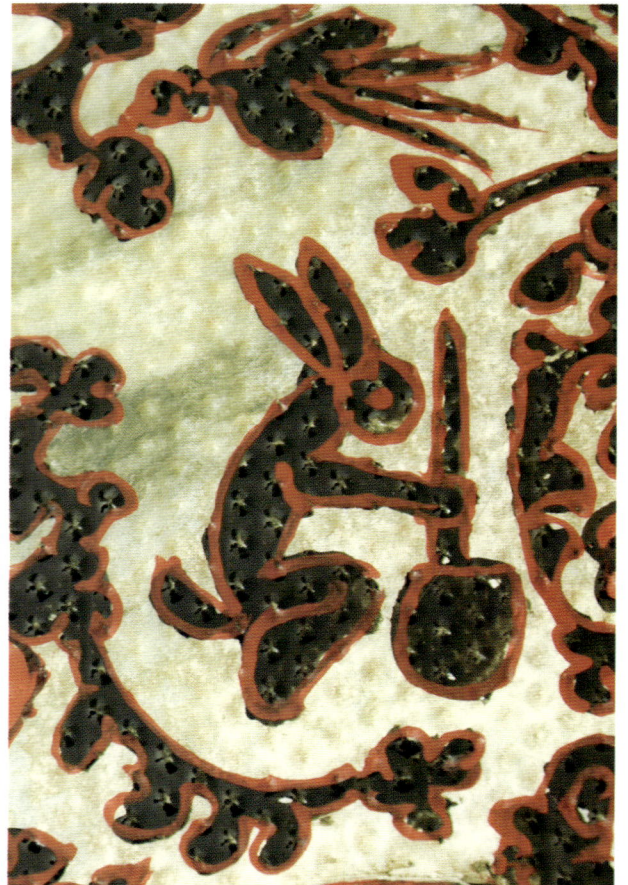

各种虎、兔、虫、鸟图案

各种虎、兔、虫、鸟图案

各种虎、兔、虫、鸟图案

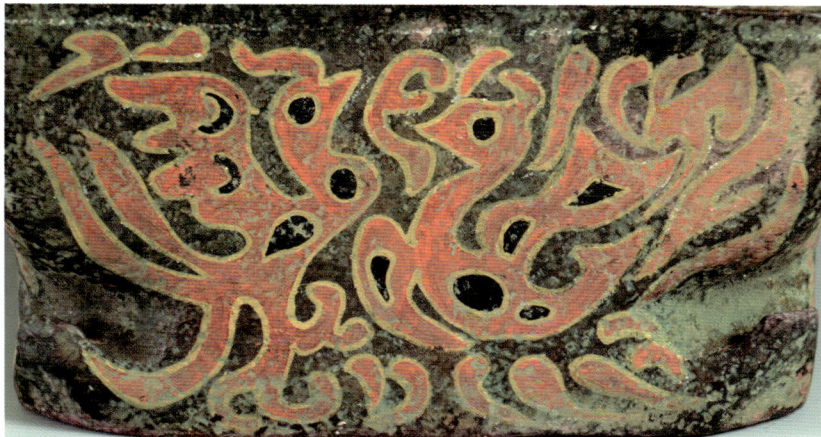

各种虎、兔、虫、鸟图案

各种虎、兔、虫、鸟图案

各种龟、鹿、松鼠、猴及小动物图案

　　还有许多变形的动物，数量较多难以逐一释说。从上面一些主要的实例来看，除画风的基调大都雷同外，还有一个突出显著的共性——生动形象。仔细端详品味每一动物画面，威猛但不凶恶，即使是虎蛇之类，也无丑陋之感，更不用说憨态可掬的大象、奔跑的鸵鸟了。拟人化的动物则更加鲜活，捣杵的小兔可爱至极。为何会显现这样的效果？让人不由联想到炎黄民族创立的"天人合一"的理念。史前先民，人与动物同在自然条件下生存，大自然的和谐造就了万物的生长，人与动物实际是共存和谐的关系。人崇尚自然，热爱自然，热爱自然万物，也热爱各种动物，这是一种诚挚朴素的爱，是出自本性的自然大爱。在这种心态下描绘出来的动物形象自然而然就有了这种情感的表露，现代人也是如此，带有爱心可将丑陋的老鼠画成可爱的米老鼠。彩绘玉器图案中所有的动物形象都体现了可爱的一面不是偶然的，是有意而为还是和谐心态的自然流露，并不重要，重要的是可以看出远古先人崇尚自然、热爱万物的心态。这种和谐心态是否奠基了春秋战国时期"天人合一"的哲学思想，由此而形成了儒家的哲学思想体系，值得我们思索。

　　笔者以为，领略、研读这些远古图案绘画的寓意，可获取诸多启示。

各种龟、鹿、松鼠、猴及小动物图案

各种龟、鹿、松鼠、猴及小动物图案

各种龟、鹿、松鼠、猴及小动物图案

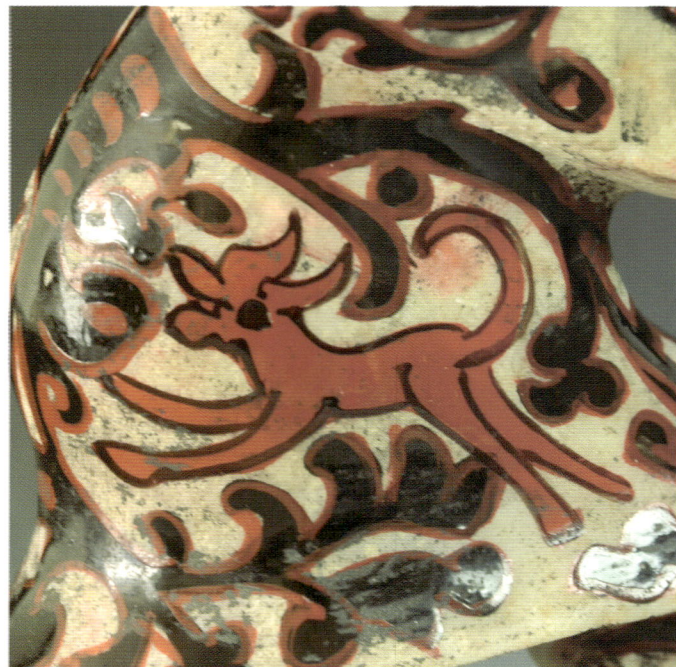

各种龟、鹿、松鼠、猴及小动物图案

各种龟、鹿、松鼠、猴及小动物图案

各种龟、鹿、松鼠、猴及小动物图案

各种神幻怪兽图案

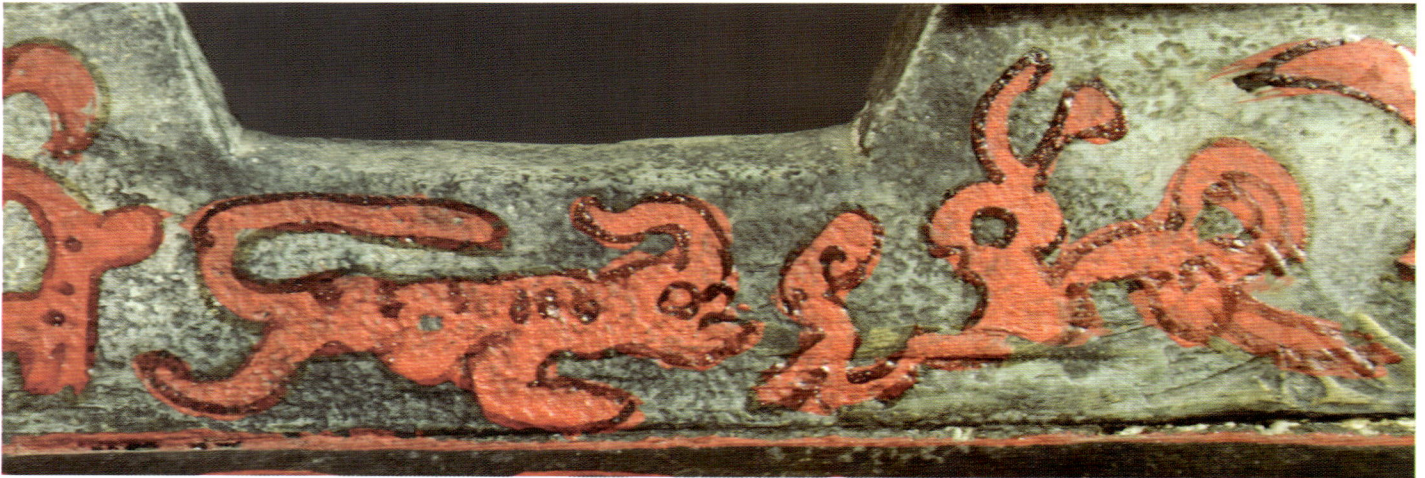

各种神幻怪兽图案

各种神幻怪兽图案

各种神幻怪兽图案

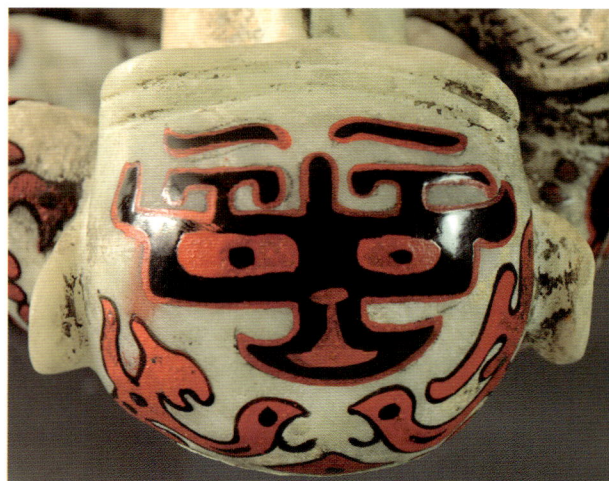

各种神幻怪兽图案

各种神幻怪兽图案

　　世态纷争，万事杂乱。越朴素，越自然，越简单，其实越是我们需要的，能使人得到平静、安然；越豪华，越奢侈，越铺张，其实没有任何意义，带来的只是虚荣、幻影、动荡不安，甚至还是滋生一切烦恼的来源。回归自然、保持质朴、坚守本真，现代人需要这样的理念。

　　认真品味这些纯朴稚拙的大漆动物图案，除直观的美感外，可能会带给你更多的感悟。

5. 植物花卉

　　漆绘图案纹饰中的植物花卉，主要是在劳作生活的场面或动物驰骋的周围作为配景与陪衬，使整个画面充实、生机盎然。

　　植物花卉的绘画笔法总体表现依然单调简单，以投影直观的形象勾勒轮廓，如现代的剪纸。没有明暗面，没有远近透视，也没有立体感，但画面观感的总体效果却不呆板，洋溢着鲜活与喜庆。

夏代玉璧树木山石

战汉玉碗树木

　　从漆画中花卉的直观效果看，大多难以区分具体的植物品种，但可大致分为以下几类：高大的树木，茂盛密实的灌木丛，鲜艳的花卉，还有以枝叶为主体艺术加工组合的纹饰。这些并不是画面的主题，只是用以烘托绘画主体的气氛。如此表达呈现的绘画的艺术效果，犹如国画中远景的写意，其意象大于油画的物象与质感，凸显了中国绘画的传统画风源远流长。十分有趣的是，西方绘画艺术讲究写实、透视、用光、色彩、质感；中国传统绘画则不注重写实透视，而是讲究写意、传神、韵味、意境，在3000年以前的这些彩绘玉器绘画上似乎已看到了这些影子。

　　彩绘大玉璧上全幅画面渔猎图。该璧硕大，露玉处包浆厚泽，中心为对钻孔，相接处有因两面对钻错位出现的高台痕，以玉制看，时代应为齐家文化晚期至夏，推测即使是夏也应为早期之作。画面中有山石与树木，山石的描绘以红色平涂、黑色双线勾勒轮廓，黑色交叉网纹以示石体。山石旁平地竖立一棵大树，高高的树身两侧有几根树枝，有些像竖立的鱼刺，笔法异常简练稚嫩，但表达明确，任何人看，也知道这是棵树，简单明了，画意直白。

　　另一幅是飞鸟栖于树枝上。树的画法略有不同，枝杈较为密集，似阔叶类植物。鸟与树的尺寸不成比例，即使不是树是花丛，鸟也显得太大。只是形象的寓意，无法以透视的比例衡量。

　　一人弯腰屈腿，双手握斧砍树，地上以篓或陶罐相接，砍下的东西流入篓内，是一幅劳作画面。寥寥数笔，呈现了人物喜气洋洋的神态，很有感染力。树身流下之物以连串之点相示，是在取漆树汁液，还是落下了什么果实？可作各种猜想。画面描绘的是人从树上砍取所需的东西，情景适宜、自然直观，绘画得相当到位。

　　许多虎形兽或小动物奔跑于树丛之中，描绘的植物的枝叶卷曲繁茂，状似灵芝如意，又像团絮云朵，可看作是密实的灌木丛林。植物与动物谐和浑然，构成了互不可缺的一个整体。仔细端详，动物是喜态，植物也在笑，融融之景令人有安然祥和之感。这种画法及表现的气氛，说实话，我们现代人难以描绘，不是画艺的繁简，而是天真稚朴的心境已不复存在。

　　我们再看一下花卉的描绘，数量不多，但艳丽丰厚，花姿雍容，颇显高贵。两凤脚下描绘的似荷莲，为水纹中绽放的一朵荷花，花形丰厚饱满。这种高贵是骨子里透出的挺拔与秀美、恬静与素雅的气质。

　　联想市场经济中某些炫富之象，哪有清幽高贵的美感？富不见得贵，贵更不见得美。真正的美来自于大自然的真实与纯正。

　　另一种角形绿叶，陪衬中央一朵红花，叶形肥厚，花朵硕大，难以确认是什么花，既像君子兰，又像罂粟花，依然显得高贵艳丽。对花的描绘彰显的特征恐也不是偶然。这种审美的视角，表达的美感，出自于平和的心态。

飞奔嬉戏、采集果实的树丛

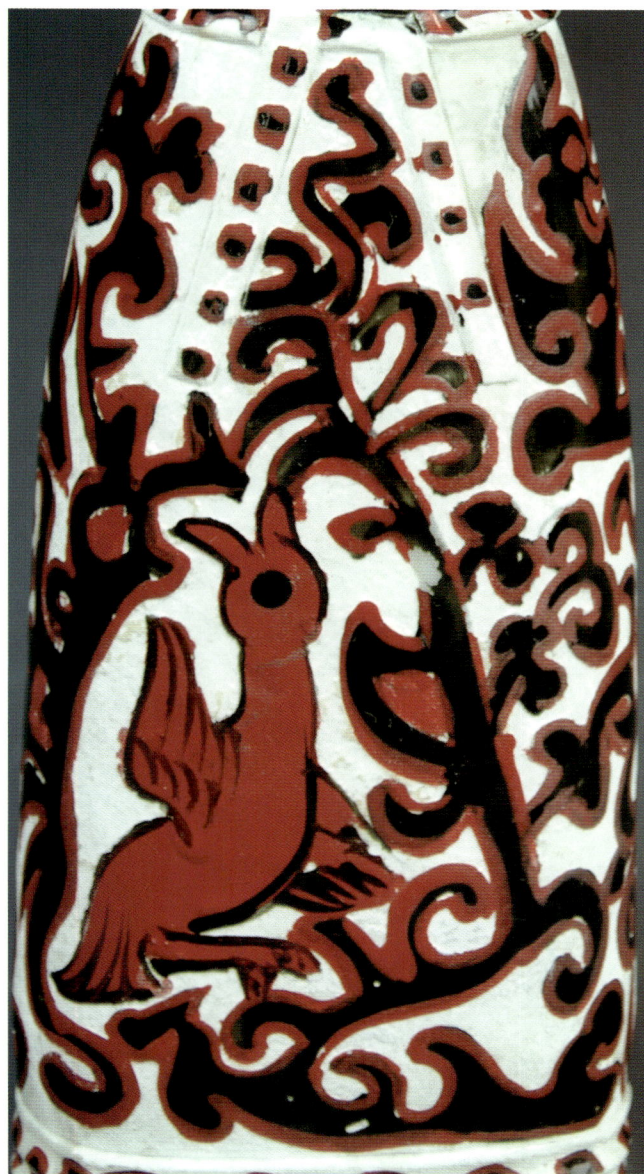

栖息鸟的树木枝杈

各种丛林茂密的动物果园

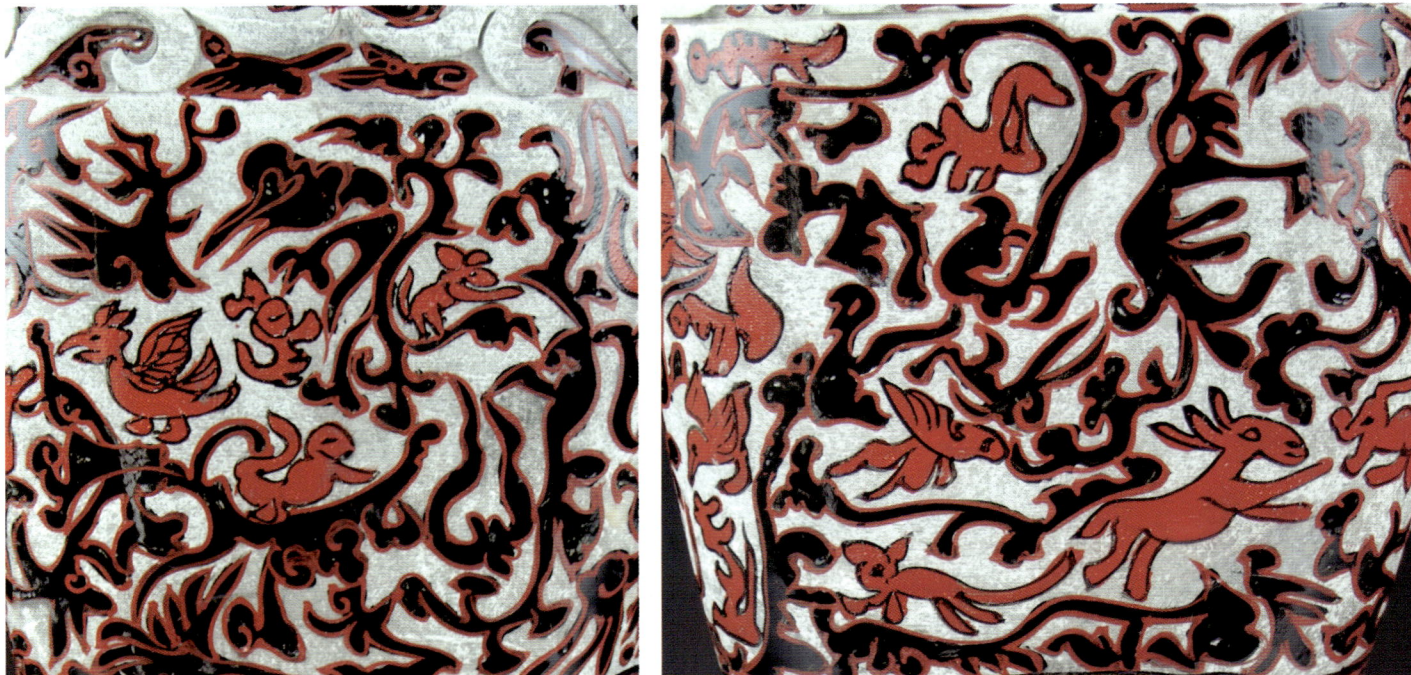

各种丛林茂密的动物果园

鸟语花香图案

鸟语花香图案

花卉图案

花卉图案

婴戏图

各种枝叶花卉纹饰

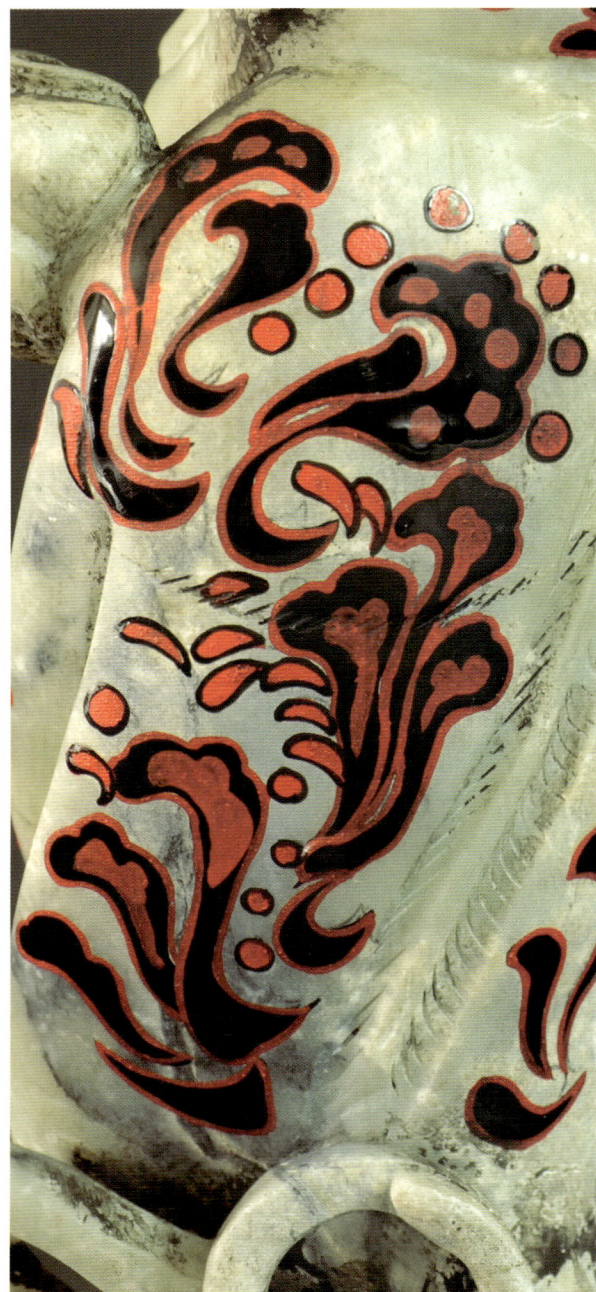

各种枝叶花卉纹饰

赤身裸体的幼儿，手举长长的枝叶奔跑嬉戏，叶如卷云，飘逸飞扬，枝叶的描绘具有艺术加工的夸张，但突出了幼儿的天真烂漫。

还有一些枝叶勾转连接的纹饰化描绘，与现代的景泰蓝或一些瓷器印花风格相近。是以植物枝叶茎蔓为素材的图案或艺术加工，用于景物的衬托。

植物花卉的画法简洁质朴、自然纯真，体现了古人与大自然的亲密相融以及古人的无比快乐的和谐心境。不由令人联想，无杂念的纯正质朴易获得快乐与幸福。孩童为什么喜欢动画，成年人却没有那种稚情的感受，其实是思想与心态的不同，思虑越多，快感越少。现代社会节奏匆忙，诱惑增多，朴拙失缺，浮躁加重，看什么都不顺眼，心情不快。其实，自身心态的善良阳光，可改变对客观视野的感受。从这些古人的画面中似乎也能体味出这一极简单的道理，解读这些画意情感，颇有趣味。

总之，彩绘玉器图案中植物花卉的描绘，无论是在璧、琮等祭奠器，刀、剑等兵器，还是在牛、驼等动物身上随处可见。自然景观，人之心念交融在一起，美不胜收，浮想联翩。

6. 缠枝图案

这一绘画形式特别是在明清以后瓷器的青花纹饰上被广泛应用，枝叶相连流畅蜿蜒，布局密实环环相扣，有密不透风之感。这一点与中国传统绘画不同，中国传统绘画讲究留白，这种密布纹饰绘画的艺术表现手法源于何时？出现的成因是什么？大众喜爱缘由何在？许多疑问曾令笔者疑惑，当看到出现在3000多年以前这些彩绘玉器上的许多图案纹饰后，似乎有所醒悟。

笔者析看，艺术源于生活，人类创造艺术形态的基础，与自然存在密切相连。尽管有人为的夸大扩展，或是联想的变异与神化，但总可以看到那种建立在自然依托基础之上的感悟与美的升华。通过观赏这些大漆彩绘纹饰，探索相关的几个问题，一定会有感悟，不乏乐趣。

众所周知，国画讲究虚实结合，实处密不透风，虚处疏可走马，有时干脆不着墨彩就是白纸，留下想象的空间。留白是智慧，也是境界，成了画作中不可或缺的无墨空间，此处无物胜有物，反而有很高的审美价值。当然这样的空白是笔墨之间的巧妙安排而不是随意为之。如南宋马远的《寒江独钓图》，一页小舟，渔翁独自垂钓，没有画水，却让人感觉如烟波浩渺，水邺遍地，这种虚实隐逸的表达方式需画师的艺术造诣与品味，也需读者的审美修养与智慧领悟，这是相互呼应的一种美妙，也是艺术思维在绘画方面东方与西方的一种不同表现方式，体现了一种含蓄与深邃之美，别有风味。

或许有人置疑，这是不是故弄玄虚？并非如此，艺术与情感的表达时常需虚实结合，方更显韵味。若以文章作比，则更好理解。文有纪实、论述、散文、新闻、报告文学等等，还有文字极为精练的诗与词。纪实文学要把事情说清，不能留下空白让读者猜想事情的原委，而诗词则留下字外大片空白，让读者在联想的空间自由翱翔。画作留白亦相当于文字的留白，其实是一种意境。

唐代王昌龄在《诗格》中称"诗有三境"——意境、物境、情境，最早提出了意境的概念。

清末，王国维总结我国古典诗论并结合西欧美学成果提出了比较系统的意境说，"文学之事，其内足以摅己，而外足以感人者，意与境二者而已。上焉者，意与境浑，其次或以境胜，或以意胜。苟缺其一，不足以言文学。"把意境作为了衡量文学诗词艺术水平的重要标准。

我国的绘画，唐以前"形""神"占主导地位，主要成就在人物画。唐以后至宋元山水画高度发展，有"凝意""得意""深奇"之说，此"意"属于创作中的主观意识，还没涉及意与象的关系。宋代是山水画的成熟时期，理论也逐渐形成。山水画大家郭熙阐述了"意"的概念："画者当以此意造，面鉴者又当以此意穷之"，又说"境界以熟，心手以应，方始纵横中度，左右逢源"。元代山水画又有了长足发展，至明代笪有光的《画筌》中首次使用了"意境"一词，提出了"实境""真境""神境"论，涉及"意"与"境"的概念及相互关系，正式提出了"意境"说，以后至明清两代进一步阐发，构成了中国山水画作的意境理论。

由此我们可以看出以下两点：

其一：意境说起于唐宋，臻于明清。

其二：是文人墨客欣赏推崇的阳春白雪。

这样的理论也可以说没有留白就没有意境，而缠枝纹是没有留白的，又应如何看待呢？

以往看法认为缠枝纹起源于汉代，自此始，唐宋元明清一路盛行，明代又曾称为"转枝"，以植物的枝叶、花卉、藤蔓为基础素材纹饰，向上下、左右延伸，形成二方或四方的波浪式连续循环，构成了布局饱满，没有空白，但又充满生机变化、无穷的图案。直观易懂，无须费解。

缠枝纹常以图案中主要的物体品种而称谓，如缠枝莲、缠枝牡丹、缠枝葡萄、人物鸟兽缠枝纹等。因其纹饰结构连绵不断，具有"生生不息"之意，寓意吉庆；又因富有动感，委婉多姿的优美，寓意勃勃生机。我国的陶瓷、家具、雕刻、漆器、编织、刺绣、玉器、年画、剪纸、碑刻，甚至糕点食品中，都有这种纹饰，应用极为广泛，可见大众喜爱之深。虽非艺术的阳春白雪，但也是雅俗共赏的大众情人。由此及彼，有美声就有通俗，有交响乐就有流行乐，虽欣赏角度有些区别，但都是一个艺术整体表现中不可或缺的组成部分。

在战国时期的漆器纹饰中，已有两方连续与四方连续纹，反复交替穿插，也可以说具备了缠枝纹的基本特征。到了汉代基本成熟，用于漆器、丝织工艺，如"万事如意锦"。到了唐宋，则已被广泛用于工艺美术的制品之中。唐李德裕的《鸳鸯篇》"夜夜学织连枝锦，织作鸳鸯人共怜"，唐代的铜镜与金银器皿中也出现了诸多缠枝花纹饰。

在我国的青花瓷器中，缠枝纹应用的最为普遍，成为最具特色的装饰纹样之一。从元青花始，到明清两代，无论是官窑还是民窑，比比皆是，成为青花工艺的重要装饰语言，常见的有缠枝莲、缠枝菊、缠枝牡丹、缠枝石榴、缠枝百合、缠枝宝相花等等。缠枝纹还被广泛用于木雕、牙雕、插屏、家具之中。这种纹饰所以具有如此强盛的生命力，在于她繁而不呆、变化多端、满而不乱、婉转多姿，具有万代绵延、生生不息的美好寓意。

由此我们又可以看出以下两点：

其一：缠枝纹饰源于战汉，唐宋元明清一路盛行，应用广泛。

其二：雅俗共赏，颇具美好寓意的吉祥纹样，既得宠于大众文化，又受到权势者的青睐。

到此我们不难理解，与绘画艺术的留白截然相反的缠枝画法，为何也能传承盛行了。

在这个认识的基础上，我们品读一下彩绘玉器上具有缠枝特征的各种图案，令人吃惊。因多件器物早至夏商，也就是说，缠枝图案的艺术表达方式，在原有始于战汉的认知上，又向前推进了1000多年。黄河先民在玉器上漆绘的这些图案纹饰，让我们再次叹服。

彩绘玉豆盖内壁，黑漆底色，红漆满绘纹饰，其中涡纹状卷曲的须蔓纹，左右两边根根相连，构成环形。

彩绘簋盖内壁依然是黑漆衬底，红漆纹饰，旋涡纹为主，加波纹、弧纹串联构成环形图案。这类是以简单的植物须蔓或水纹构成双向延伸的缠枝纹，环环相连，首尾相接，组成了循环往复的圆形图案。

另一彩绘玉雕动物身上，有红色变化的火焰纹、多边勾勒轮廓，部分火焰纹衬黑色烘托，整图黑漆底色，纹形有焰苗、如意灵芝、云朵、心形、蝙蝠形组合，不重复不对称，组成了满布火焰纹饰的图案。

大漆彩绘玉漆剑上以黑漆衬底，红漆描绘了鸟纹与枝叶纹相间的条带状图案，鸟纹与枝叶纹左右相接、重复延伸。整图直观感觉较为复杂，认真品读琢磨，却又显得乱而有序，静中有动，很有活力。

玉豆盖内壁缠枝纹

簋盖内壁缠枝纹

玉马彩绘纹饰

玉马彩绘纹饰

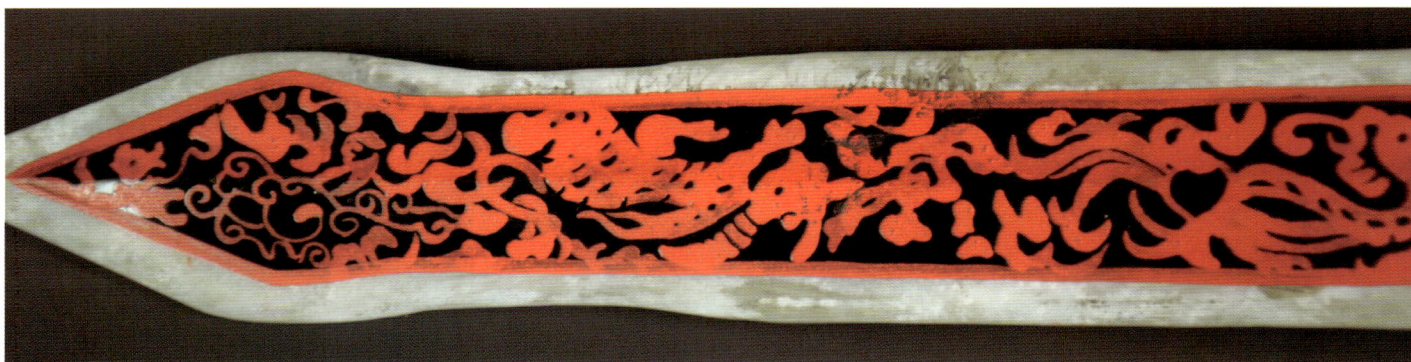

漆绘玉剑纹饰

玉盆边沿的鸟纹图案

　　一幅玉盆边沿的鸟纹带状图案，小鸟颇显稚态，伸头、张嘴很像幼鸟待哺，虽也迈步伸翅，但翅膀还未长成，很有卡通形象，纯稚可爱。鸟纹首尾相接联成一线，显然是双向重复的鸟纹图案。

　　另一彩绘玉漆剑虽黑漆衬底，红漆纹饰，但因纹饰非线条勾勒，而是全红色平涂，整图视觉黑色衬底比较少，凸显了红漆纹饰，内容也较为复杂。早期龙纹、神兽、火焰纹、团云纹、枝叶纹，交叉错落，布局饱满，左右延伸成带状图案，粗看似重复绘制，因风格一致，细看纹饰无一相同，团纹不重复。表达内容神幻怪异，令人费解。这又是一种满幅图案的绘画方式，纹饰繁杂，内容清晰，形态怪异，但又感全图结构得体、美不胜收，令人浮想联翩。

　　剑柄上的绘画是以白玉为底，无衬色，黑漆描绘纹饰，红漆勾勒边缘，变形的鸟首、兽身，加树干、枝叶、焰纹、月纹、菱形纹交织在一起，完全不同物体的变形纹饰环环相接相扣，融会贯通构成了一幅满图。单体纹饰简单，总体效果复杂，灵动变化，超乎自然，变幻莫测，任尔遐想。

玉剑纹饰

玉剑柄部缠枝风格纹饰

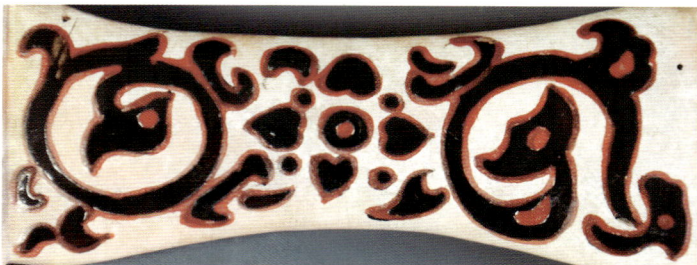

玉剑柄部缠枝风格纹饰

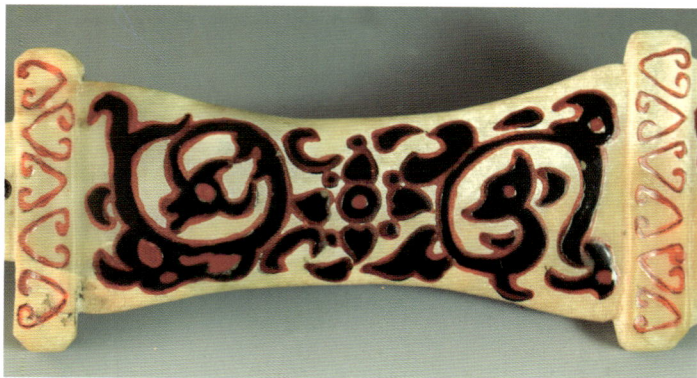

玉蛇形剑纹饰

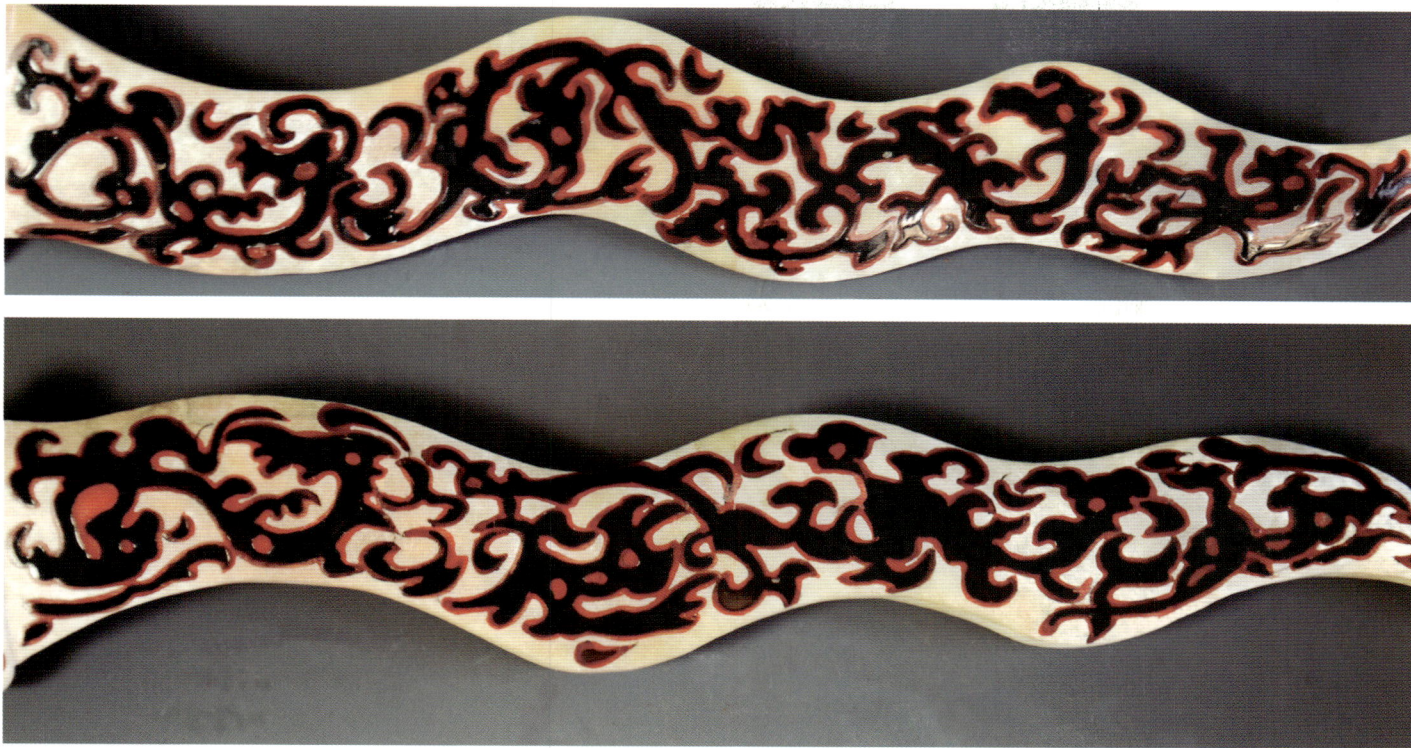

玉蛇形剑纹饰

　　颇有西域风格的波浪状彩绘玉蛇形剑，同样在素身白玉上黑漆平涂纹饰，红漆勾勒边缘，纹饰以凤鸟为主，鸟首较为清晰，鸟身则多有变异，已成兽形。加之相连的云纹、枝叶纹，左右贯通、一气呵成，动感十足，错落有致。凝图品味，如入梦幻，这种贯通密布的纹饰效果，其实已显某种幻境，比后世青花缠枝动物纹要灵动得多。

各种动物图案缠枝类纹饰

各种动物图案缠枝类纹饰

    一幅牛、鸟、鸡的图案也很有意思，黑漆底色，红线勾纹，牛角硕大夸张，小鸟动作变形，鸡似鸳鸯但有公鸡翎尾，加上变形云、枝纹填充，整图显露喜态，一幅动物乐园之景。鸟畜和谐，嬉戏同处，不难看出显示了当时安然和谐的心境。类似情景的还有黑底红线鱼、鸟、虫一线排列的纹饰带，鱼鸟均动漫写实，突出了喜庆气氛。同类纹饰还有许多，在此不逐一描述了。

    彩绘玉魔羯身上的纹饰风格另属一类，其盘旋贯通的回纹，类似锦绣万代。扇形纹、鱼鳞纹、草叶纹、怪兽纹交织在一起，密密麻麻，相缠相绕，难解难分。不同类型的纹饰居然又组成了互为依存的整体，如此构图先人是如何设计的，有点匪夷所思。

    彩绘玉罐、玉靴、玉头像、玉盆等多种形制的器物上，均以红黑两色描绘纹饰。虎、鸟、兔、驴、猴等动物均稚顽可掬，千姿百态，错落于藤蔓枝叶纹饰之中，似在飞奔戏耍，体现了自然界的和谐。不难看出，古人眼中的生态景观，充满了自由与奔放，密布的纹饰也显得随意流畅，洋溢着纯稚的欢快气氛，流动着自然的奇异芬芳。这些纹饰的布局与绘画手法，没有后世缠枝图案的规律细腻，但是其表现的活力与灵动变幻，鲜活如沐浴自由与美的春风，荡漾于大自然的和谐之中，后世各类图饰与之几乎无法相比。

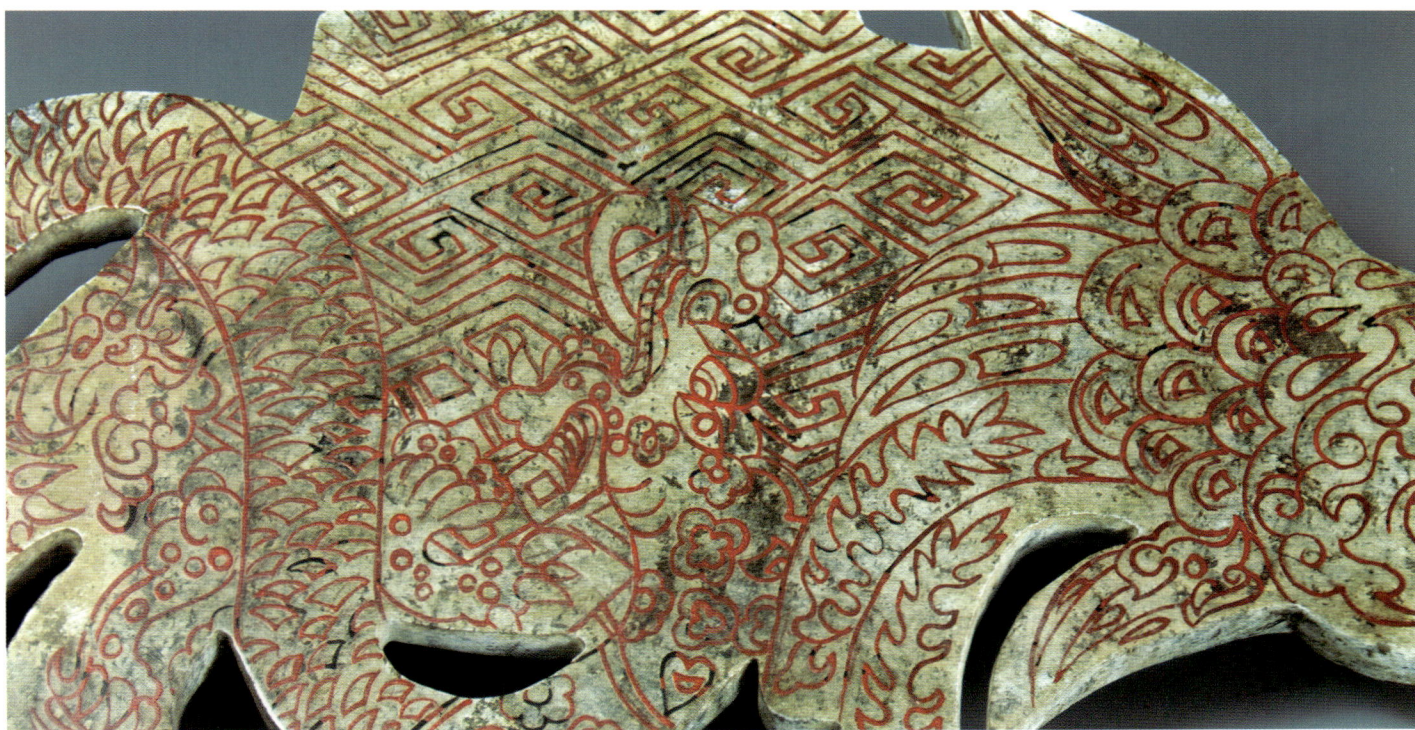

玉魔羯身上纹饰

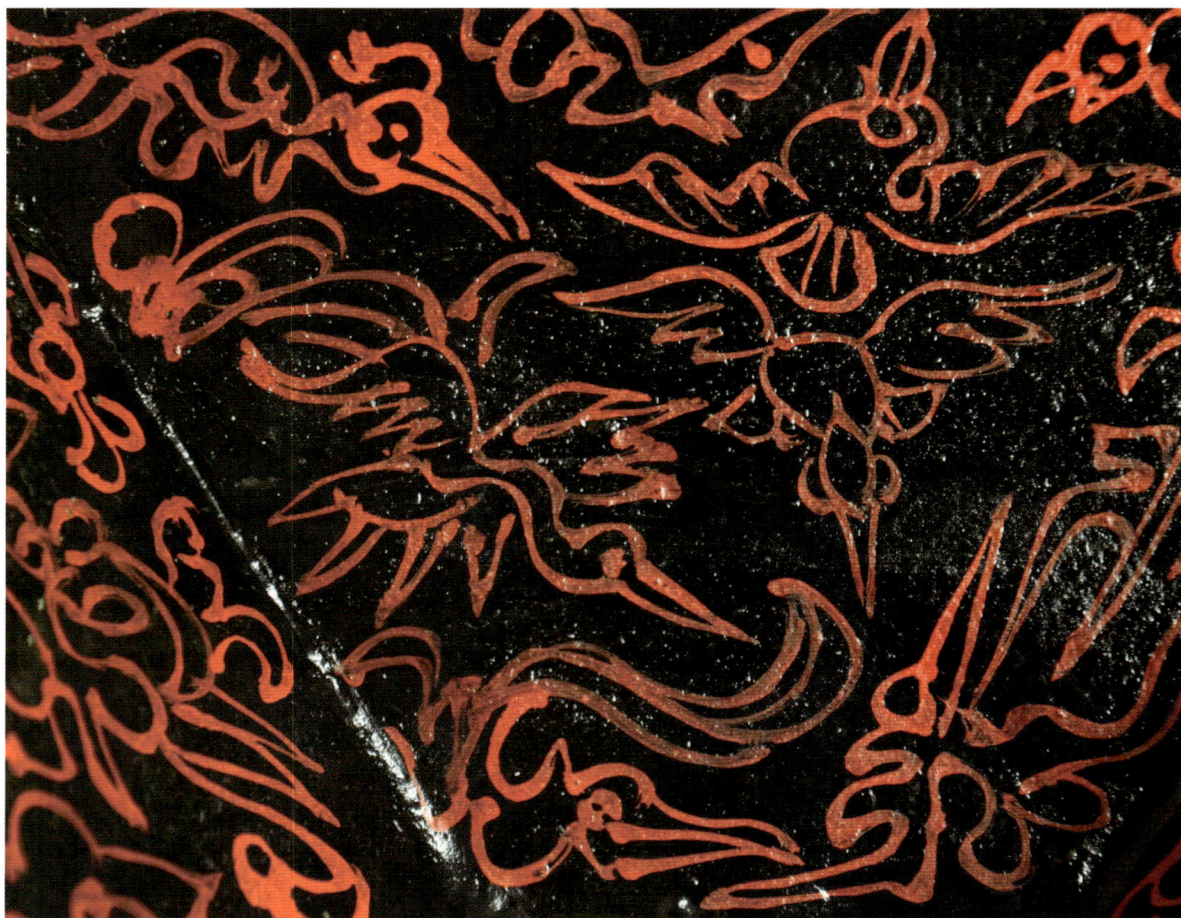

各种缠枝风格纹饰

各种缠枝风格纹饰

各种缠枝风格纹饰

各种缠枝风格纹饰

各种缠枝风格纹饰

随意欢畅的纹饰，大部分不重复也不对称，个别图案也有左右对称的表示。如彩绘玉圭上两条对立的蛇身兽尾的怪兽，S 形身姿，长尾上卷，两兽主纹四周布满三角与长方回形纹、旋涡状圆形纹、卷云纹，整图有剪纸效果。严格地说，左右半图只是大体对称，因手绘纹饰，细节线条并非完全一致。总体图案颇显怪异，品读玩味如同梦境，推测应是推崇的一种图腾。

彩绘玉蒲内壁玉表无雕琢，画底均为平面，黑衬底色，全部纹饰以红漆勾勒，图案异常丰富复杂。

各种神态的禽鸟纹，凤、鸭、雀、燕，全部囊括；鱼纹、虫蛹纹穿插其间；还有蜂、兔、鼠、马以及怪兽纹；再搭配一些三角、圆形、波浪纹等等，满幅纹饰排布得水泄不通。众多禽兽挤得熙熙攘攘没有空当，占位需要相互弥补。尽管挤成这个样子，但观感却很舒服，全景生机勃勃，酣畅淋漓。尤其是纹饰之间的相邻相融，错落穿插，简直是恰到好处。这种画意的总体构思，图案的布局编排，线条的流畅随意，震撼的艺术效果，不目睹实物，难以想象是怎么创作出来的。一位专职美术与造型研究的学者观后感慨："我们虽专职研究艺术造型，也创造不出这样的画，因是古代当时画者心境的随意而作，是一种即时审美情趣、思想情感、绘画笔法的综合表达。今天，我们无法再造那时的客观环境和心灵意识，也无法完全理解进入古人当时的心态，怎能创造出相应绘画？"高人指点，顿开茅塞，更加理解了画是随心而动的艺术产物，绝非随意而为。

还有一些彩绘玉璧上的鱼、虫、鸟、鹅、人面及枝叶卷云纹饰的画面，在此不再赘述。刊录本文之中，请读者品味自赏，应不失为一种享受。

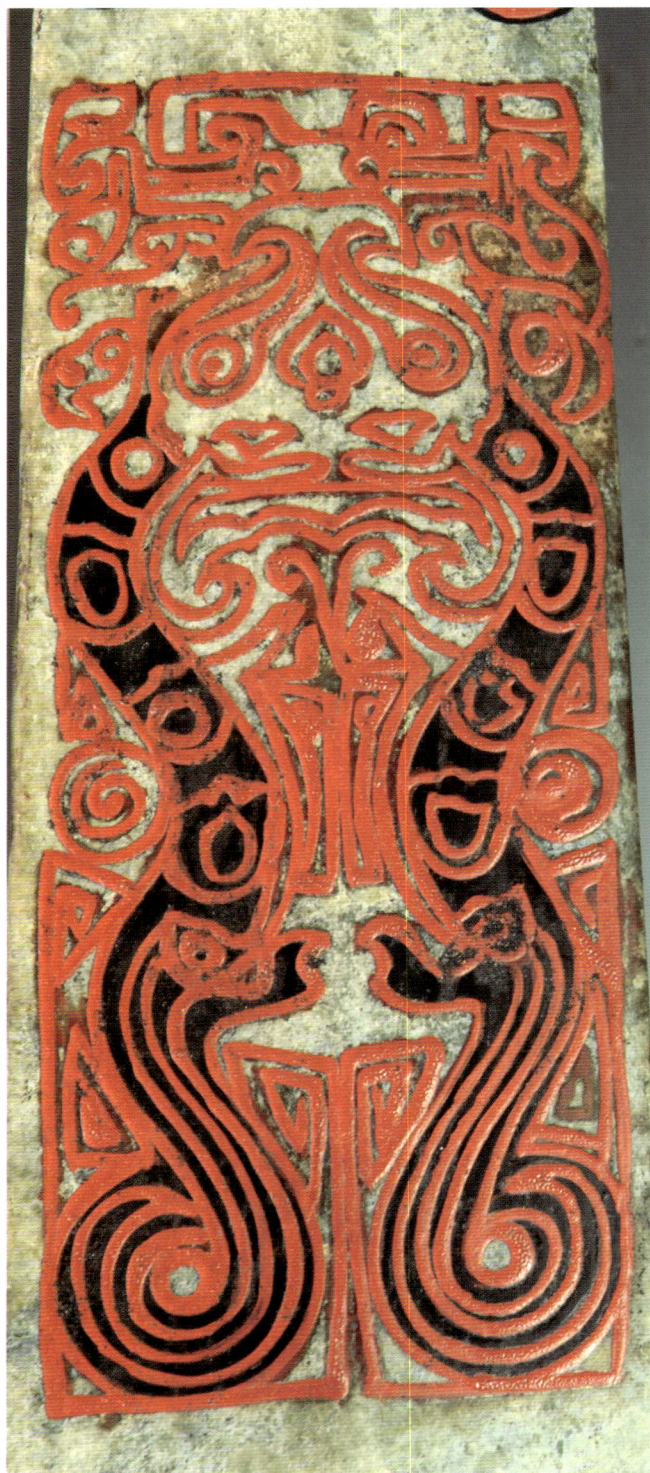

玉圭多种怪兽图腾纹饰

玉蒲内壁纹饰

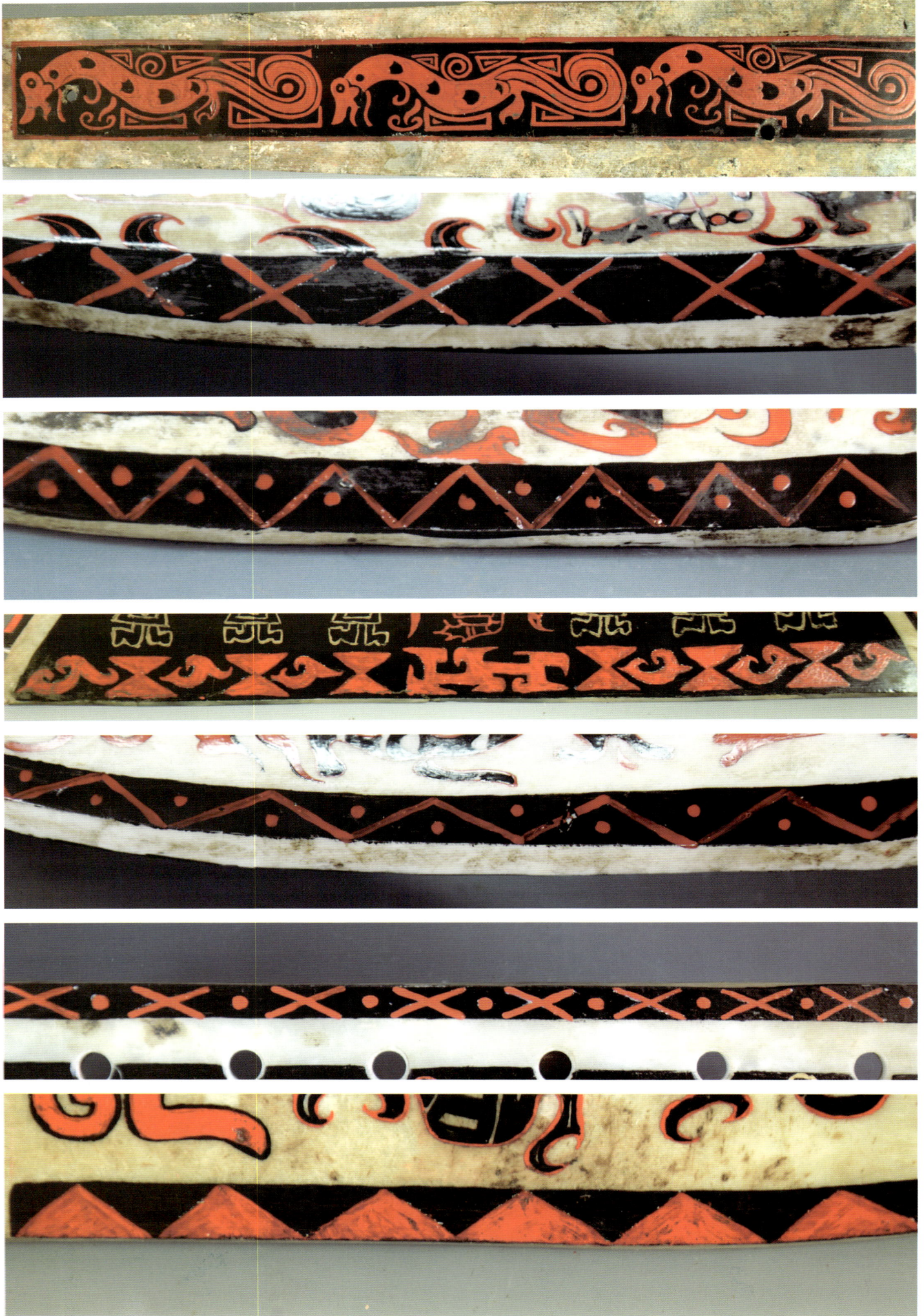

条带形缠枝风格纹饰

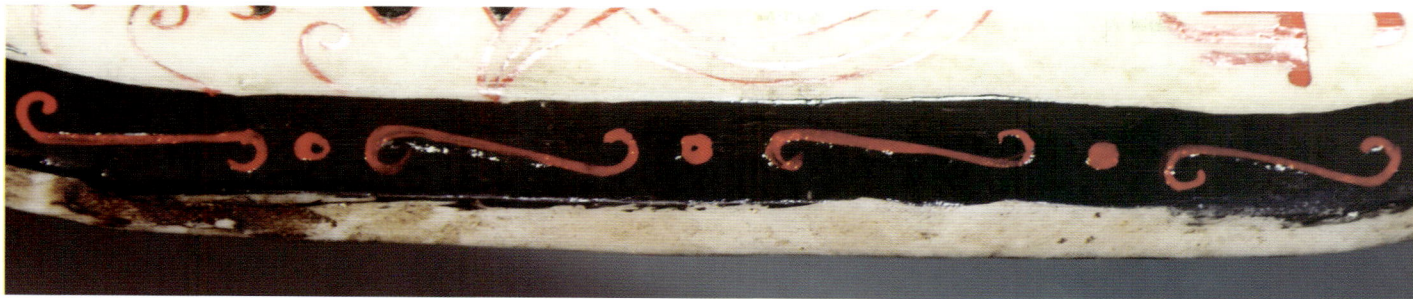

条带形缠枝风格纹饰

条带形缠枝风格纹饰

条带形缠枝风格纹饰

条带形缠枝风格纹饰

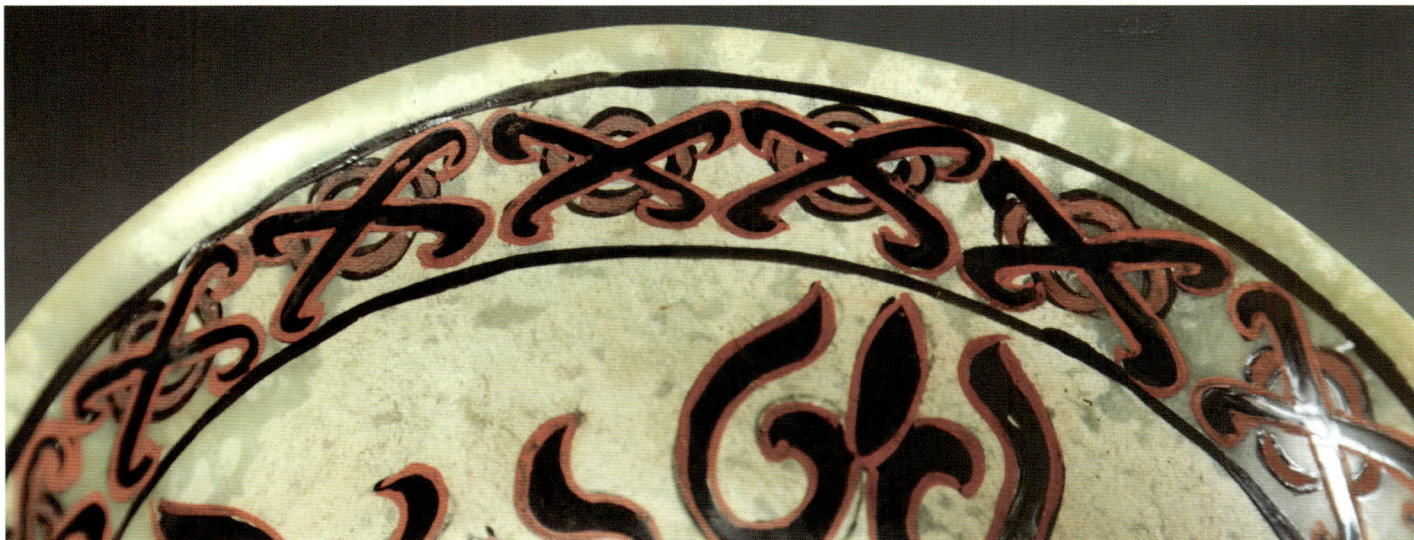

条带形缠枝风格纹饰

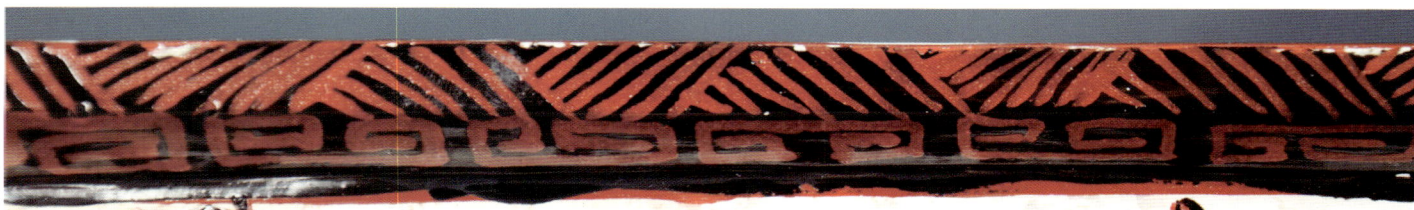

条带型缠枝风格纹饰

环形缠枝风格纹饰

环形缠枝风格纹饰

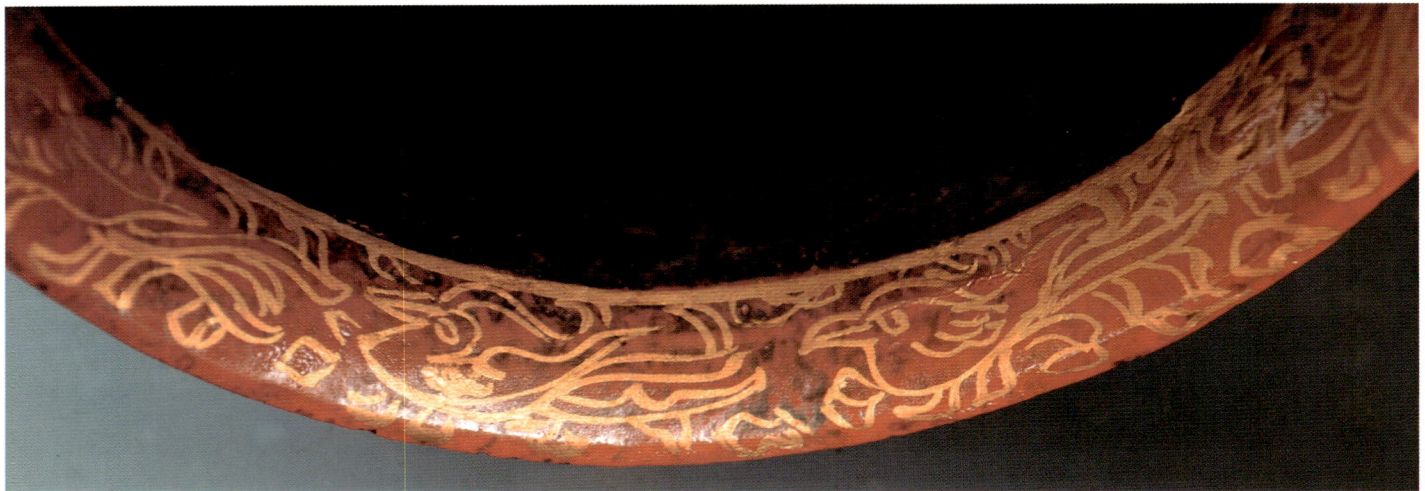

环形缠枝风格纹饰

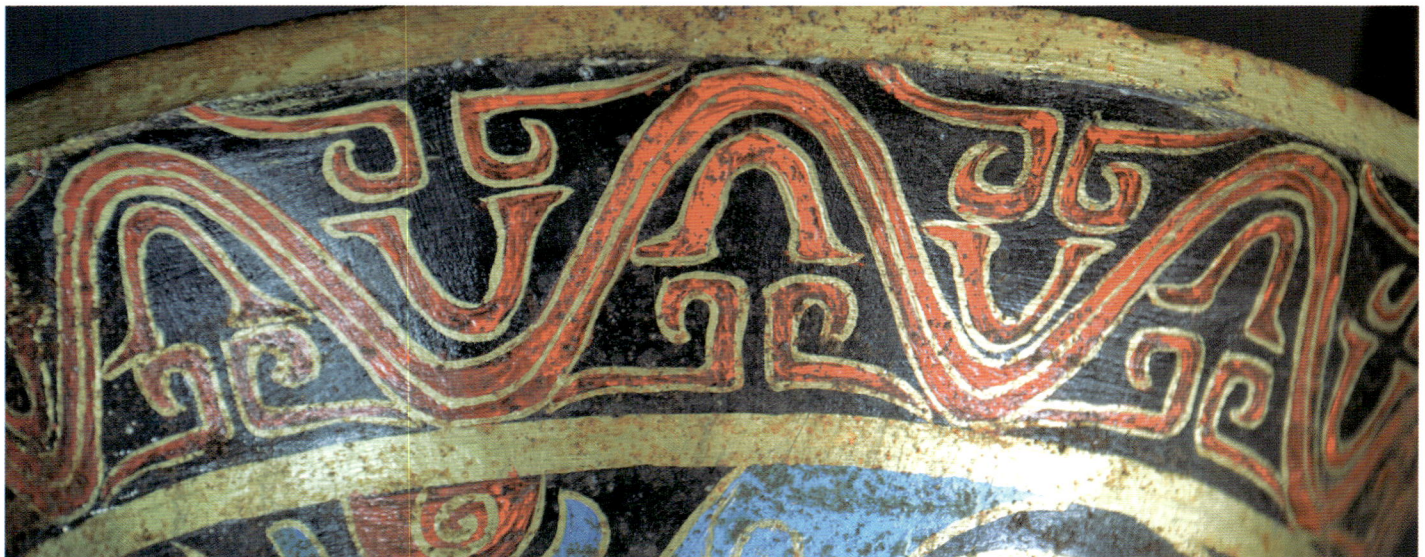

对称类纹饰

178

对称类纹饰

对称类纹饰

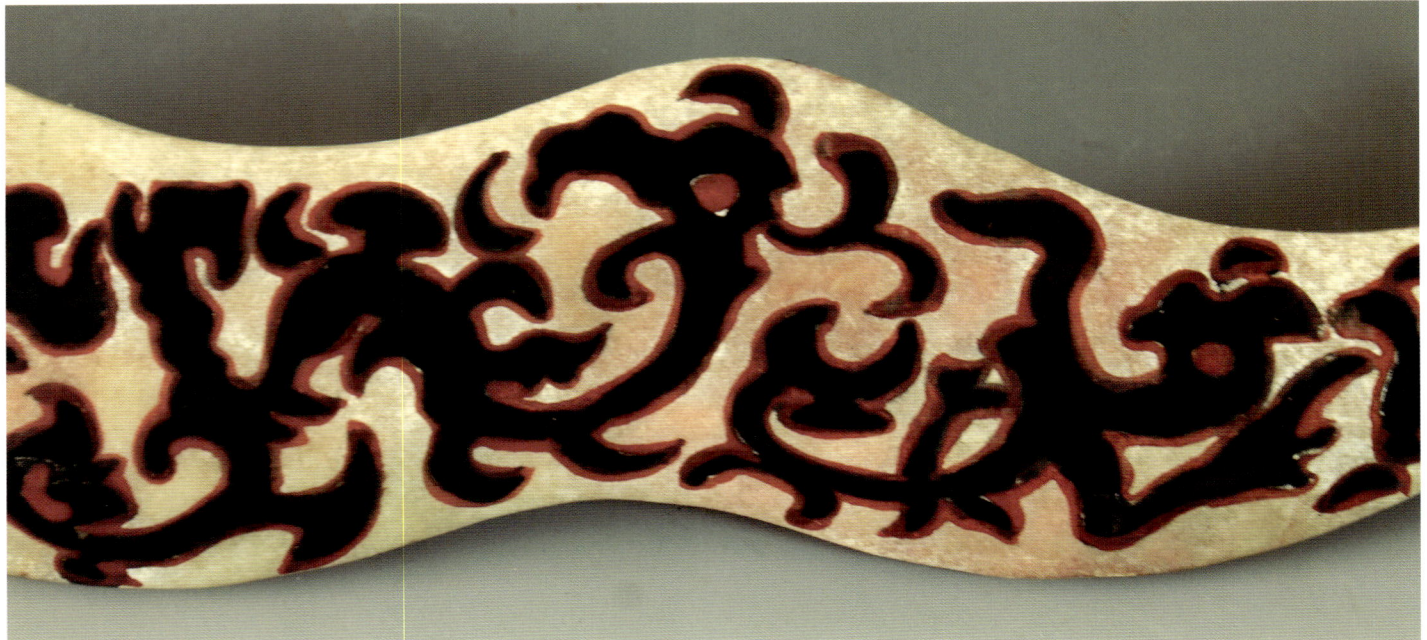

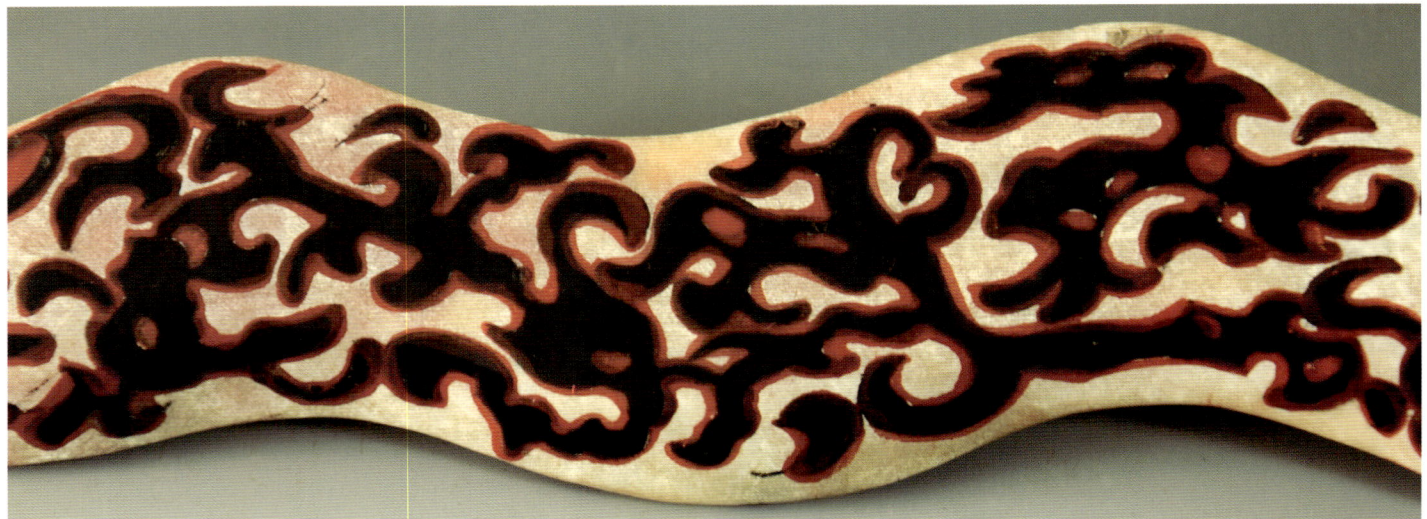

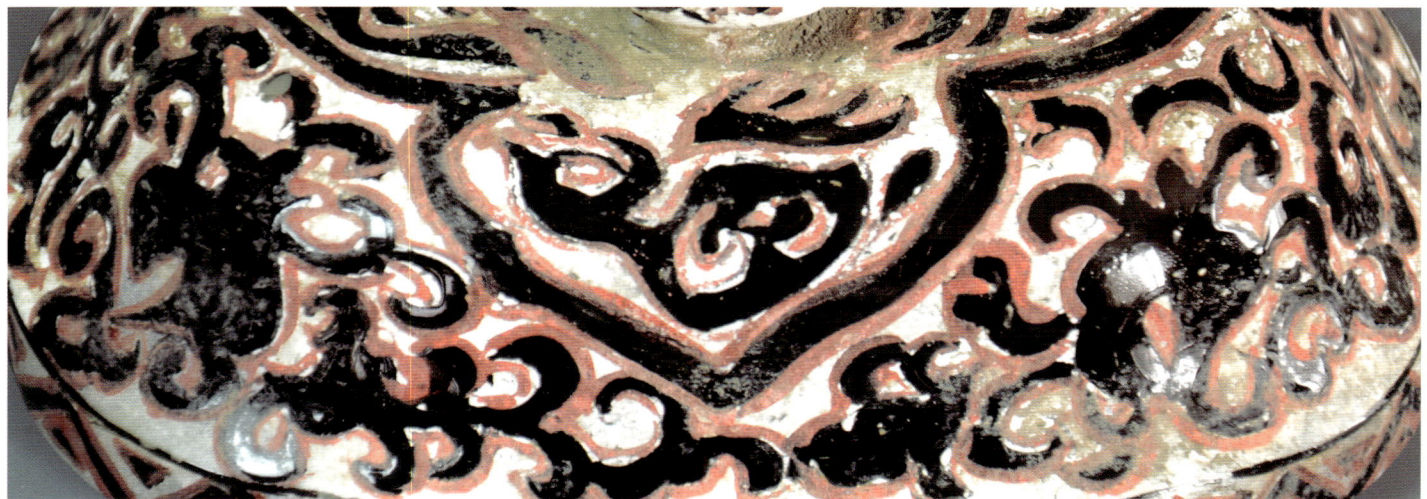

非对称类纹饰

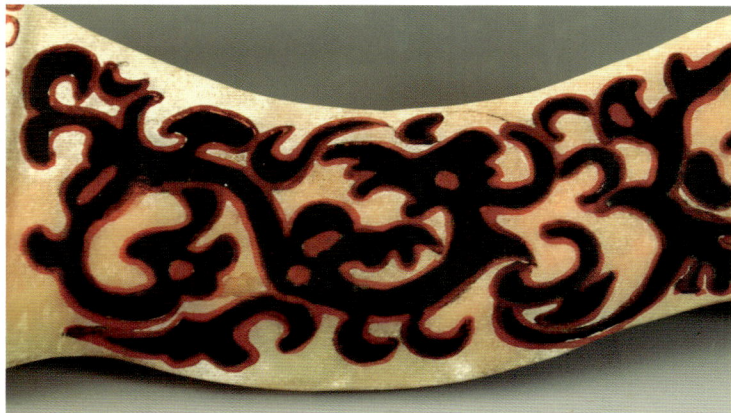

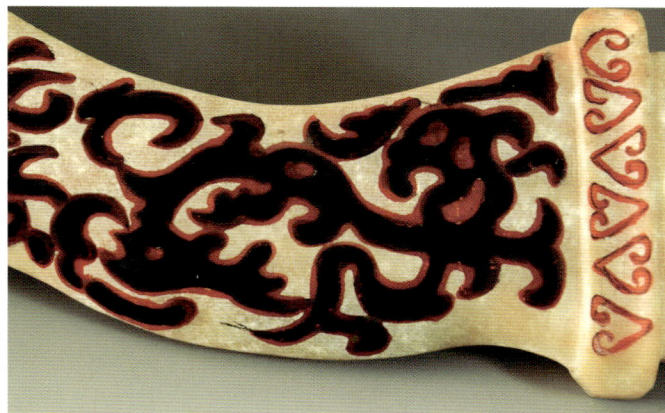

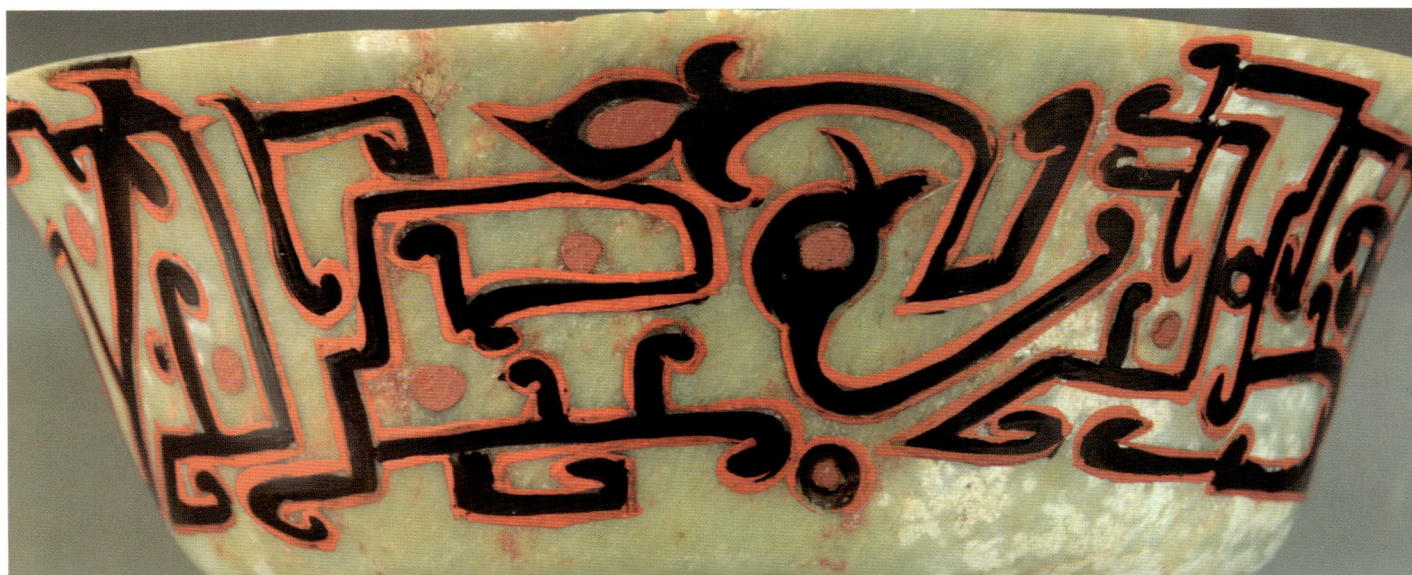

非对称纹饰

　　这些大漆彩绘玉器上具有缠枝风格的图案，打开了关于缠枝纹饰艺术风格来源的思路。原来看青花瓷器的缠枝纹，曾想过这种不留白、无空当、密密麻麻的纹饰的绘画风格到底出自何处。虽从远古先民的彩绘玉器图案上找到了源头，但是什么诱因激发了人的灵感而创作了这种绘画风格？有些不知所以，想不明白。

　　随后，笔者一次亲身钻进赤道附近热带雨林的经历使自己大开眼界，周围的景象令你惊奇，树木、灌木、藤蔓、花草，高低错落、纵横交织，竞相争取那微薄空当间的一缕阳光，茂密厚实无路可走，每步前行都要扒开枝叶挤探前进。这种原生态的自然景观是常居大都市的人难以见到的，现代楼宇的水泥丛林包围了我们，即便见些绿色也是为了美化城市的人为点缀。天然生态的风貌从我们司空见惯的视野中消失了，几千年人类对自然的开发索取极大破坏了地球的原生态，我们再见这种纯正自然生态的机会太少了，没有见过的景物哪来的感觉与联想？热带雨林的景观令我顿悟，古人密实纹饰的画作无非是对天然生态景物的艺术再现。密实涨满的枝叶、花草、动物的缠枝纹饰，其艺术风格当出自天然原始生态的自然景观。

热带雨林

　　当然，后世人们赋予了这种图案一些美好的寓意，如"生生不息""如意延绵"等等，无非是对这种图案本身进一步的人为诠释，而实际的时空顺序不会因有了这些诠释才创作的这类纹饰，而是有了这类纹饰才产生出了这些诠释，也就是说图案在先，寓意诠释在后。艺术创作的源头一定是以现实为基础，而不是主观的空想。艺术虽有人类智慧成分的渲染升华，文化层面的加工创造，但本源脱离不了物性根基，绝不是任人凭空自生的。

　　品读了这些远古时期的绘画纹饰后，这种密布图案艺术风格的产生缘由，迎刃而解，这些纹饰的题材与表现手法与当时人们的境遇与心念有关。

　　析辨玉器上具有缠枝特征的彩绘纹饰，除纹饰密集，双向或四向延展满绘的主要共性外，还有几点不同之处。

　　第一，组合纹饰的构成以动物纹饰居多，间有变异的神兽或图腾。

第二，纹饰的构成元素循环重复的少，即便有循环重复的图案，也是沿环形或条带形走向的重复纹饰，因手绘，线条细节与形状大小也略有差异。

第三，纹饰组合元素不重复的较多，素材风格一致，纹饰细节各异。

第四，少量对称纹饰，构图并不呆滞。

第五，枝叶纹饰大多用于配饰。

第六，笔调自由随意，流畅飞扬，无后世瓷器缠枝青花普遍具有的刻板格式性。

究其这几处特点的原因，是因为往贵重玉器上绘画当属不惜工本的珍器，很是奢华，非多件制造。绘画是智慧、艺术、情感、尊崇的综合体现，是心灵情绪的自由表达，是静心凝神的全力之作。只有如此，才有这种灵动幻化的艺术效果。

明清以后缠枝纹饰的广为运用，已成为大量制器的装饰性使用纹饰，心灵智慧的艺术表述已非主导成分。重复图案的循环要比不重复纹饰延展的总体结构容易一些，也适于大量生产。后世缠枝纹饰已趋于格式化、规律化，显得刻板、俗套，缺乏随意性的灵动。

由此看来，大漆彩绘玉器上的这些纹饰，证实在夏商时期，缠枝纹饰的构图方式及艺术表现已然出现，内容与素材十分丰富，基本形成了一类纹饰的主体风格。而后世的缠枝纹饰只是在这些基础上的延续，且这一传承延续没有艺术性的创新，反而使得原有的灵动活力有所缺失，呆板的格式化图案较为普遍。赏阅彩绘玉器上的这些大漆图案，无疑会给你带来别有风味的快感。

进一步追溯，大漆彩绘玉器上出现的夏商时期这些缠枝风格的图案，并非横空出世，无根无源。再回看一下更早的彩陶绘画，也有连续延展的纹饰，虽数量不多、图饰单调，但作为一个艺术元素已然萌生，只是还没形成一个系列性的艺术风格。夏商时期缠枝纹饰的出现与原始文化萌生的艺术元素必然有所关联，是伴随生产力发展、文化进步的产物。

我国缠枝纹饰的出现，当在 3500 年以前。

7. 生活纪实场景

车马图案

大漆彩绘玉器上有一些车马图案，还有骑射、赶车、拉货的图案，数量不多，但记叙了车马使用的真实状态，为我们提供了 3500 多年前现实生活的图画史料。

我国是世界上最早造车的国家之一，相传在黄帝时代就出现了车，最初的车是以实心的圆形木板为车轮，称为"辁"。夏朝时，薛人奚仲担任"车正"一职，对车辆做出了重大改进，开始使用中心轴孔向四周辐射撑条的空心车轮。

驴马行车图

183

艺人出行图

驴车出行图

　　对夏代是否已有这种空心轮的车，学术界有观点持疑。原因在于先秦时期的文献"左传""墨子"中有"奚仲作车"的说法，但尚未发现夏代已使用车子的考古证据。在河南偃师商早期都城路面上发现的车辙，两轮间距1.2米，窄于商马车2.4米的轮距，由此推测可能不是马车留下的车辙。古代文献曾记载商人的祖先王亥已发明使用了牛车，也不能排除偃师商城的车辙是牛车或人力车留下的痕迹。我国境内发现的最早的车子实物是河南安阳殷墟出土的商代晚期的马车，距今约3100年前后，这些马车多被埋葬于贵族墓葬旁。多数为青铜制作的车马器，车厢内还有兵器和驾驭所用的器具，有的马车边埋有驾车的驭夫。由此可见，商代晚期的马车主要用于车战和贵族的代步工具。

古文献记载、传说与考古发现的实物有一定的时空差异，就此而言，对于我国古代车子究竟是何时开始使用的还是个谜。我们品读夏商玉器上的漆绘车马图案，对问题的释疑应有所帮助。

从大漆彩绘玉器的绘画图案看，车马的使用以生活实用为主要功能，非战车用途。

一人徒步牵驴车行进，车为空心形双轮、长方形车厢体，看来是拉货之用。从拉车牲畜形态看应是驴非马。牵驴之人喜色外露，车上空两只小鸟展翅飞翔，一幅欢天喜地的生活场景。

同幅画面是单马双轮乘车，有四立柱支撑的伞盖，车厢内乘坐二人，车马前有两人骑马飞奔，位于前方左右各一，似保镖或开路护卫。乘车人出行有左右护卫，显然是贵族权贵，车马是贵族出行的代步工具。

一辆驴拉车的画面很有意思，车型较小，一车为封闭轿子形车厢，车后斜插旗子状物，内坐一人赶车。另一车敞开式无棚无伞，车侧身坐一人赶车。两车前后之间一人骑驴扛旗，队伍前一人持跨剑、架一鸟迈步前行，队伍后一人双手持立柱形器物迈步，整幅画面似流动艺人搬家或准备去某地演出。因在玉雕人物及陶俑中都出现过杂技艺人俑，此幅绘画非战争，非贵族出行，且携带表演用的常用道具，故作艺人推测。

另一幅驴车画面，驾辕的是双驴，车厢有单柱支撑盖伞，厢内两人，前座似驾车的车夫，后座为车的主人，还有一两人乘的车，驾辕的仍是一头驴。为何判断驾辕的牲畜是驴而不是马？因其有长耳、无鬃毛、尾短等驴的特征，身形上看与马也有很大分别，驴的形态比马温和得多，生活经验告诉我们这画的是驴。

依此推测，古时先用驴车后用马车的发展历程。因马的力量与速度均超过驴，平整路基是马车能够快速行驶的前提条件，马车替代驴车是社会发展的必然产物。依次判断，驴车使用应比马车要早。

玉盘上几幅小的车马图案内容丰富，图案虽小但画意清晰，尤其是驴马之分，带鬃毛、长马脸、体长健，与前面驴形有显著区别，显然是马。单马双轮车，车厢上单柱伞盖，双人乘，前者手持缰绳应为驭手，后者端坐车中应为主人。

单马带伞双轮车

牛车图

骑马出行图

骑马奔驰图

驮驴运货图

骑马出行图

　　还有一幅牛车图，两牛驾辕奔驰，双轮双座车厢，左边人挥手持鞭驱赶，右边人端坐手持长杆戈形兵器，似为战车。但从场面描写看无作战情景与神态，难以下战车结论，也可能是狩猎出行或侍卫，此画意难以得出确切结论，只能作此推测。

　　玉盘上还有另几幅单人骑马图，有的飞奔，有的缓行，可见此画反映了马已是出行的代步牲畜。该玉盘据其包浆、漆膜等各种特征推测，应为前3800年左右，约为夏代。

　　玉杯上的车马图时间略晚些，据玉杯整体特征推断应是春秋或再晚一些。车型与前述车马略有不同，最突出的是车辕已非直木状，成大S形，这种造型用木质难以制作，估计是用青铜材质做的。三幅车马图一幅双人，两幅单人，两车的车箱伞盖为单柱支撑形，另一个为四柱支撑的亭形伞盖。

　　玉碗上描绘的骑马武士英武骁勇，骏马飞驰，一个在马上拉满弓弦待射，另一个在马上昂首挺胸挥刀待斩。从服帽饰上看应是西域游牧民族。画面整体推测非战争描写，像狩猎行为。

　　综上所述，从彩绘玉器各幅车马图饰及单马骑乘图来看，写实生活场景为多，基本没有战争描绘。

　　据当前学术界的普遍看法，我国车马使用在商代已十分普遍，春秋战国时期诸侯间战事频繁，开始盛行车战，甚至以数百乘或数千乘以表示实力，因此有"百乘之国""千乘之国"一说，造车术已很成熟。秦代战车仍是主战工具，到了汉代，机动部队多为骑兵，战车自此消失。

骑马奔驰

玉杯车马图

玉杯双乘单骑带伞车马图

玉杯单乘单骑带伞车马图

武士挥刀跃马奔驰图

武士张弓跃马奔驰图

这一车马盛行的使用过程与彩绘玉器上的图饰基本吻合。彩绘玉器始于夏商时期,特别是车马图中所画驾辕牲畜马、驴、牛均有,又是运货、出行等生活实用,无一战争场景的描绘,说明了车马的发明使用在开始主要是生活实用器的功能,春秋后开始转化为作战工具。彩绘玉器上的这些图饰,实际佐证了夏代发明车马之说,为车马何时开始使用提供了绘画形式的史料依据。

狩猎捕鱼图案

人类发展的早期阶段,在进入农耕社会之前,漫长的历史进程中一直以维持生存为最高需求的主要手段,是以狩猎打鱼为主。彩绘玉器上的一些图案,为我们提供了渔猎画面,数量并不多,但纪实性的描绘逼真地再现了史前先民的渔猎场景。

这些图案主要集中在一块大玉璧上,在其他出廓谷纹玉璧及玉碗上面也有一些零星图案,但数量较少。

大漆彩绘玉璧直径 39 厘米,可谓硕大。诗经曾载"尺璧非宝,光阴是镜",意思是一尺的玉璧与光阴相比算不上宝贝。中国还有民间谚语:"一寸光阴一寸金,寸金难买寸光阴。"但并不是说金子就不贵重了,相对的都是突出光阴之宝贵。拿一尺的玉璧与光阴相比较,反过来恰恰证明了玉璧的珍贵。该玉璧为双面素璧,利于绘画,中心圆孔是双面对钻,内璧中间有明显对接错位台痕,玉表包浆厚泽,璧形古朴,磨痕无规则,红黑二色大漆亦有沧桑岁月的古旧感,漆膜包浆明显。从玉璧自身特征看,应属齐家文化晚期之物,加之绘画素材等综合推断,保守看法也是齐家文化原始部落晚期至夏代早期的器物,约为前 4000 年左右。这一时期推断与绘画所表现的内容基本吻合。

双鱼图

双鱼图

　　玉璧的一面画的是多幅双鱼图案，鱼是食物的一个重要来源。当地鱼资源丰富，这与齐家文化地域河流纵横，水系密布相符；玉璧的另一面则绘制了多幅渔猎图。

独木舟图

独木舟图

　　细长的独木舟，首尾上翘，舟首略低尾略高，舟体细而长，应是一整木雕琢，非木板拼接，舟形与现代可见到的偏远落后地域的一些独木舟相似。舟上前后顺序站立四人，均双手持长桨划水。另一幅同样是四人划舟图，四人身姿前倾，长桨斜后，显现出用力划行的姿态。四人同时划行的独木舟规模已不算小，说明在当时捕鱼已有一定规模。

狩猎图

持弓匕狩猎图

持长短棍棒狩猎图

持长杆矛戈狩猎图

持飞镖狩猎图

持弓枪狩猎图

持长杆矛枪狩猎图

玉璧上另几幅狩猎图亦勃勃生机。有的奔跑，有的站立，双手持握长矛，矛杆很长，比人要高，或打猎抑或进行叉鱼。有的弯弓搭箭，显然是在射猎，还有的手持很短的梭形器物，像是投掷器，用以抛击猎物。人物身姿各异，动感十足，狩猎情形描绘得相当到位。全部图案均以平涂投影式画法绘制，无五官、无衣纹、无阴暗，风格古拙、稚嫩、生涩，却又充满了活力、生机、动感，彰显了原始绘画的韵味。

耐人琢磨的是人物的服饰。其头上"丫"形发髻与齐家古玉减地浮雕纹饰的原始部落人物发髻相同，说明绘画的发髻样式与原始文化时期没有大的变化，或是说与齐家文化时期相距不远。衣服也非商周后世的软性材料，腰系围羁，下衣看似短裙、抑或是围裙，下沿在膝盖以上，呈伞状支棱着，可见材质僵硬，应为兽皮所制。对比在齐家古玉的人物立雕中有腰围一圈树叶的形象，腰围兽皮自然比树叶有了很大进步。从人物服饰特征看，也是原始部落晚期至夏早期为妥。从玉璧自身的古玉特征到大漆绘画风格、人物服饰、渔猎情景，多方位地向我们展现了原始文化晚期至夏代早期亘古先民的生活劳作画面，令每一位目睹这枚玉璧者无不惊叹。

狩猎者穿着服饰

齐家文化玉器浅浮雕人物

狩猎图

狩猎图

　　另一出廓玉璧上的三幅狩猎图案，时间应比上述玉璧晚。人物画法比上述玉璧略细，人物的五官开始出现，只以几点显示眼、嘴，十分粗略，但具有象征意义。人物手持长矛，矛长高于人体，双手端握长矛，向前平伸飞奔，一副追赶猎物状，神情专注，姿态勇猛。据玉璧综合特征判断，应是商以后至春秋时期器物。

　　两幅猎鹿图时间更晚一些，约为西周至战国前后。一人左手举刀面向小鹿，另一人右手挥刀跨步追赶小鹿，鹿回首呈惊恐状。两鹿的形态与角、尾画法具有商周时期玉雕鹿形的风格。人物五官眼嘴画得也更加明确，头上发髻已为圆盘形，衣服看起来也较为柔软，腰系羁带也有垂感，看来均为软性织物，已非硬性兽皮材质。图案风格与服饰特征与整器时间推断基本相符。从中我们可以看出春秋前后相对夏早期绘画表达上的一些细微变化。虽在细节上有所进步，但总体上依然十分简约。

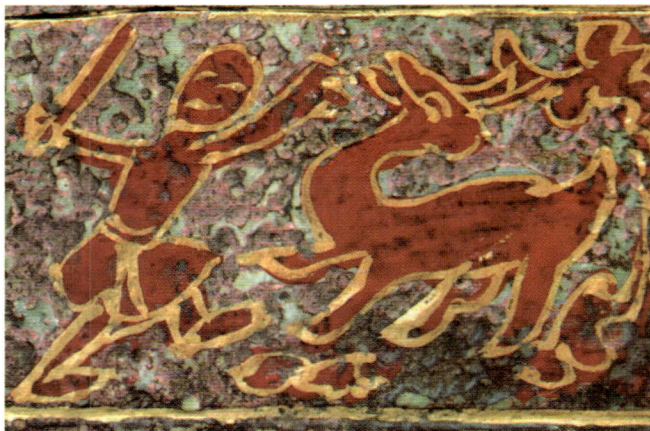

猎鹿图

　　下面是跃马弯弓搭箭追赶猛兽的画面，绘画表达比前述画面更加具象生动。从器物整体推断时间也要再晚一些，约是战汉之物。猎者在马上将弓弦拉满，箭指前方奔兽待射，马四肢前后张开呈狂奔状，被追赶的野兽也呈扑赴状迅跑，一追一赶，风驰电掣，是一幅激速奔驰形象的骑马狩猎图。

骑马射猎图

骑马追猎图

骑马射虎图

射雁图

    上述器物中，部分典型配饰绘画专有对鱼的描绘。夏代早期的双鱼图形象真实，鱼的嘴、眼、尾、鳍、鳞均有，表运较细，相对人物及动物的画法细腻得多。如若不是出现在同一块玉璧上，单评双鱼绘画一定会认为其时间要晚得多，以为是唐宋以后的画法也情有可原。但当你全面鉴赏器物整体，便可以十分明确地看出鱼非后期补画，全幅绘画是一个同期绘制完成之作。当然，画虽细腻但画风依旧简练粗犷，是投影剪纸式画法，双鱼图案有些刻板僵硬，鱼鳞的画法也是随意点画用简单线条表示，总体并未脱离原始画风。如此突出鱼的画饰，也说明了食物来源之重。

夏时期玉璧鱼纹

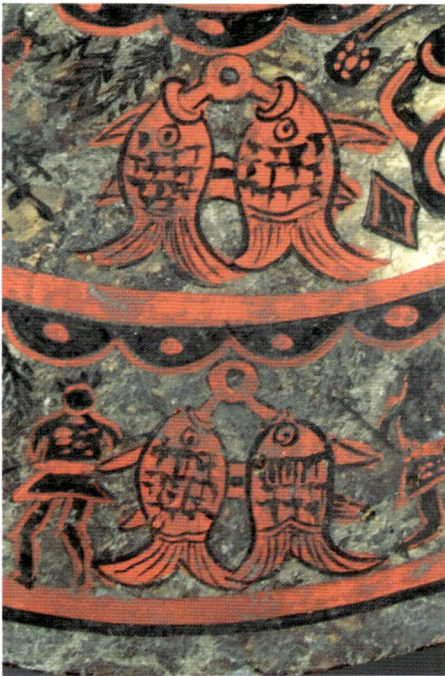

夏时期玉璧鱼纹

商周时期玉人鱼纹

春秋战国时期玉蒲鱼纹

战国时期玉璧鱼纹

战汉国时期玉舞人鱼纹

汉唐时期玉碗双鱼纹

汉唐时期玉碗双鱼纹

在辨别夏代玉璧上鱼的画法后，再看另两幅西周以后器物上鱼的画法有明显不同，体态已具有了鲜活的动态感，体形弯曲呈跳跃姿态，嘴、鳞、须更加准确，虽动感十足，但稚态不失，与汉唐以后鱼的画法还是有明显区别。

至此不得不引发一个思索，早期绘画，为何动物、植物、人物、图腾等大量的图案中唯独对鱼的画法最为细腻？推测也是出自生活。捕鱼相对猎兽要容易一些，当地鱼资源特别丰富，也是食物的重要来源，人们对鱼的喜爱、观察也成了生活常态，绘画表现得细腻些理所当然。鱼自古以来受到人们的赏识，后世各代乃至当今，鱼的绘画、编织、纹饰也呈吉祥、丰收的寓意。

大漆彩绘玉器上大量的绘画图案及纹饰中，渔猎图占比并非很多，但也给予了我们早期人类文明开始形成初始阶段的重要信息，当时尚未进入农耕时代，人类存活的食物来源主要依托渔猎。如何打鱼，怎样猎兽，用什么工具，乘什么舟伐，以及当时的穿戴打扮等，玉器上的这些大漆绘画给了我们纪实性描绘，使我们看到了远古先民的渔猎场景。尽管画法单一，粗犷直白，没有艺术的渲染加工，但其写实传神的凝练，提供了大场面的劳作实态记录，十分难得珍奇。

黄河早期文明质朴的绘画语言，留下了早期原始文化的另一种珍奇，令人欣喜。渔猎图大漆画作，作为反映人类初始文明的生活写照弥足珍贵，具有极高的实物史料价值。

火焰与云纹

火焰和太阳，在漆绘图案与纹饰中均多处出现。火和太阳都是热和光的来源，人与动物的区别，是从用火开始的。火对人的意义非同小可，理解了这点，才便于我们理解火与太阳的图案为什么会在高古器物上频频出现。

追溯人类起始用火的时间，有多种说法。可以看到的是，北京周口店猿人遗址，山洞内厚厚的灰烬层，证实了山顶洞人已开始用火，人类用火至少有 50 多万年的历史。我国云南的元谋人与非洲肯尼亚的切苏瓦尼亚地区发现的猿人遗址，其用火遗迹还可将人类用火的历史追溯到 100 万年前。无论哪一个猿人遗址均证实，用火起码是人类几十万年前的事。火可以御寒取暖，可以将食物加工成熟食再吃，熟食的可吸收营养与防病的好处比生食大得多。由于火的使用，人类脱离了"茹毛饮血"的时期，从此与动物有了根本的区别，人类的进化出现了质的大飞跃。

火在人们心目中地位神圣，古希腊神话中的普罗米修斯，帮人类从奥林匹斯偷取到火，触怒了宙斯而受到处罚。我国也有燧人氏钻木取火的传说，后人尊其为火神。我国各地域各民族有不同的火神，尊崇、供奉大体一致。火神之说，具有世界性。

原始人类开始用的是自然火，因此要保留火种，否则猿人遗址不会有厚达数米的灰烬层。以后人类逐步发明了钻木取火和燧石的敲击取火，直至近代，偏僻之地还有火镰石磨擦取火的生活实用。火的利用给人类生活与创造带来了很大的变化，照明、驱赶野兽、取暖、烤熟食物，至陶器、铜器、铁器、瓷器的烧制冶炼，人类的每一步发展都离不开火。

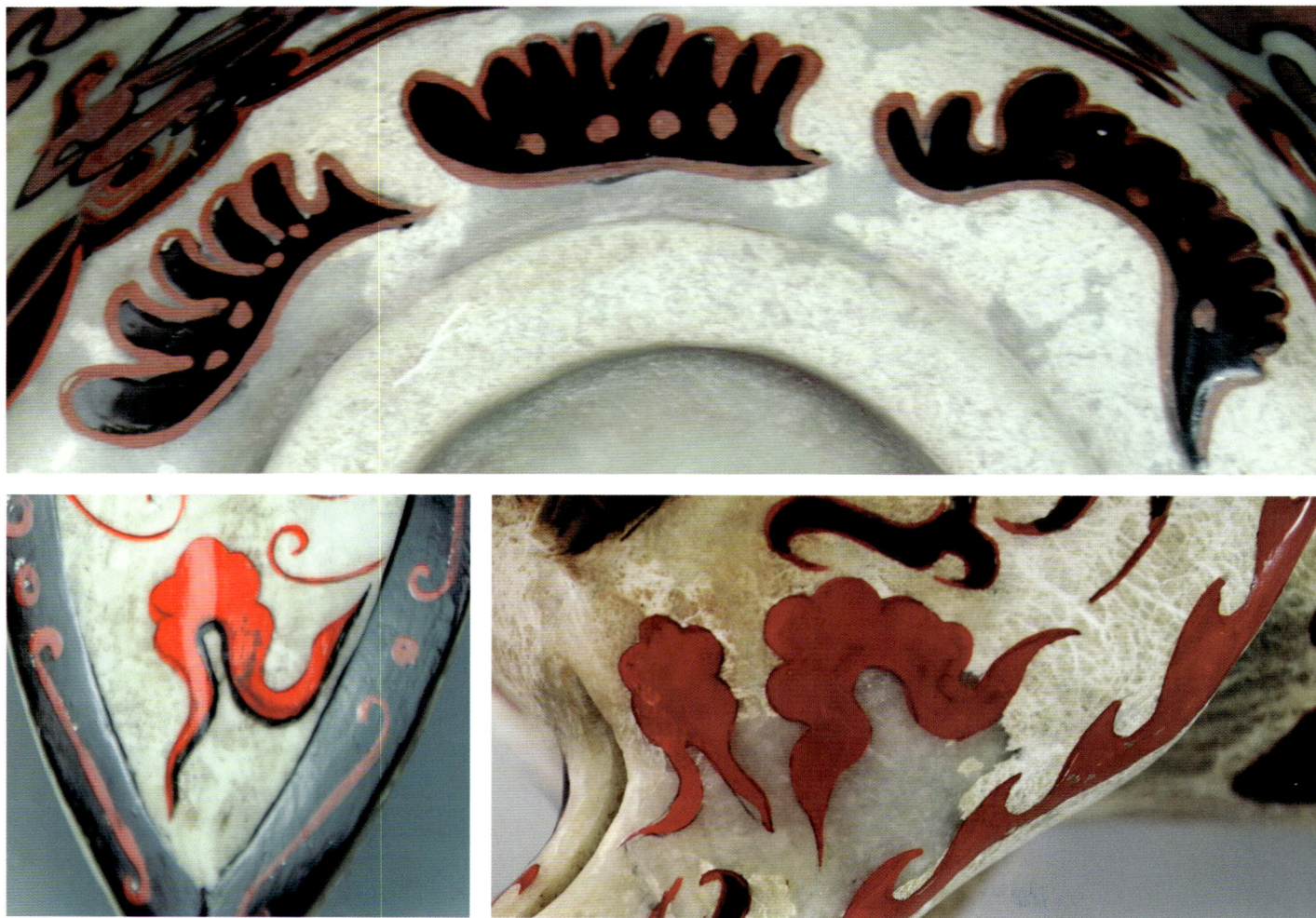

漆绘火焰图案纹饰

各种火焰图案

各种火焰图案

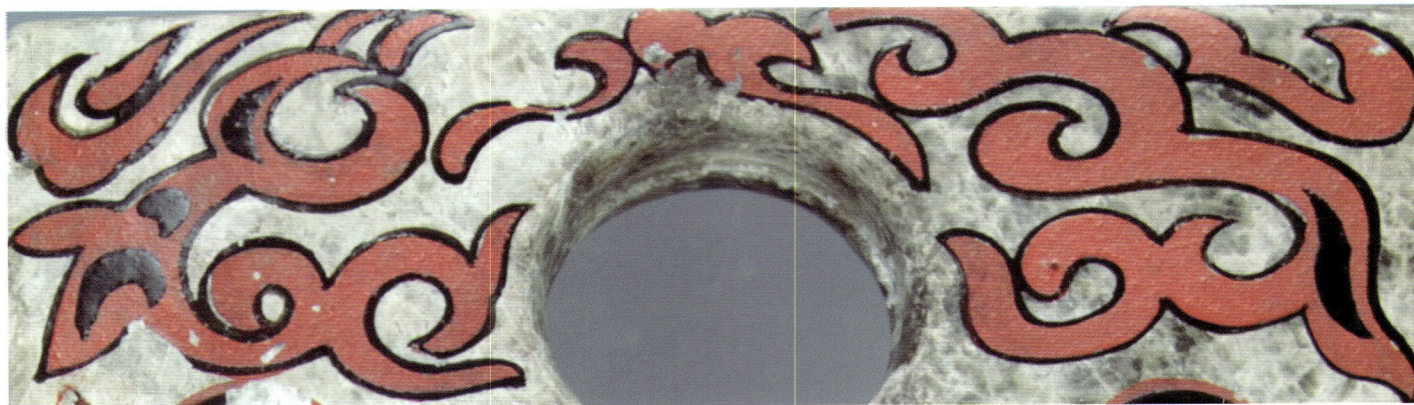

各种火焰图案

　　大漆彩绘玉器上关于火的图案，出现在各种形制的玉器上，有人物、兵器、礼乐器、祭奠器等等，但已不是被置于重点崇拜象征的突出位置，而是常规性尊重的对象之一，与其他许多图饰纹饰并列交汇在一起。火焰仍是众多重要表达的选项之一，画法也基于图案符号的象征性，一般是三个焰苗的火炬形，也可称为"三叉式"或"山字形"。

　　踞座人物头戴冠帽，高鼻大眼，帽子也是绞缠盘头巾形，应是西域民族非汉人形貌。

　　帽顶一圈三叉形火焰纹饰。另一同类人物盘缠帽顶也是此类火焰纹，只是焰苗较细，似有随风飘动之感。看来此类只是以火焰图案作为增加美感的装饰，难以解读其他深层意义。也就是说，在前4000年以后，人类早已揭去了火的神圣的面纱，火成了生活与劳作常用之物，那时已有了铜的冶炼，火的应用已成自然常态，不再是圣物。

太阳纹饰

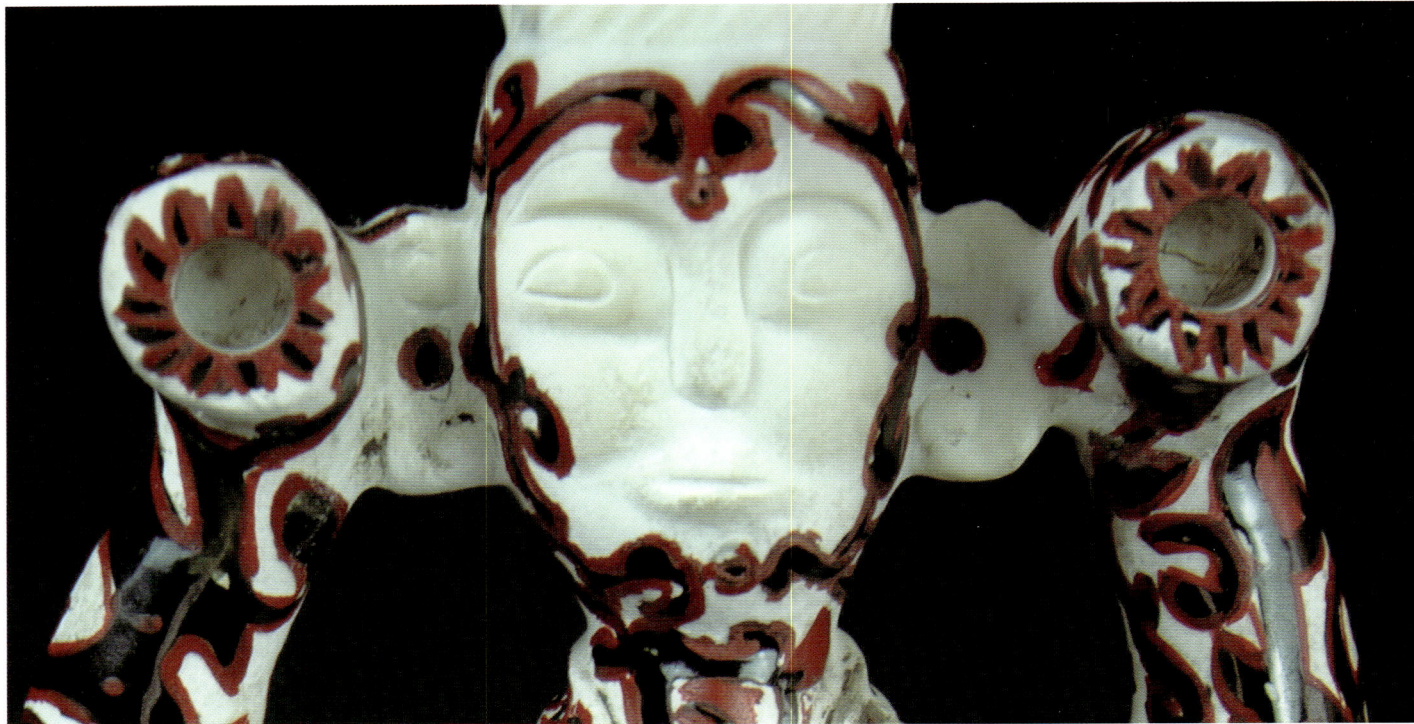

太阳纹饰

　　火与太阳是共生的，图案画的是圆形太阳，四周喷着火焰，这一表达方式在本质上是一样的，喷火太阳的图案，在人物、动物、兵器、礼器上均有出现，一般在较为显著的部位，当有一定寓意。

　　玉龙的头部中央有一太阳火焰图案，类似风火轮，有8朵焰苗，黑线勾勒轮廓，中心一圆，底色全红，宛如喷火的太阳。此纹饰置于龙首显著部位，寓意彰显了龙的神威。

　　另一女神或巫师女像，双臂举起与头平行，手握圆筒状器物朝前照射，像举着两面镜子，神志专一、表情严肃。筒状器为12道焰苗的太阳图案，好像给人们带来光明，普照芸芸众生，推测是在作法或是施术，能给众生带来太阳光芒的人应是神。有趣的是，女神背部是四道旋转的火焰图案，前后都在发光。当然，这只是凭借造像与图案的猜想，太阳之火在这里一定有神化或巫术的寓意。

　　圆雕玉作驮桶玉牛，其雕工精湛、工艺复杂，大漆彩绘纹饰遍布满身，红黑色为主，观感夺目，图案多为怪异神兽。牛身背部与侧面多处为旋转飞轮状火焰图案，似太阳的光芒，其间还充斥着飞动的朵状火焰团簇。有意思的是驮水桶的牛，桶盖是圆雕的龙，周身动物图案则神幻怪异，又充满着太阳光辉与飞动的火焰。这不是一般的牛，它带来的是太阳、火与水，当属神牛，带给我们的是维系人类生命的物质本源。从中可以看出当时人们对这些物质的尊崇与敬畏。

汉代玉罐，器身绘有飞龙云纹，图案大气磅礴。罐盖两条飞龙盘旋，中央盖钮上是太阳火焰图案。红色的圆形火焰在旋转，焰苗飞动，中心有蓝色圆点，四周甩出了蓝色卷云纹状花边，似喻蓝天。火球、蓝天、白云、飞龙，构成了一幅灵动图案。对于中心是太阳与火，如何理解呢？可以做此解释：太阳是世间万物的生存之本，光与热的宇宙核心，崇拜敬畏的图腾龙也是围绕这一中心飞腾，画面的构图无非是这些思想的反映。

云纹

各种云纹

各种云纹

各种云纹

各种云纹

云纹的画法较为直观，火焰大都是团状，而云的表现大多是条带状，像随风飘舞的巾带，又像波浪状疾驰的鳝蛇，有飘浮流动感。一图为白色云纹，金色勾边；另一图为黑色纹线，红色勾边。两图均显飞龙行空，云纹衬托四周，一幅腾云驾雾的景象，气宇轩昂，神威凸显。

其他一些云纹则以线性图案化表示，如在玉枕的侧面，跽座人物衣服下摆的图案等。这些变形的简化云纹成了一种装饰性图案。查看许多青铜器上铸造的勾形纹饰，其实也是来自云纹的一种演化，云纹的各种变形、图案、勾连纹饰，在玉器、铜器、漆器、瓷器等物品上，应用得较为广泛。

由此可以看出，艺术图案的绘画表现，来源于自然及生活实际的观察体悟。无论是火焰还是云朵，也还是一种投影式的形态表现，仍出于自然而非凭空遐想。尽管有人为的加工、变异、渲染，最初的来源还是生活实际。

8. 字符与文字

人类文明一路走来，脚下掩盖着诸多后人费解的人类初始时期的文化符号。人们往往对有文字记载的历史便于了解，而对于人类尚未发明文字之前的漫长历史只能靠无言的实物进行推理研究。英国历史学家汤恩比在他的《历史研究》一书中说"在我们的动物祖先演变成人之后的最初50万年或大约100万年的时间里，我们人类是很原始的，除了一些骨骸和旧石器，没有遗留下什么记载的东西。农业、家畜驯养、陶器制作和纺织技术仅有1万年左右的历史，而文明存在的时间充其量也不过5000年。我们所了解的大部分人类史其实都处在相对近的时代。"

人类文明初始的标志有三点：文字，城郭，青铜器。其中文字的发明是极重要的标志之一。而文字的发明从象形符号，到简约符号，进一步优化形成字体结构的一致性，书写便利、美观、统一乃至丰富完善，是一个漫长的过程。汉字的发明，象形符号式的初期文字历经了约2000余年，彩绘玉器上的一些字符给我们提供了这一阶段的许多重要信息，若与齐家古玉上的一些字符接续看待，可以推测，这些符号自齐家原始部落文化晚期或是夏代早期，至商代甲骨文的出现这一较长阶段的演化、提升、统一，形成了初期文字，此后殷商的甲骨文、金文，进而发展出篆书、隶书、楷书等，形成了汉字笔画体例。在前3000至5000年漫长的历史跨度中，孕育了汉文字的诞生与定形。

由此推定，汉文字的起源，应在前5000年左右黄河上游的早期文明阶段。基于此识，析阅大漆彩绘玉器的这些字符与文字，定会有所启示。

齐家文化大玉琮字符

齐家文化玉龟背甲字符

玉钺中部偏右细阴刻线字符

齐家文化玉钺

　　大漆彩绘玉器中部分器物有字符或文字，在剑、刀、簋、罐等器物上以大漆书写，一般 4 至 6 字不等，全部合计字符总数逾百，较为可观，这些字符带给了我们什么信息？值得探索。

　　在齐家古玉中，不难发展一些类似于早期文字的符号，有的细刻线阴文，也有减地浮雕式的阳文。单字、两字、四五字的均有，在玉琮、玉钺、玉龟背甲上都有出现。这些零散的"文字"大多为象形字，有的看似鸟在行走，有的像龟，有的像鱼，总体看来是象形文字，不是绘画。之所以有如此判断，是因笔画具有文字架构的特征，规矩、不苟，无绘画的流畅、随意。有些字体像甲骨文或篆字，细看却不是甲骨文也不是篆字，笔画比甲骨文更加复杂且具有象形，应早于甲骨文时期。就玉器时间推断看，也是在前 5000 年上下，出自黄河上游的临夏而非黄河中游的殷墟。笔者请教了专职古文字研究的专家学者，看后对其绝大部分的字符无法准确辨认。他们认为，那时尚无定式的写法与统一的规格，具有明显象形意味，应早于甲骨文时期，是早期黄河文明出现的表达某种寓意的字符。

　　如玉钺上细阴刻线的一个字符，古文字专家解释，这个字符出现在 5000 年以前，字体结构象形，寓示三只鸟趴在树枝上欢快地鸣唱，这是"乐"字写法的前身，很像甲骨文的"乐"字，甲骨文的写法是在这些字符的基础上进一步规制演变的结果。

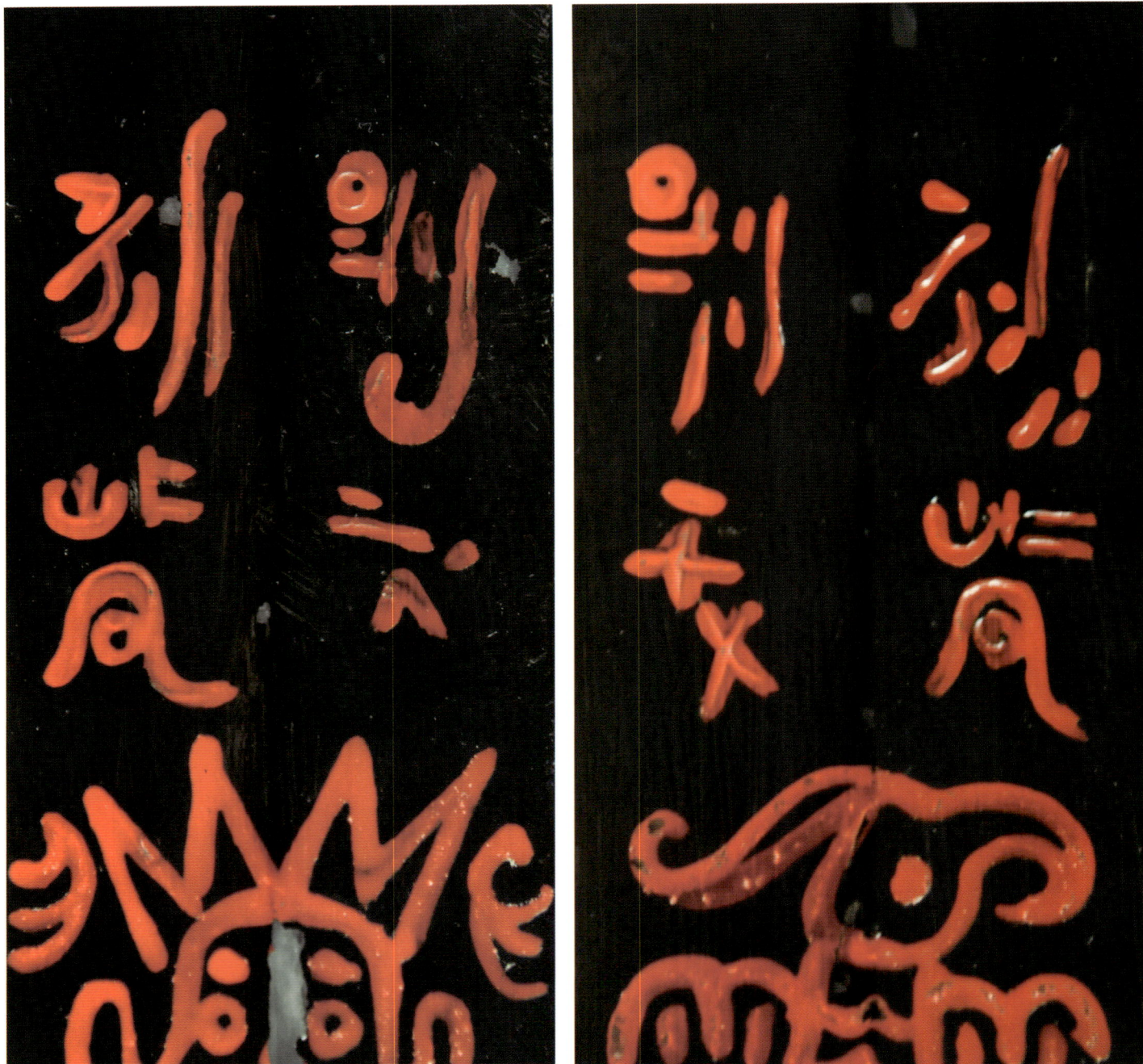

漆绘玉器部分字符（距今约 3500 年前后）

漆绘玉器部分字符（距今约 3500 年前后）

漆绘玉器部分字符（距今约 3500 年前后）

据此不难得出以下几点初步看法：

第一，属于具有早期文字形态的字符，而不是其他图案。

第二，出现的时间早于甲骨文。

第三，尚未形成统一的书写格式。

第四，具有表达某种含意的目的。

第五，齐家古玉上出现的这些字符，在其他史前部落的文化玉器上罕见或还没有发现。也就是说，早期文字的发源在黄河上游的齐家文化晚期，约 5000 年前。

齐家文化玉器和后齐家文化的彩绘玉器，是出自同一地域的具有延续性的历史进程的产物。而二者器物上出现的字符文字也向我们展现了这一历史进程中汉字的起源与发展变化。不难看出，彩绘玉器上早期的字符与齐家古玉上的象形字符相比，已略有进步，二者是同地先后继承发展的，时间约在前 4000 至 5000 年前后。二者对比可以看出以下几点明显区别。

第一，象形度没那么高，早期象形字有较强的图案性，此后的字符更显文字性。

第二，笔画结构总体是减化趋向，减少了绘画性，增加了书写性。

第三，书写笔画已基本由汉字的横、竖、撇、捺、勾、点组成，汉字书写的要素已然呈现，由此奠定了是写字不是画字。

第四，字符的形态趋于方形。

这类性质的字符在彩绘玉器上可见到几十个，因无法逐一指认其确切含意与读音，只能刊录出来以供研究、探讨。

不能准确解读，有两种可能，一是早期文字统一性的欠缺，二是我们目前史料物证的数量不足。或许随着我们发现探索的不断进展，有朝一日，我们可以破解这些字符的准确含意。

继这些字符之后，一些彩绘玉器实物上出现了一些篆体字。这些字体我们不讨论是大篆还是小篆，只作为一个字体类型看待，是汉字演变进化的一个阶段，进入到篆字，大部分我们就可以辨认了。如玉神人后背的阴文："子子孙孙永宝用"，与青铜器的诸多铭文相似，作为期盼后世传承的格式用语，在商周以后的青铜器铭文上有大量体现。彩绘玉编钟上也有一行篆字铭文，尚不能全部解读，但可以确认，篆书字体在彩绘玉器上的应用，已然正式规整。这些器物的时间推断是在商周至战国，即前3000年至2200多年，字体时间与器物断代时间基本吻合。

此后，在一些鼠形玉印、人首雕塑玉印及大盘龙玉印上又出现了一些隶书体印文，这些器物的时间推断约是在战国晚期至汉代。

整理一下我们所看到的彩绘玉器上文字演变的路径：从以汉字基本笔画要素组成的字符发展到篆字书体的文字和隶书体的文字。这一变化过程约在前4000年至2000年间。加上前5000年左右齐家古玉上的象形字符，连续性地向我们展现了约3000年历史进程中汉字的发明与进展。

需说明的是，这只是一个发展脉络的表述与观点，难以确切标定演变之间每一步变化的确切时间分界。远古文明的进程演变是缓慢悠久的，前后的渐变是融会贯通并交织在一起的累积递进，不像后世的改朝换代、皇朝更迭以纪年为号，可以确切区分。古文明的发展脉络给予我们的信息十分珍贵，确切的时间分界无太大本质意义，只要展示了一个时间流程上的变化，已然说明了问题。

大漆彩绘玉器上的这些字符与文字，虽数量有限，还不够全面系统，也不足以有完备的规律与细节性表述，但也给了我们变化过程与大体的时间进度。

文字是人类文明的要素，也是文明进步与文化传播的基础载体。对于汉字的早期发明到基本规范这一漫长历史时期间的进步，彩绘玉器为我们提供了十分珍贵的实物史料。

为进一步说明上述看法，以几件实际器物为例，具体释析一些表现，上述看法产生的缘由便可一目了然。

同样的四个字符写于刀身的两侧，字的笔画结构完全相同，细节略有差异，非拓沓套印，而是手工书写。这把彩绘玉刀柄为马首，局部有黑红两色大漆图案，青白玉质显露，刀身全部黑漆衬底，漆膜较厚无露玉处。红色大漆绘画图案，一面自上而下的顺序是玄武、四字符、立人形图腾，该图腾的形象与武汉战国墓漆棺上的图腾属同一类型。图腾下方双脚下各一C形龙，双龙下有一鸟形纹饰。刀身另一面图案自上而下是玄武、四字符、龙纹、凤鸟纹，龙凤纹饰均属汉唐以前的早期画法。玉刀露玉处有包浆，很少沁色，漆膜有包浆，与新漆决然不同。全部绘画漆膜十分完整，漆面直观光亮如新，任何初见者乍眼一看都以为是新作。几位专家学者级好友及资深藏家，曾抱否定或疑惑的观点来我处鉴看此物，上手端详几分钟后感慨"还真是老的"。本人开始从玉刀的各种特征判断属战国左右的器物，早不会超过西周，晚不会过西汉，应是前2800年上下的物件，且带有西域少数民族的韵味。对此物大漆进行 ^{14}C 纪年测定，结果为3410年，比原目鉴断代早了几百年。科学证实了彩绘玉刀两面书写的字符至少不会晚于前3400年，即夏代晚期或商代早期。文字书写用漆确切时间的测定结果证实，这把出自黄河上游后齐家文化之地的玉刀上的字符，先于殷墟的甲骨文，时间约在前3500年左右。

玉刀两侧字符

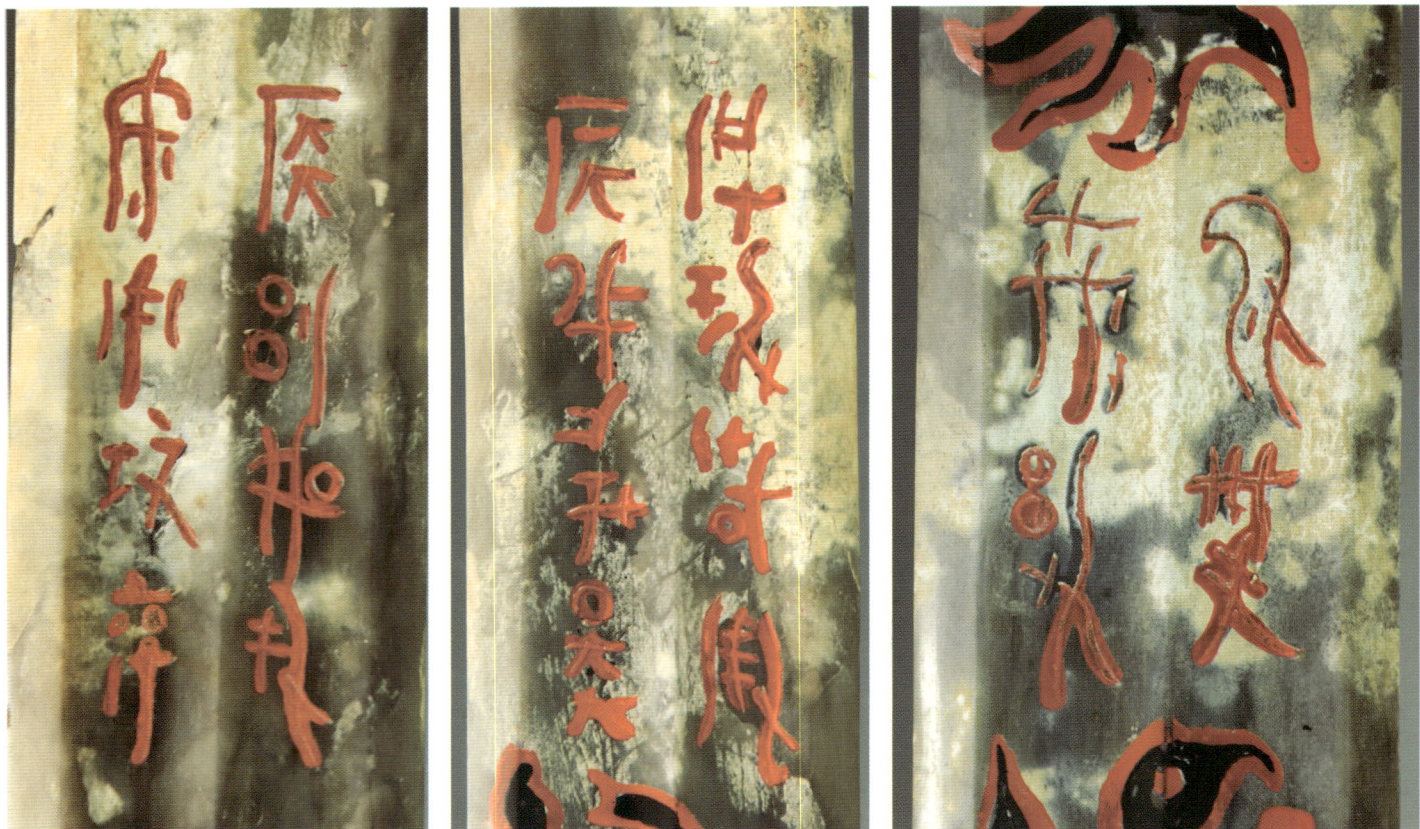

几把漆绘玉剑字符

几把漆绘玉剑字符

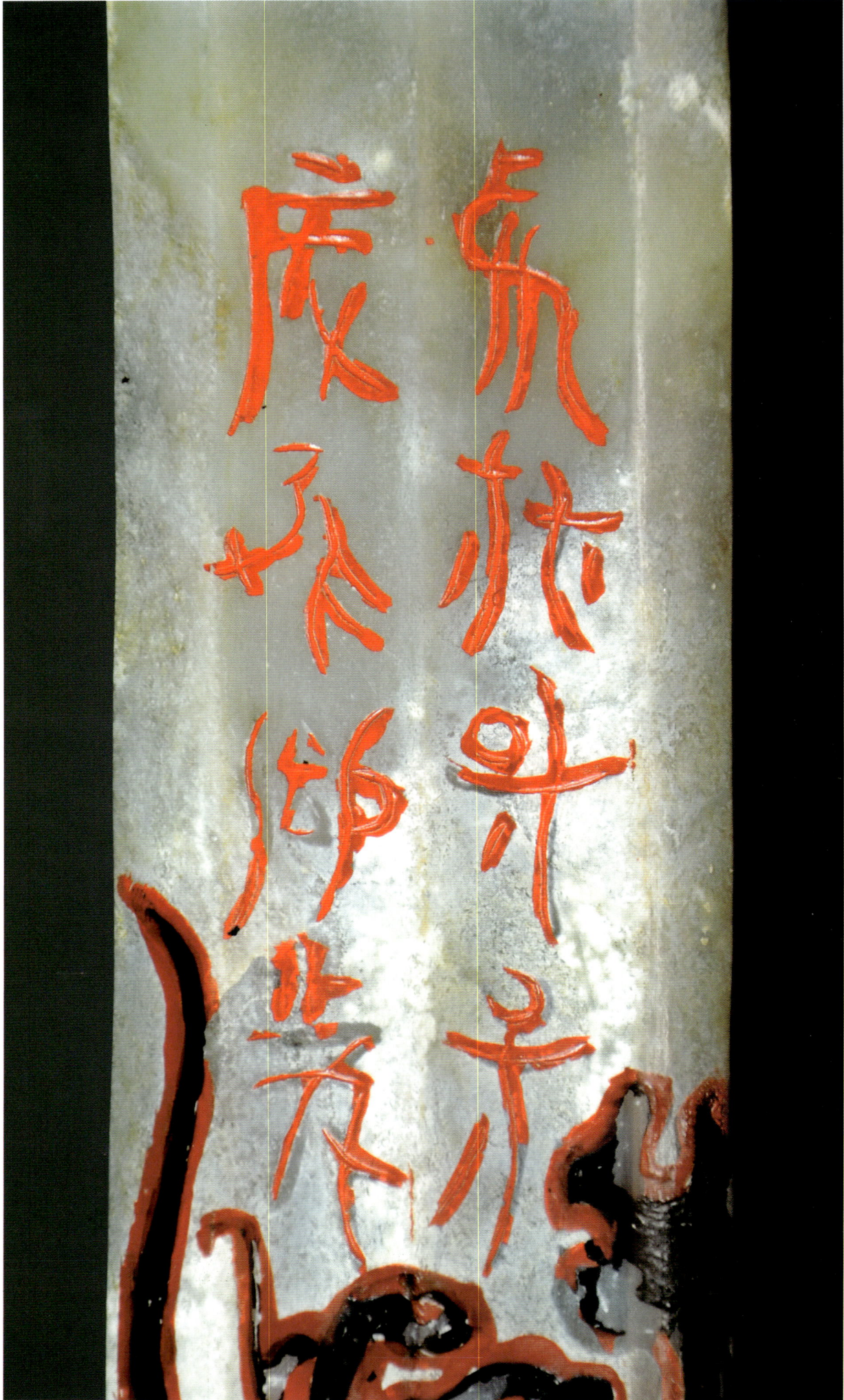

几把漆绘玉剑字符

几把漆绘玉剑字符

几把漆绘玉剑字符

  另几把兽首、马首、立人形柄的玉剑，从漆膜、玉质、包浆与沁色等综合特征推断，时间应早于这把马首柄玉刀至少几百年。剑身字符有四字有八字，且书写风格具有相当程度的一致性。因此推断时间约为前3500-4000年间。这些风格的字符出自前4000年后，殷墟甲骨文之前，应确定无疑。遗憾的是现在还无法对这些字符进行准确判读，给我们留下了又一个亘古玄迷，但同样也是一个有待进一步探解的乐趣。

  手握空拳的玉神人，威猛严肃，高鼻大眼，扇风耳，大嘴左右横贯，特别夸张的是握有圆管形的一双巨手，其形貌特征与三星堆铜人相似。在三星堆文化中对铜人巨手握成空拳状就曾有各种猜想，握的是琮形器，还是手中空圆有其他器物插接？如此夸张的手寓意了什么？难以得出确切结论。从形态上看是代表神灵的诏示还是巫师作法均可，总之是显示着一种权势或威灵。彩绘玉人出自黄河上游后齐家文化，铜人出自蜀地三星堆文化，加之许多其

玉神人

背部铭文

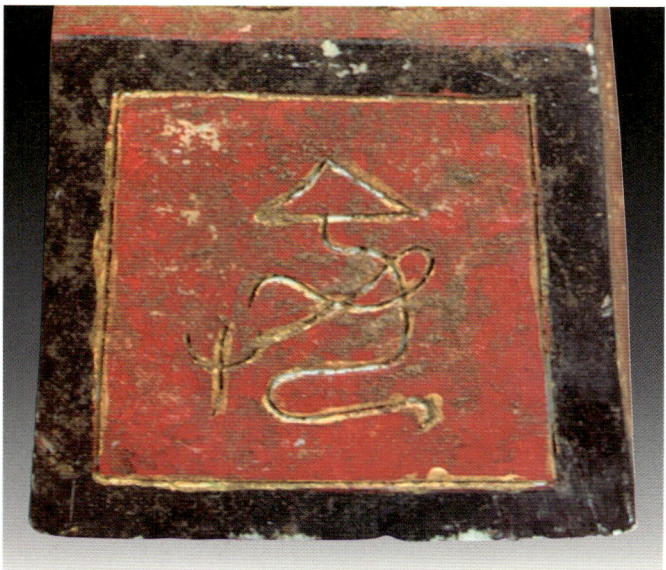

底座象形字

它齐家古玉的风格形制在三星堆文化中有诸多显露，笔者推测齐家先民有的南迁，自临夏过甘南藏族自治州进入四川境地，齐家文化对三星堆文化的渗透影响是必然的。特别值得关注的是玉神人后背有"子子孙孙永宝用"的阴线铭文，字体为篆书，篆书应是商晚期到战国时大量使用的字体，但玉神人出在黄河上游的后齐家文化时期，约在前3000~4000年期间，玉神人站立的底座下面还有一象形文字，字体右边跽坐人形，左边一棵秧苗，人与苗笔画简单，寓意形象，与甲骨文上带有人形的字体近似。这种象形字实际是人们生活劳作的一个镜像反映，可以说玉神人底座上的象形字比甲骨文略早或同期，后背的"子子孙孙永宝用"比甲骨文晚。两种字体显现在同一器物上，可以这样认为，在篆字体形成的初期，象形体并非戛然而止，而是逐步被淘汰的，或是说在开始使用篆字书体的一个时期内，个别象形字依然在使用。这符合事物发展演变的轨迹，与玉神人推断是夏代晚期或是商代的器物亦相吻合。两种字体出现在同一器物上，这也是这批彩绘玉器中独有的一件。

此后，有关近似隶书或已趋于标准隶书的字体较易于辨认，无须赘述。相关器物亦是战国晚期至汉以后，与字体年代相符。至此，汉文字结构基本定型，自前2000年前后沿用至今。

大漆彩绘玉器上出现的文字虽不是很多，也无长句或叙事的表述，但我们由此看到了继承齐家原始部落文化之后的字符的演变进化，从象形字符到简约字符，再到篆书，含同期的金文，直至隶书字体的进化过程，给了我们一个直观精彩的展示，是汉文字早期发明阶段演变进程的佐证。

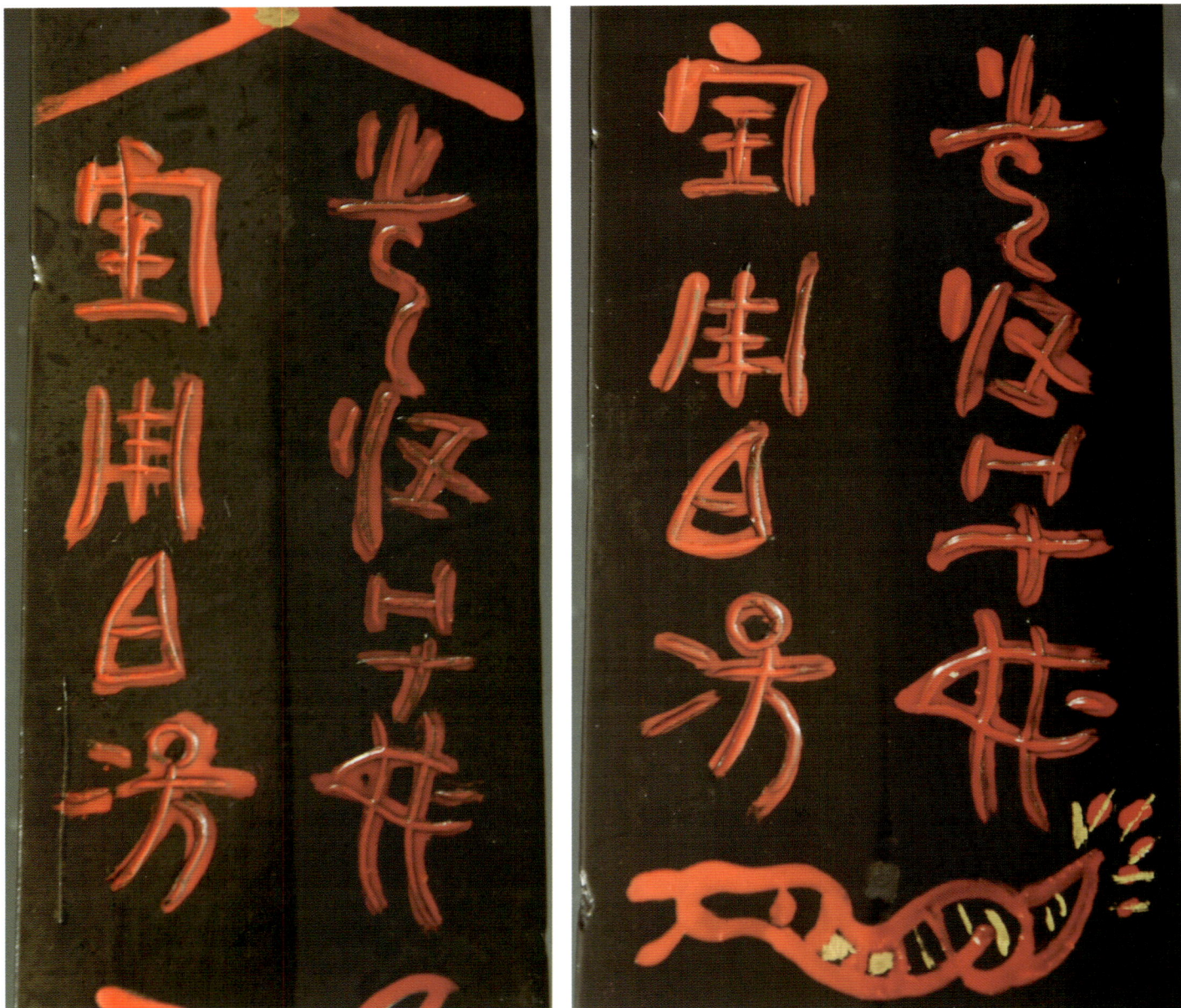

字符、象形、篆书、隶书浏览

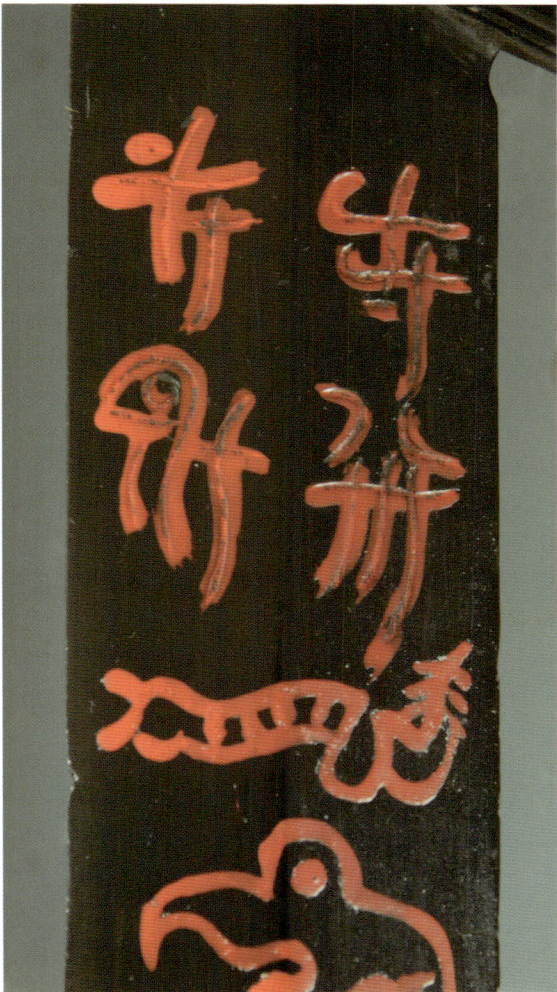

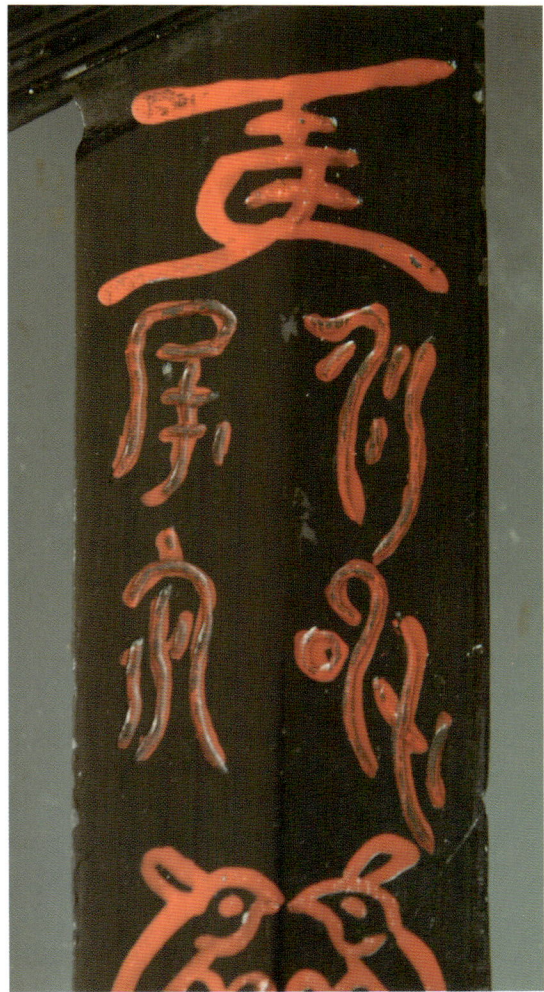

字符、象形、篆书、隶书浏览

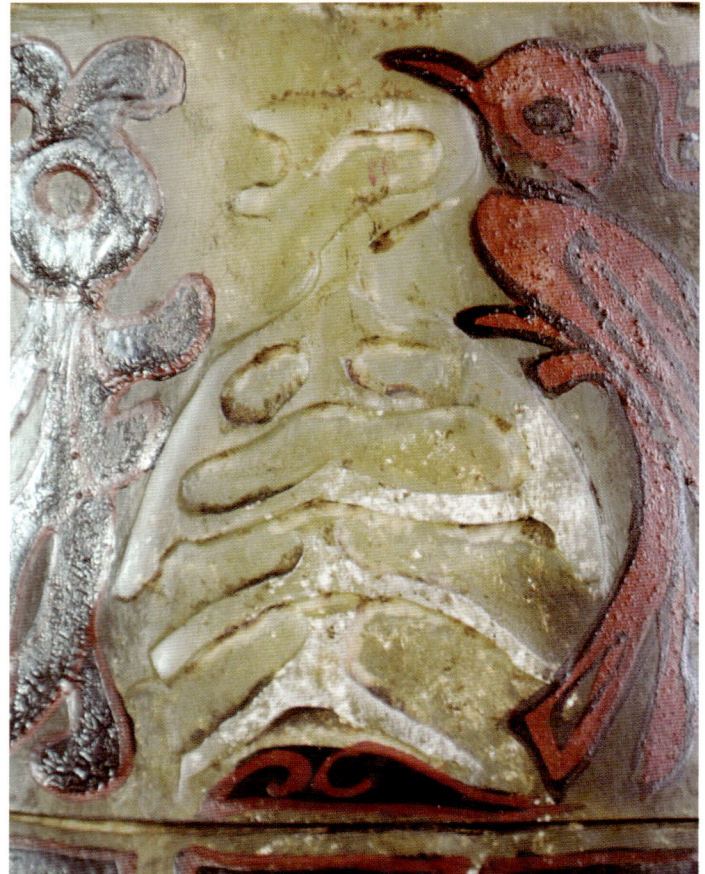

字符、象形、篆书、隶书浏览

字符、象形、篆书、隶书浏览

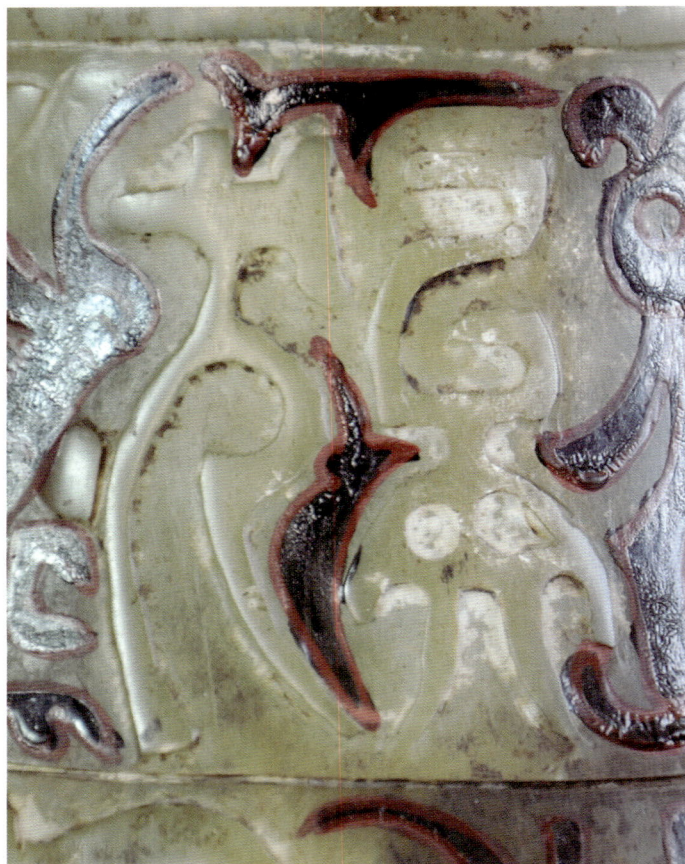

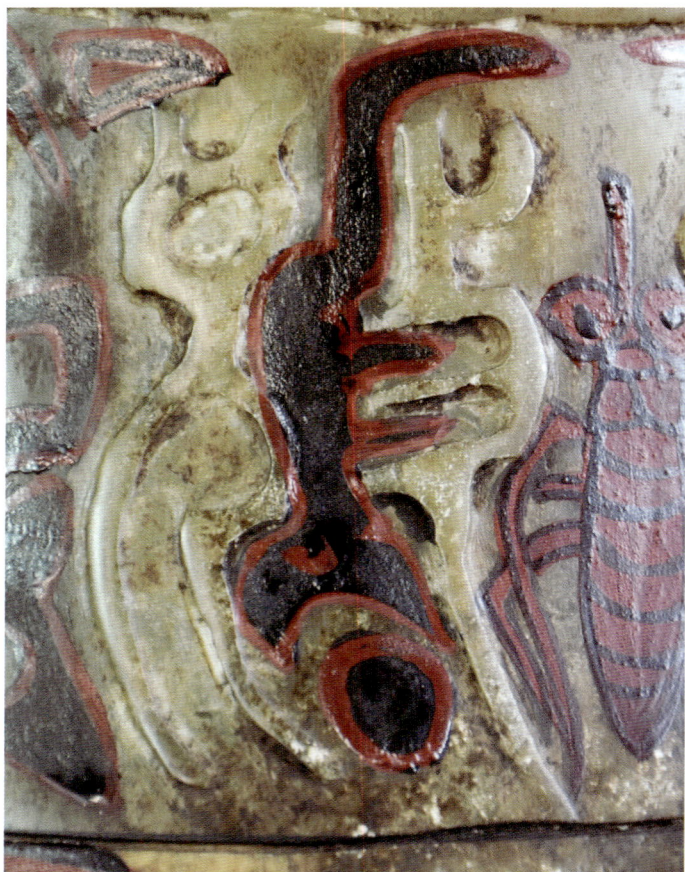

字符、象形、篆书、隶书浏览

字符、象形、篆书、隶书浏览

字符、象形、篆书、隶书浏览

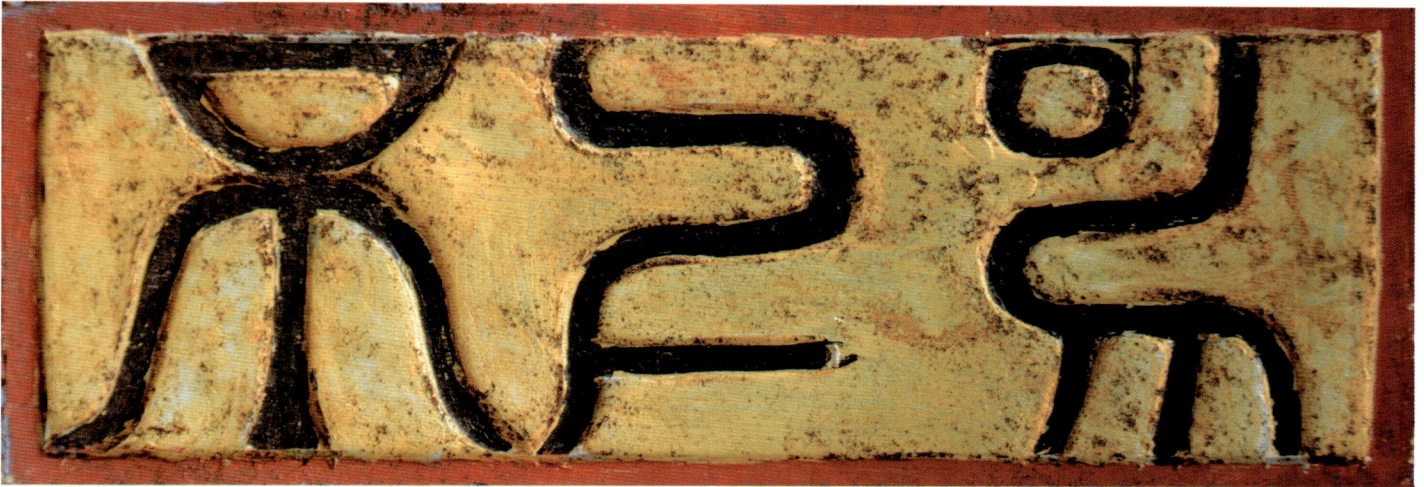

字符、象形、篆书、隶属浏览

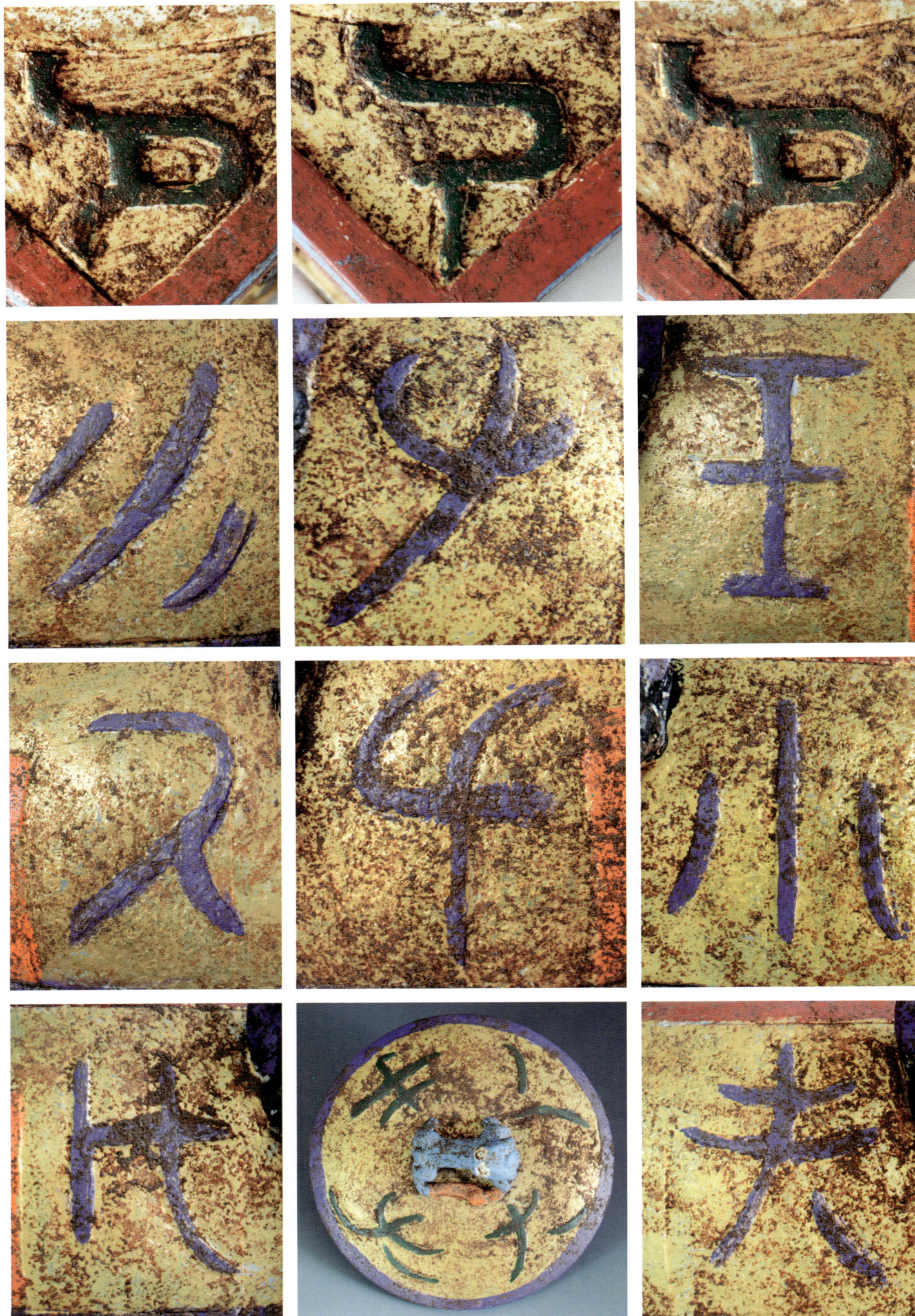

字符、象形、篆书、隶属浏览

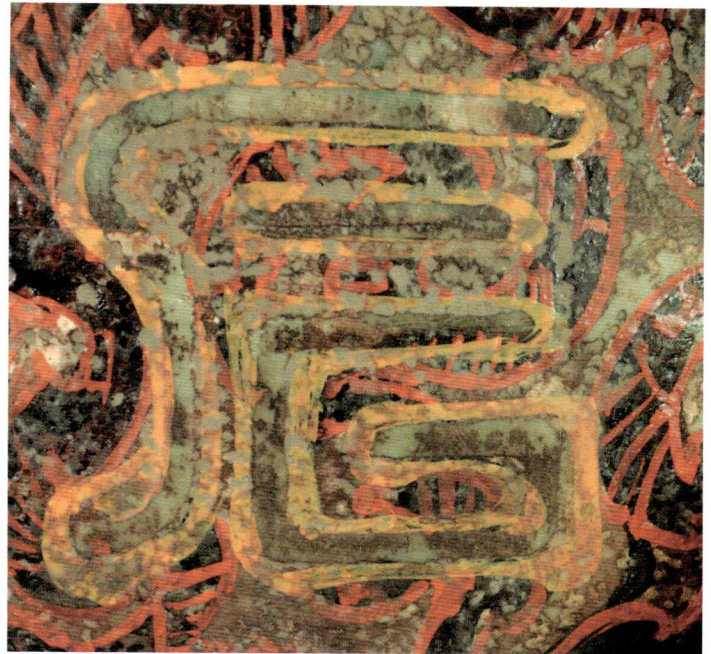

字符、象形、篆书、隶属浏览

小结：大漆彩绘玉器相关思考

笔者对大漆彩绘玉器的研究辨析历时逾六年，撰写整理资料又用时八年以上。其中探解的疑难非几页文字可以尽言。多有朋友见笔者痴情执着如此，常有感叹赞佩，也有莫名不解。其实，探究彩绘玉器的真伪、文化，是一个藏家对藏品的考证研究，同时也是一个"赏玩游戏"的过程。既不想呈给市场，抬高身价，也不为获他人赞誉、赢得名声，而是对在手重器之探讨，总要给自己一个交代。

彩绘玉器是玉雕与髹漆的完美结合，琢玉与髹漆双重技艺创造了这种奇珍异宝。一般漆器胎体易腐朽碎裂，大漆玉器则无此诟病，由于玉材的抗温、抗湿、不变形以及大漆的耐腐蚀，既保留了完整的胎体，又保存了完整的漆膜，品相完好。因其保存较好，在几千年以上的遗存中难能可贵，当属难得的珍品。

前文各章节综合归纳无非两方面，一是器物真伪，二是文化内涵。真伪鉴查是重中之重，否则其承载的艺术、文化、人文、历史的信息，一切将无意义。

归纳彩绘玉器的辨析分三步：古代还是现代，初断器物历史时期，时间修正准确断代。细分有以下几个环节：玉器本体要素的鉴断，大漆形态特质的辨析判断，漆绘文化艺术表现特征的时代属性，科技手段的检测验证。

各环节独自结论再相互比对印证，共同指向同一历史阶段，方可确认时代归属。因此，大漆彩绘玉器断代，审鉴严格、思虑慎重、严谨扎实。

这些工作涉猎极广，无论怎样看待，对淘宝、藏家都是一个巨大考验。其实，他人看辛劳与费思层峦叠嶂，本人则游玩其中难以止步，不过是一个穿越千年时空的"文化游戏"，这也是收藏的莫大魅力。人会为爱而付出，收藏同样如此。当你一旦赏阅了这批彩绘玉器的风采，一定会理解为之付出的缘由的。

再次说明的是，在基本目鉴断代方面宁晚勿早、留有充分余量是本人习惯，其实也是大多个人藏家的习惯。在彩绘玉器断代上依然如此。

关于断代时间的精确，笔者认为不必苛求。客观上讲，在文字发明统一之前，没有纪年标识，无法准确到年，断代只能指向某一历史时期。所以说，时代、年代、朝代，或是某一历史时期的时间段，在这一级别的判断上没有大的失误均属正确。高古之物，差一个朝代，并不算原则性错断，如夏代与商代，春秋与战国，有时难以严格区分，纠结确切时间，对于职业考古有一定必要，但对于收藏行为则无太大的意义。这不是为不能精确判断开脱，只是道出现实中的规律实情。众所周知，特别是国家致力的夏商周断代工程当前只论到西周，夏商时代还未作时间结论，我们在判定这时期的器物时自然难以精确。

大漆彩绘玉器的断代也是在这一整体思路的基础上所为。因此，本书所刊实际器物鉴赏部分，只作大历史时期的区分，不作确切纪年的标注。当然，这并不表明笔者对单件器物没有年代推断，而是有意搁置一些细节，留下与读者共同赏阅的思索空间。全部大漆彩绘玉器分为三个阶段：夏商周时期，春秋战国时期，汉唐时期。所有实物按此顺序刊录于下册。

为何作如此较大跨度的区分，出自以下几方面的考虑：

第一，高古时期难以确切纪年区分。

第二，远古时期生产与文明的进化缓慢，历时较长。大的历史阶段特征有明显不同，但阶段之间接续的演变交织融汇，不像封建社会的改朝换代，难以确切以纪年区分。例如新旧石器时代分界在哪一年？原始部落时代的齐家文化从哪一年进入夏代？暂时都无法精准确定，作趋势性分期比较实际。

第三，虽有碳十四纪年检测标本器物的实际年份，但毕竟属抽样检测，对所有单件器物都做碳十四检测是不可能的，对每件高古器物都进行确切纪年标定不具备科鉴的可操作性。

第四，从探究历史文化进程的视角看，纠缠确切纪年并无太多实际意义。只要大阶段不出现误判，就不影响历史进程的揭示与相关信息的研究。

第五，大历史阶段区分，有诸多特征显示，实施正确率较高。

笔者为何千方百计坚持碳十四检测，对当时考虑，在此略作补充：尽管目鉴辨析已力求面面俱到，但毕竟是主观判定，自信还不够，重要事情的辨别要科学严谨、无丝毫疏漏，本人终生几十年从事的技术工作，养成了精益求精万无一失的思维定式。主业工作习惯，必然潜移默化影响到收藏行为，不做到滴水不漏就总感不完美。这是志趣也是性情，不较出真章，难以罢手。往事悠悠，坚守执着最后成功者有之，固执不灵活得罪他人之事也不少，成也萧何败也萧何，因此而所受益损均有，是执着还是痼疾其实个人也无明论，性情秉性之优劣难以说清。有感于此，权当节外笑谈。

几位学者型挚友坦诚谏言："真伪之辩你一定要论成'铁案'。"

沉思苦想，若再能以科鉴手段加以佐证更加完善，由此，便进行了碳十四纪年检测。当然，此检测难度极大，实施办理亦很困难，在多位教授学者的帮助下，方得以实现。

其意义非同小可，除验证"目鉴"结论外，还可以依据纪年结果为参照，在原有断代时间初步判定的基础上，对一些器物进行了时间上的小幅修正。如彩绘玉仕女立像，原据人物立雕造型、包浆、工艺等玉器特征，再参考服饰彩绘图案风格推断为汉早期，几位玉友、拍卖公司老总与对齐家古玉情有独钟的鉴赏家看后都觉虽有汉代味道，但应更早。共同商讨研判后，从服饰领口为圆形推断应属春秋时期。由于个人对藏品断代十分保守，宁晚勿早以图安全。碳十四纪年检测实物比本人原断时间还早了一至两成。因有此参考，也敢将时间前推了，综合判断，将六尊玉仕女原断汉早期修正为春秋。

现代高科技手段为大漆彩绘玉器的断代与时间修正提供了可靠的不容置疑的印证。至此方为心安。劳思之付，悟见所得，紧张惊喜，五味杂陈。亘古谜底一旦揭晓，痛快淋漓无比愉悦之感，实乃莫大享受。大江东去，光阴飞逝，得此回报，吾心足矣。

顺便说明，现今社会时有藏品真伪之争，多年来，笔者基本不予涉足。不和他人争议结论性分歧，而是看重特征的探讨与研究。阅看实物讨论，器物本身会"说话"，能告诉你许多内容。对可与器物对话的智者，无须费言，对不懂与器物对话的外行，争论也没用。因此笔者乐于由表及里地剖析彩绘玉器各种表征要素，与读者共同享受这一过程，最终结论各自为之，不必强求。收藏最大的获得也正是探索寻觅征途之中的文化乐趣，而不是口舌之争、眼力比拼，更不是博技斗富、阔论捭阖，而是一种品行修为、内敛的优雅。

全部大漆彩绘图案，因其广博丰厚，笔者解读不过初探性揭示，小荷刚露尖尖角，当属管见。待解谜团、悬疑还有很多，云云读者不乏慧眼方家，必有深入的析解高论，自是幸事。

笔者和朋友的大漆彩绘玉器实物图片，全部刊于下册之中。让我们怀着毕恭先人的尊崇，亘古文明的敬畏、黄河历史的深情，共同研读华夏祖先留下的这笔文化遗产，领略黄河古文明之辉煌灿烂吧。

中国民族艺术精品鉴赏投资系列丛书

ZHONG GUO MIN ZU YI SHU JING PIN JIAN SHANG TOU ZI XI LIE CONG SHU

DA QI CAI HUI YU QI

大漆彩绘玉器

岳龙山 \ 著

下 册

中国大地出版社

·北 京·

图版说明

　　全部图片依据藏品实物拍摄，无一转载。除个别器物曾在过去书籍或刊物上发表过外，绝大多数均属首次发表。

　　为便于总体把握，时间分期按夏商周、春秋战国、汉唐三个大阶段区分，如新石器时代晚期、夏或早商，则不严格区分。每个阶段大体按时代先后顺序排列，仅对每件器物的粗略时间给以注评，一则夏商周确切时间因学术不同看法尚无定论，二则以往无同类器物参照，难以精确时间认定。即便如此，大历史阶段的正确把握，并不影响文化角度的鉴赏。

　　为尽量全面展现玉表的彩绘图案，根据图案的不同，大部分器物均有正反面实照。部分圆雕因图案复杂，又给予了局部或不同角度的拍照，尽可能让读者清晰地赏阅到彩绘图案的全部。

　　器物主要尺寸标注是实际测量值。

　　对每件器物的具体点评尽量简要，为避免与上册表述内容过多重复，同时也留给读者方家进一步赏析解读与探索的空间。让我们多层次、多视角、无拘束地品读彩绘玉器的美妙，领略黄河上游亘古文明的靓丽，享受远古先人们这些巅峰之作带给我们的美感、自豪、快乐！

目 录

夏商周时期

渔猎图玉璧

体形硕大逾尺,外径 39 厘米,料质属甘肃地方玉。表面光素无纹,露玉处包浆厚泽、老道,手感滑腻。中孔对穿磨制,留有明显台阶痕,仅就玉璧而言,新石器时代晚期特征明显。

玉璧两侧满布图案,以红黑两色大漆绘制。一侧以鱼鸟纹图案为主,另一侧满幅为渔猎图,其中四人划独木舟、弯弓搭箭、手持矛枪奔跑,还有手持各形投掷器的人物,描绘了打鱼狩猎的场景。值得注意的是,人物服饰简约硬挺,推测应为兽皮制作,比腰围树叶的猿人时期已有质的进步,早于商周时期软性材料制衣,推断时间应在商周以前。全幅图案记录了原始部落先民渔猎及所用的器具、衣饰,间有树木山石的点缀,是一幅生动写实的场景画面,对我们了解先民的生活劳作具有珍贵的史料价值。

综合推断,此彩绘玉璧当属新石器时代晚期至夏代。

凤鸟双鱼纹玉璧

材质属甘肃地方玉。

璧两面以黑红两色大漆描绘双鱼和早期凤鸟纹，间有两种不同风格的双角面饰和兽面图案，开始彰显神权元素。值得寻味的是，有的鸟纹画有凤头、雉尾，有的鸟纹体形似虫蛹，是否具有原始先民生命崇拜轮回理念的体现，值得进一步探索研究，其寓意不同寻常。

玉 钺

器物高17厘米，宽13厘米，孔为两面对穿，中间有对琢台阶痕。玉表包浆厚实，手感光滑，有白色水沁。材质属甘肃地方青白玉料，时期为商代或略早。

黑红两色大漆绘饰，布局饱满，两面图案风格相近，均为云纹、兽纹与神人力士像。

兽面纹玉琮

高 23 厘米,器物为上下两端大小略有差异的立式琮体,材质属英石玉料,玉表包浆厚泽,略带微黄,手感光滑。琮体四面由两道环贯的沟状弦纹将每面分成三段。中段玉表有环状平行的阴刻兽面纹,具有良渚玉器兽面纹的特征。因阴刻纹密集表浅,加工又以大漆绘画掩盖,需仔细辨认方可看出端倪。

琮体四面每面三段以红黑两色大漆绘制不同图案,相当于 12 幅不同内容的绘画,题材异常丰富。有人挥斧砍伐树木,有动物采集果实的,有人兔竞相奔跑;带翼的独角神兽、虎、鸟、C 形龙、太阴纹;带有凤头翎尾的早期凤鸟,拟人的捣杵小兔以及人身鸡首的神幻图案。画面生动欢快,喜庆盎然,充满了想象与变幻,展现了亘古先民的审美情趣。写实与神幻变异的艺术表现,留下了推测先民内心向往与推崇的空间,耐人品味。

人物服饰已显得柔软有垂感,由软性材料编织成衣,相比原始时期的硬性兽皮衣饰明显不同。

玉琮应属夏商时期。

6

燕式玉琮

高 18 厘米，立式琮体，下端左右各出廓弧形三角尾翼，整体轮廓颇似三代战机，又似飞燕，故称"燕式玉琮"，应归属异形琮类。英石玉料，玉表有密集阴刻线良渚风格的兽面纹。包浆厚实老道，手感光滑。

琮体四周和顶部五面，均以红黑两色大漆绘制图案，有各种形态的鸟兽、猴，它们飞翔、爬卧、行走，神姿各异，大小不一。其间穿插植物枝叶藤蔓，画面饱满充实，又很得体自然，看似随意的布局，其实体现了先民的心境。谐和自然之美，值得我们细细体味。

时期推断应为夏商。

玉琮环合体器

高 18 厘米，材质为甘肃地方玉。

方形玉琮为座，上叠置宽厚玉环，有人又称为"圆形琮"，构成琮环合体，有空灵之感，应为夏商时期神器。

方形琮体四面，环形器两侧和外圆面，以红黑两色大漆满绘纹饰，绘有鸟纹、人物与枝叶花卉，其中头梳兔耳形发辫的人物手舞足蹈，自然欢快，拟人的立姿神鸟弯弓搭箭，手持长形大刀的人物下半身为鱼尾，这种挥刀人鱼的图案在其他黄河文明早期器物中不止一次出现。这种神幻的图形到底寓意了什么？表达了什么企盼与情感？有待进一步研究探讨。

环形体表面有良渚风格的阴刻线兽面纹，整器形制与图案充满了神秘感，具有深邃的想象空间。

蝉纹玉琮

高17厘米，器物下部三分之二部分体呈圆形略粗，四面浮雕玉蝉。

上三分之一部位属外方内圆标准玉琮，四面阴刻弦纹，因大漆覆盖不十分清晰。材质为甘肃地方玉，时期推断为商周。

整器四周及顶面，以红黑两色大漆满绘鸟、兽、枝叶纹，玉蝉绘有眼、翅、身，翅上绘有兽面纹，感觉更加突出醒目，蝉是古代先人尊敬的圣洁崇高之物。

三节复合玉琮

　　高 17 厘米，琮体分三节，上下两端为标准玉琮带弦纹装饰，中部为圆柱形体，外径较粗。令人费解的是，中部横贯两个斜向排列的穿孔，推测是穿系祭祀之用。料质属甘肃地方玉，琮体中孔内壁有对磨台阶痕，推断为商代前后。

　　琮体四周及顶面，以红黑两色大漆满绘纹饰，内容有人物、飞鸟、动物异兽、植物枝蔓，其中有一对相视而立的小象，一只红色为底，黑色勾勒；另一只黑色为底，红色勾勒，笔法稚拙，憨态可掬。整幅画面活力朝气，充满喜庆祥和气氛。

玉　琮

　　常见的标准立式玉琮，环体四周浅浮雕四层兽面纹饰，体高 15.5 厘米，宽 9 厘米，甘肃地方玉料，包浆厚实老到，夏商时期。

　　整器四周与顶部，以红黑两色大漆满绘图案，内容极为丰富。人物有搭弓欲射、挥舞标枪、腰围树叶、双臂高举的欢呼雀跃，急速奔跑追赶猎物的神态。人物周围满是兔、猴、小鹿及带翼神兽，其间还有雀形、鹤形、燕形、凤形各种禽鸟，间插枝蔓花卉，画面饱满，情趣盎然。品读琢磨，显现出亘古先民的自然谐和、天人合一理念。

玉剑

剑为铲形形制，顶部出尖，中部厚边缘薄，称其剑形器较妥。高47厘米，宽8厘米，料质属甘肃地方杂玉，质色灰黑，透度较差，露玉处包浆厚实，推断为夏商时期。

剑体两面红黑两色大漆纹饰，红色为主，黑边勾勒，纹饰约分五层。一面为左右对称的兽面，繁简不一，中部图案主题似相视对称的蛇形龙，合体整观又似立式神人像，不同视角部位可做不同解读，颇显神幻怪异。

另一面图案上下两端为龙头凤首纹，中间三幅手持长杆双戈兵器的神人武士立像，双角与夸张的大耳，是发辫装束还是头冠样式难以确定。服饰怪异，有的似带有羽毛穗尾的战服，有的似盔甲战袍，还有的胡须左右两束粗壮夸张，手臂两侧屈伸，双腿叉开站立，威武雄壮。这种装束形态的武士像极少见，只是在湖北楚国墓的漆棺上有雷同画像，但细节描绘精致了许多，此剑漆绘图像相对要简约粗犷。同等风格的画像出现了甘肃、湖北两地，距离约千里，时间跨度先后也达几百年，二者的关联尚待进一步研究。

玉立刀

高 47.5 厘米，宽 8 厘米，柄处呈圆璧形，头部半圆弧形，中部厚，两侧顶部边缘薄，立刀形制。甘肃地方灰色杂玉料，包浆厚实，夏商时期。

以红黑两色大漆绘制正反两面，有多层图案，一面有兽面和龙凤纹饰，突出描绘了六只近似鸵鸟形态的巨鸟，似乎雌雄有别，长颈、健腿、凤头、大尾、体形硕大、雄健有力。

刀身另一面柄头两端各绘凤鸟与兽面纹，中间部位是三幅持长杆戈头兵器的武士立像，与神人武士纹玉剑基本相同。

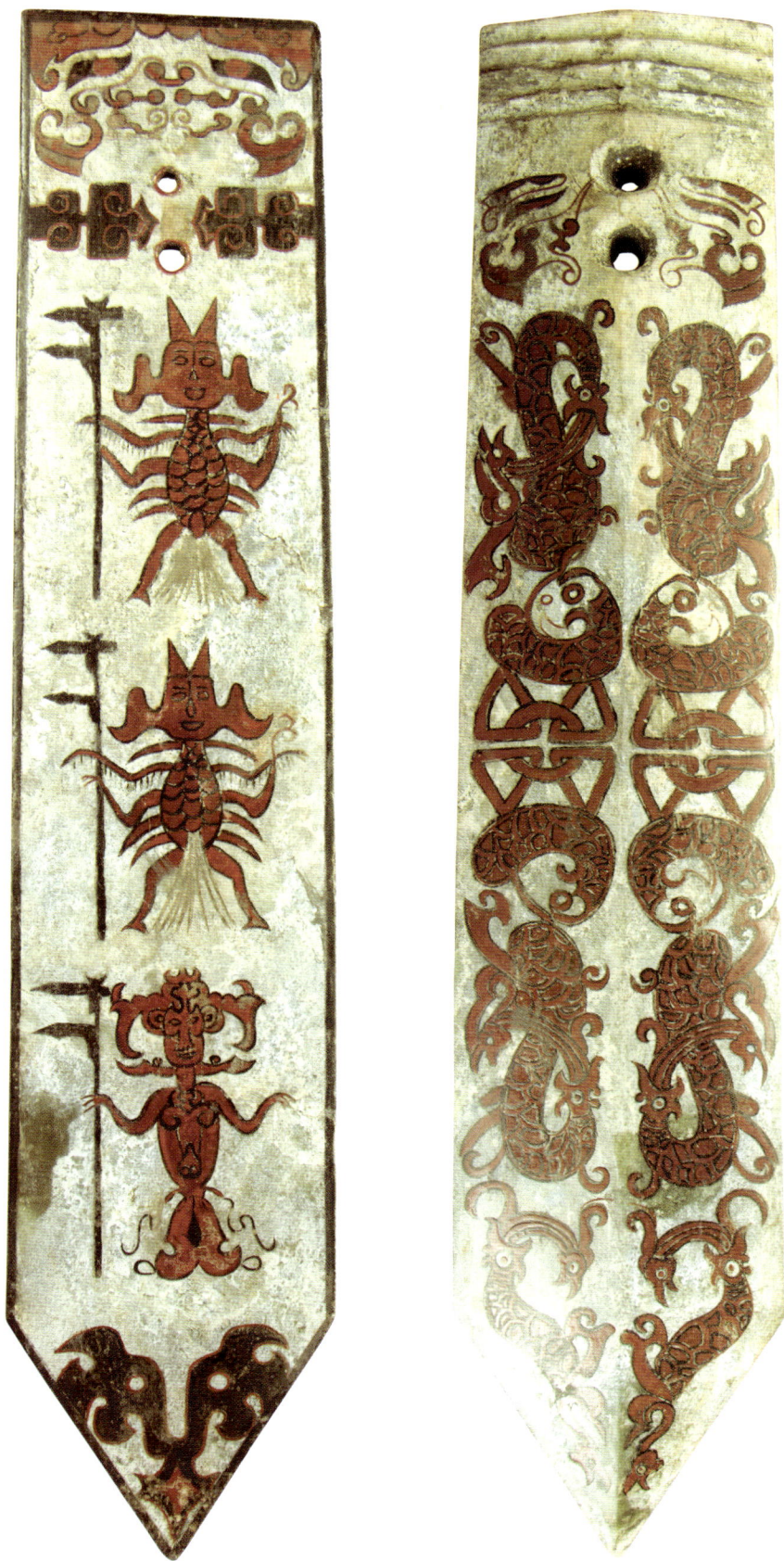

玉圭

高 39.8 厘米，宽 8 厘米，因体形较短且宽，一面中部有脊，另一面完全素平，称圭较为合适。

甘肃地方灰色杂玉料，包浆厚实，夏商时期。

正反两面以红黑两色大漆绘制不同图案。正面图案颇为怪诞，柄端饰对称鸟首纹饰，头部则是兽身双头凤鸟。中部主图是 S 形状蛇身，一端为双凤头，另一端似蛇形头，整体直观又似蛇身人面像。不同部位组合可有不同理解，是一种怪异的合体图像，有何寓意令人十分费解，推测应为一种神幻图腾。反面柄部兽面纹，头端鸟首纹，中部三幅是持长杆双戈兵器的武士立像。

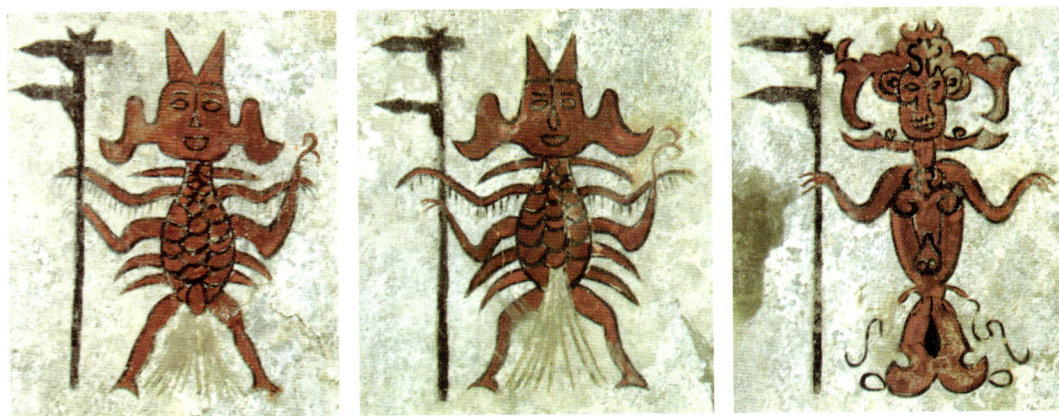

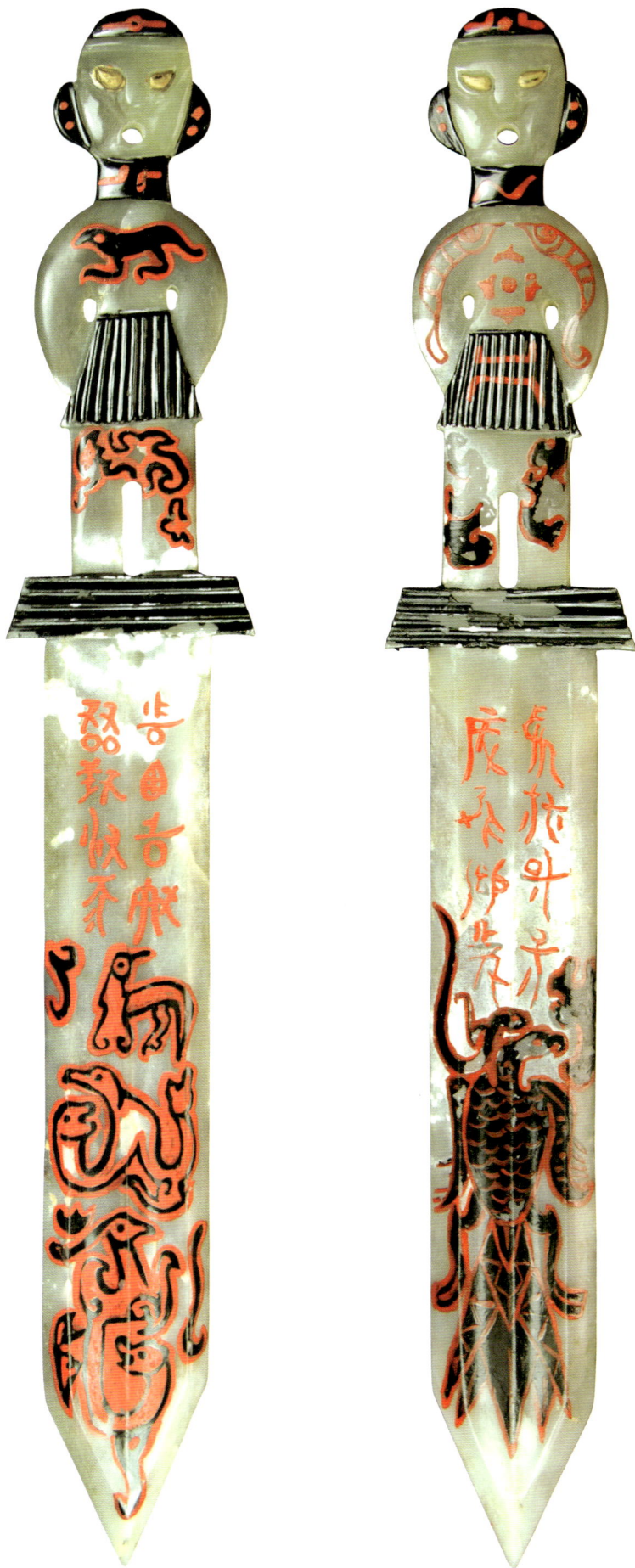

人形柄玉剑

立人形剑柄，梯形剑格，剑身沿中线棱脊两边凹槽，两侧有刃，顶部尖锐。剑高38.5厘米，宽5.8厘米，材质属和田青白玉。色浆厚实润泽，手感光滑，夏商时期。整器正反面以黑红两色大漆绘制图案，一面绘有兽禽，另一面绘有鹰与云纹，两面各以红漆书写八个字符，据字体结构来看略早于甲骨文，确切解读尚需研究。

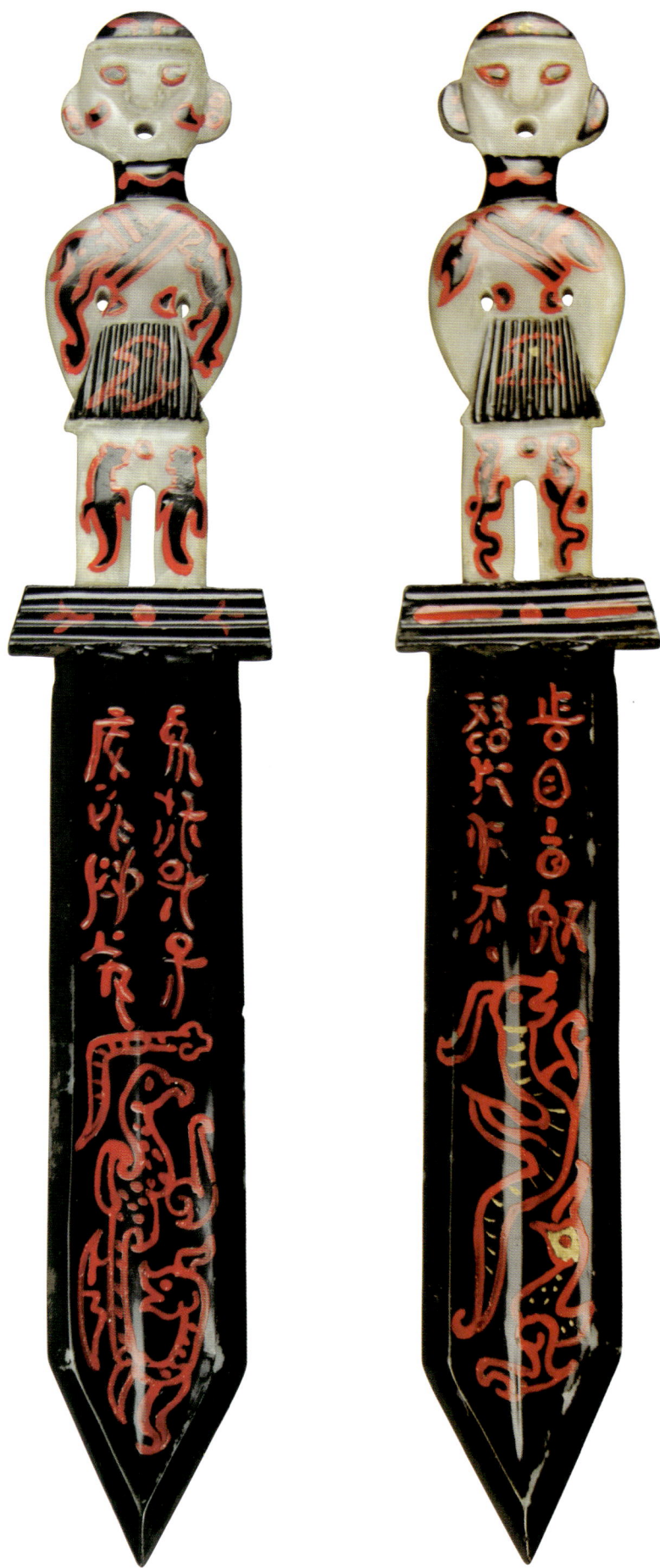

人形柄玉剑

器形与上图人形柄玉剑基本相同，只是尺寸略小，高 34.8 厘米，宽 5 厘米，新疆青白玉料，包浆老道，商代或略早。

剑身两面黑漆底色，红漆线绘纹饰，两面各饰八个字符，图案为龙凤合体纹。

玉剑

勾云纹兽形柄，剑身中线陵脊，两侧渐薄，横断剖面呈菱形，头部出尖。玉剑高 34 厘米，宽 5.5 厘米，厚 0.8 厘米，材质属新疆青白玉料，包浆厚泽，手感滑润，时期为商代或略早。

正反两侧满身黑色大漆涂底，红色大漆绘画线描图案，由上至下一面为勾云纹饰，凤鸟首，高冠立人，双臂弯折朝上，双腿左右分开屈立，双足各踏太阳月亮，最下为勾云纹饰，神人立像占约一半画幅，十分醒目。另一面为四字符，高冠大耳，身穿鱼鳞甲胄，双臂垂下向内空抱，双腿左右分开屈立，最下为鸟纹，类似神人武士像。

耐人寻味的是，足踏日月的神人像与我国南方出土战国青铜器上的浮雕图案基本相同。铜器上的神像，其服饰及双手持物的刻画比玉器神人画像更加细腻，从画法推断时间要晚。两者玉铜各异，图案近似，且一北一南相距约千里，一早一晚相差约千年，绝不会毫无关联，其文化、艺术层面的影响传承，尚待研究。

兽首柄玉剑

　　剑身通体浅浮雕，柄为虎首，"臣"字眼，身有鸟羽纹饰，剑尖为锚形。高 40.7 厘米，宽 7 厘米，新疆青白玉质，包浆厚实，沉稳，手感光滑，推断为商周时期。

　　正反面以红、黑两色大漆绘饰，除虎首外各分四层，每层都以黑漆为底，红漆线画图案，自上而下一面是鸟纹、人面、鸟纹及鱼兽纹；另一面是鸟纹、幼鸟、人面及蛇鸟纹。

　　整器雕饰与绘画形制新颖，高贵雅致。

人面柄玉剑

剑柄浅浮雕人首，平顶帽冠，五官清晰，面部表情威严。剑身素面，中轴线凸脊，两侧渐薄，剑头为锚形。高40.7厘米，宽7厘米，材质属和田青白玉料，包浆厚实滑润，推测为商代或略早。

以红黑两色大漆绘饰，头冠、面、眉宇、印堂、脸腮、双耳，大漆勾画，剑身两面均以黑漆为底色覆盖，红漆实线绘纹。一面有八个字符，神人立像，神兽；另一面有八个字符，左右饰对称龙凤合体纹与凤鸟纹饰。

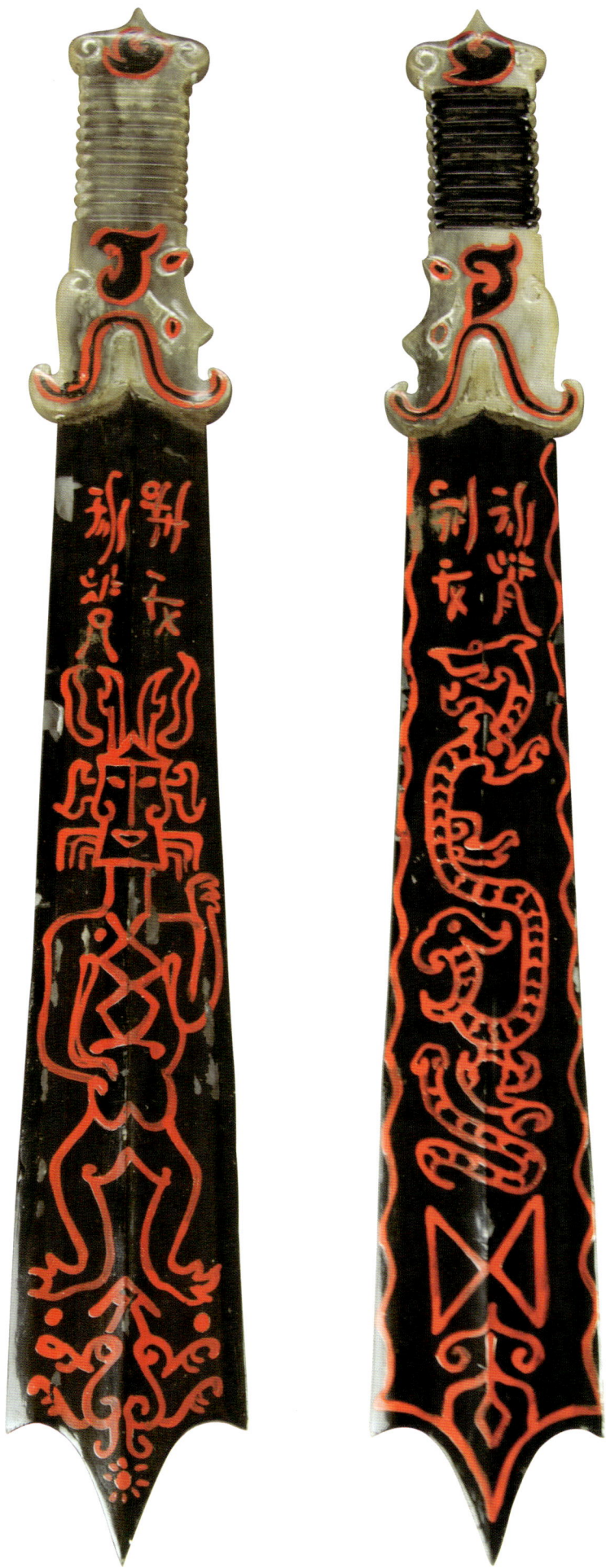

三尖两刃剑

剑柄浅浮雕灵芝如意云纹、弦纹与兽面纹。剑身靠柄处窄，至头部渐宽，中轴线凸脊，两侧渐薄有刃，剑顶"山"字头三尖。高 44.4 厘米，宽 5.8 厘米，材质属新疆青白玉料，包浆厚实滑润。

剑身两面黑色大漆覆底，上面红色大漆线绘纹饰，两面都饰有四字符，图案一面有龙凤合体，另一面有神人立像。值得注意的是，立像双足之下是蛙形图案，再下方绘有太阳图像。地位如此显赫之神，推测应为尊天神之列。

马首柄玉刀

柄为带颈马首，三角形鬃冠，椭圆形眼，此形状眼在商早期玉雕中常有出现。脖颈有阴刻线菱形纹，柄身处剑格倾斜约 45 度，琢有横向瓦沟纹。身平直，头部弯月，呈刀的形态。刀中轴线凸脊，两侧渐薄，整体器型含有西域风味。长 43 厘米，材质属新疆青白玉料，包浆厚实滑润，时期为夏末商初。

红黑漆绘饰，柄部为鸟纹，刀身全部以黑漆为底，红漆线绘图案。一面自上至下为蛙形图案，四字符，蛇形龙纹与龙凤合体图案；另一面为蛙形图纹，四字符，神人立像，足下部是龙凤图案。

^{14}C 记年检测的采样漆膜，即从此马首玉刀五点刮取，实测结果为距今 3410 年。

马首柄玉刀

形制、材质、大小与上图同。

刀身红漆图案有所不同，一面为四字符，异兽，龙凤图案；另一面为四字符，左右对称鸟纹，束发大耳神人立像，下身双腿为左右对称双龙，腿间空隙有太阳图案。最下部为龙凤合体，刀尖部盾形图案在夏商玉件中常有出现。

三羊首柄玉刀

刀柄是略带弧度的伸颈羊首，柄身剑格两侧为羊首，身为上窄下宽的弯月形大刀。高40.5厘米，宽6.7厘米，厚0.6厘米，材质属新疆和田白玉。包浆老道，润泽光滑，时期为商代或略早。

黑红两色大漆绘饰，一面柄部长S形蛇身龙，刀身根部盾形图案、眼纹，又似面纹，刀身贯满蠕动蛇形龙，头部双眼长须，身鳞节，云纹状尾，形体怪异。身两侧各有四字符，刀刃沿边有水波连珠纹饰。另一面柄部是长蛇形纹丝双龙，刀身局部绘有灵芝纹，主体画面是蛇形曲体龙纹，螭龙形头，兽足，鱼形尾，刀尖部有太阳纹，龙身两侧各分布四个字符。

整器造型与绘画鲜活动感，涵盖寓意丰富，充满神幻色彩。

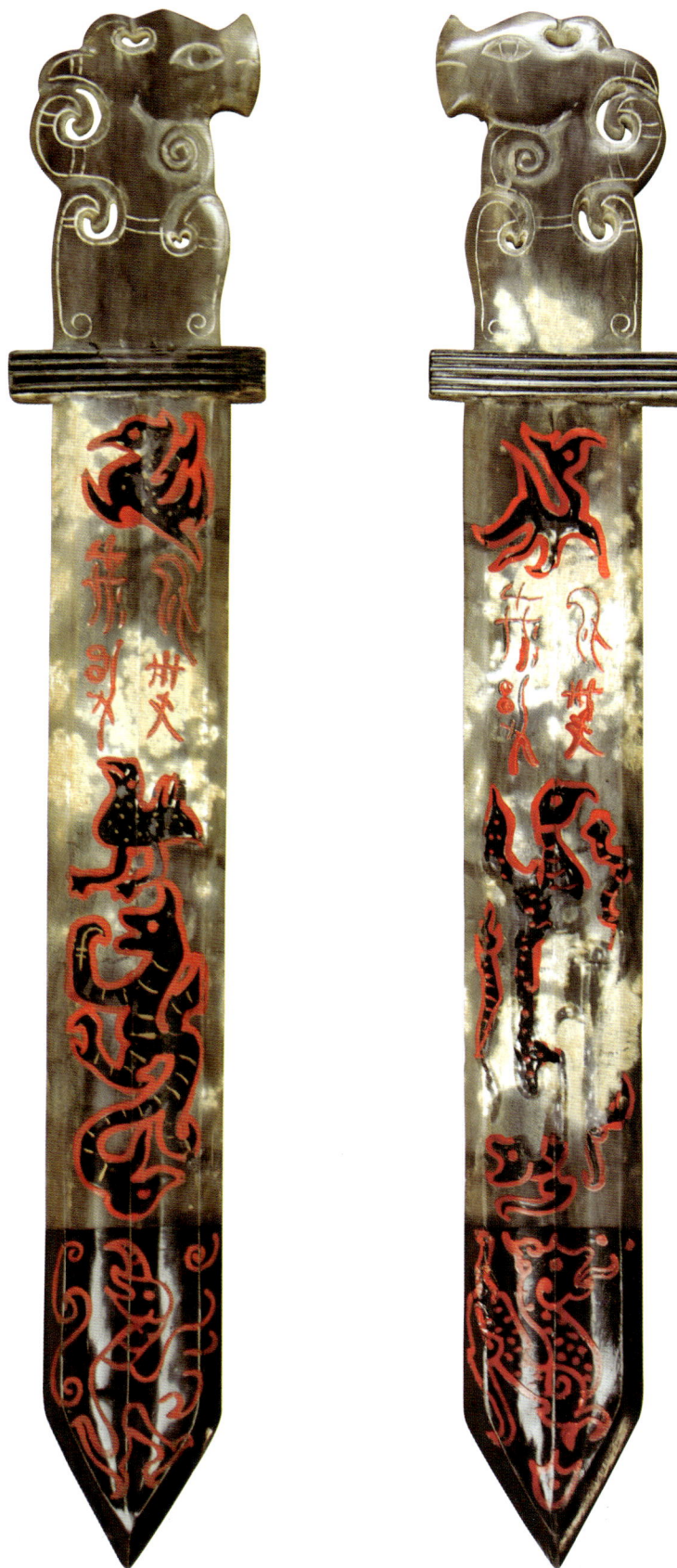

玉兽柄剑

立兽形剑柄，横向阴刻纹格挡，剑身中轴
线凸脊。两边为弧形凹槽，身外两侧出刃，剑
尖锐呈三角形。

高 41 厘米，宽 6.5 厘米，厚 0.8 厘米，材
质属甘肃地方青白玉料，包浆老道，手感滑润。

刀身两侧以红黑大漆绘饰，不同形态的鸟
兽、凤、龙纹，形态优美，大部分图案以红漆
勾勒，黑漆填涂。

双羊首柄玉剑

双羊首剑柄，带横向沟纹"人"字形剑格，剑身中轴线凸脊，两旁凹槽，两侧边缘有刃，弧状矛形剑尖。高44厘米，宽4.5厘米，厚0.6厘米，材质属新疆青白玉质，有水沁，包浆润泽，应为商前后器物。

剑两面以红黑两色大漆绘饰，一面红漆书写四字符，柄部幼龙纹，身部凤鸟与云纹；另一面柄部鸟纹，身部红漆书写四字符，幼鸟、神人、合体蛇头鸟尾图案，画面灵动神幻。

玉　剑

　　带有横向凹沟状弦纹的长方形剑柄，浮雕兽面剑格，剑身中轴线凸脊，两侧渐薄边缘有刃，弧状茅形剑尖。高 43 厘米，宽 4.5 厘米，厚 0.6 厘米，材质属和田白玉，色显微黄，色浆厚泽，手感润滑，推断时期为商至周。

　　柄部底色黑漆，红漆线画鸟兽纹，剑格兽面"臣"字眼施涂黑漆，视觉更加醒目。剑身黑漆底色，红漆线绘纹饰，一面为鸟、蛇合体早期龙凤图案，另一面为鸟、神人、龙凤合体图案。绘饰饱满，形态怪异。

玉 圭

顶部呈锐三角形，上略宽，下略窄，正面下部有二层三道弦纹和穿孔，上至下中间厚两侧略薄呈弧面，边缘圆润无刃，圭高 42 厘米，宽 7 厘米，推测为西周前后。料质属甘肃地方杂玉，青灰色，有白色水沁，色浆老道，手感滑润。

正面满布剪纸样纹饰，红色大漆为主，黑色大漆细线勾边。共分三层，上层主图案约占圭板五分之四，有兽面纹、大小异兽及卷云图案，圭板下端约五分之一有二层简约兽面纹。纹饰排列紧凑，动感十足，雄壮威武。

背面图案沿圭形外周留边，中部长条图饰以黑漆为底，红漆绘三条兽龙图案。兽首，S 形蛇身，卷尾，形体古拙酣稚。

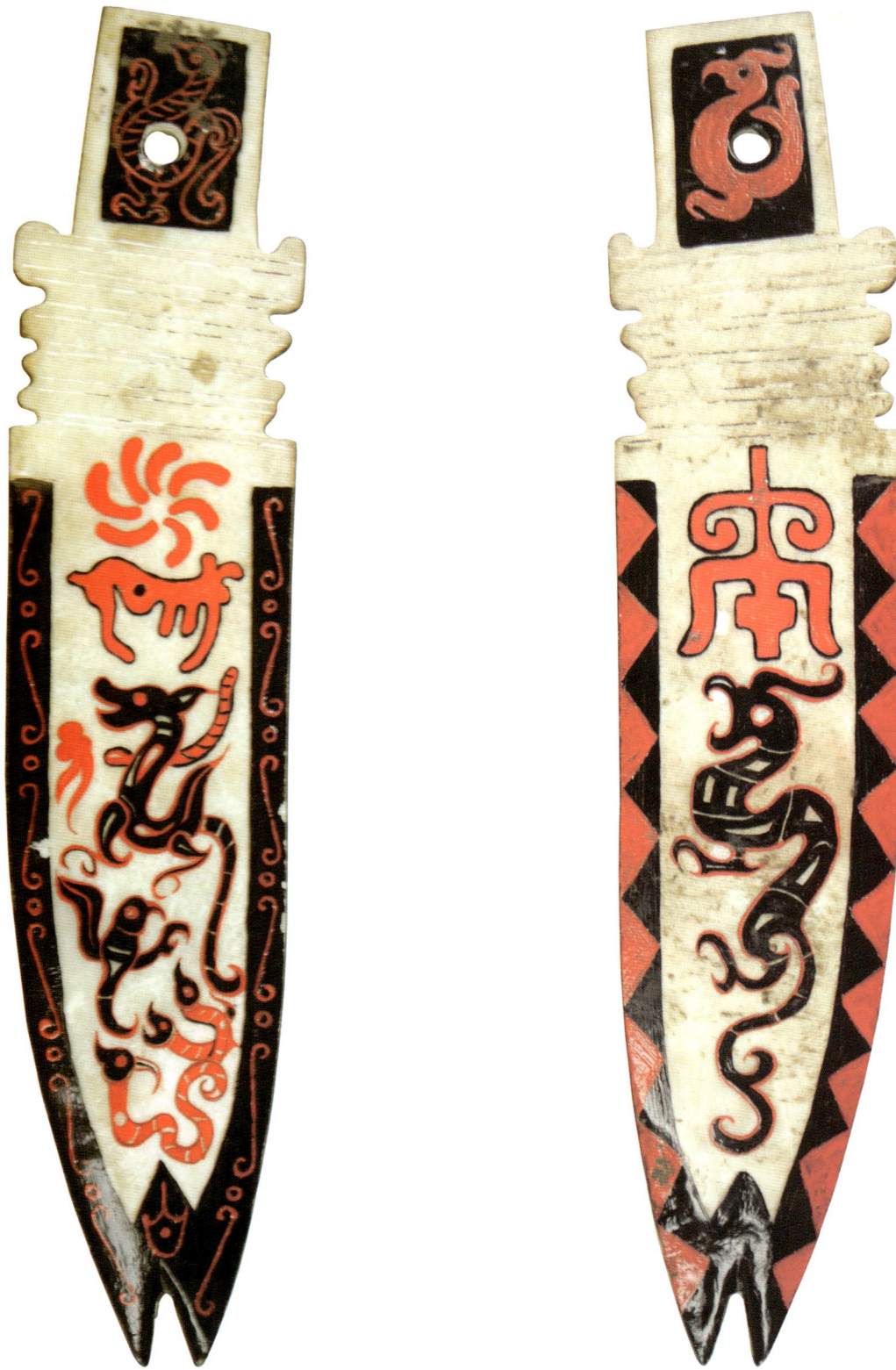

玉 匕

　　整器可谓匕首形态，因尖部三角凹进也可称为"戚"。长方手柄，剑格部两侧生扉牙，匕身中厚边薄，端部弧形头出双尖。材质属英石类玉料，包浆老道，手感滑润。匕高 29 厘米，宽 6 厘米，厚 0.6 厘米，时期为商至周。

　　黑红两色大漆绘饰，一面柄部黑漆底，红漆线绘鸟纹，匕身沿边缘为带状黑漆底色，红漆连贯 S 纹饰。中间主图为太阳纹、龙凤纹、火焰云纹；另一面柄部为黑漆底，红色平涂凤鸟纹，匕身沿边缘红黑对错三角锯齿纹，中部主图为兽形龙，神态灵动。

玉 匕

　　匕形整体略带弯曲弧度，柄部长方微斜，剑格部两侧扉牙，身为短刀形，头部双尖三角戚形缺口。高 34 厘米，宽 6 厘米，厚 0.8 厘米，沿中轴线略厚，边缘渐薄。材质属英石玉料，包浆润泽，手感光滑，时期为商至周。

　　两面图案沿器身边缘光素留白，柄、格、身三层图案，黑漆底，红漆线描纹饰。一面绘有神人，兽形龙，合体龙凤及单体龙凤；另一面绘有合体龙凤，鳖形图案，C 形龙，凤鸟及火焰纹。

　　值得注意的是，这类 C 形龙的形态风格在商周玉雕中时常出现。

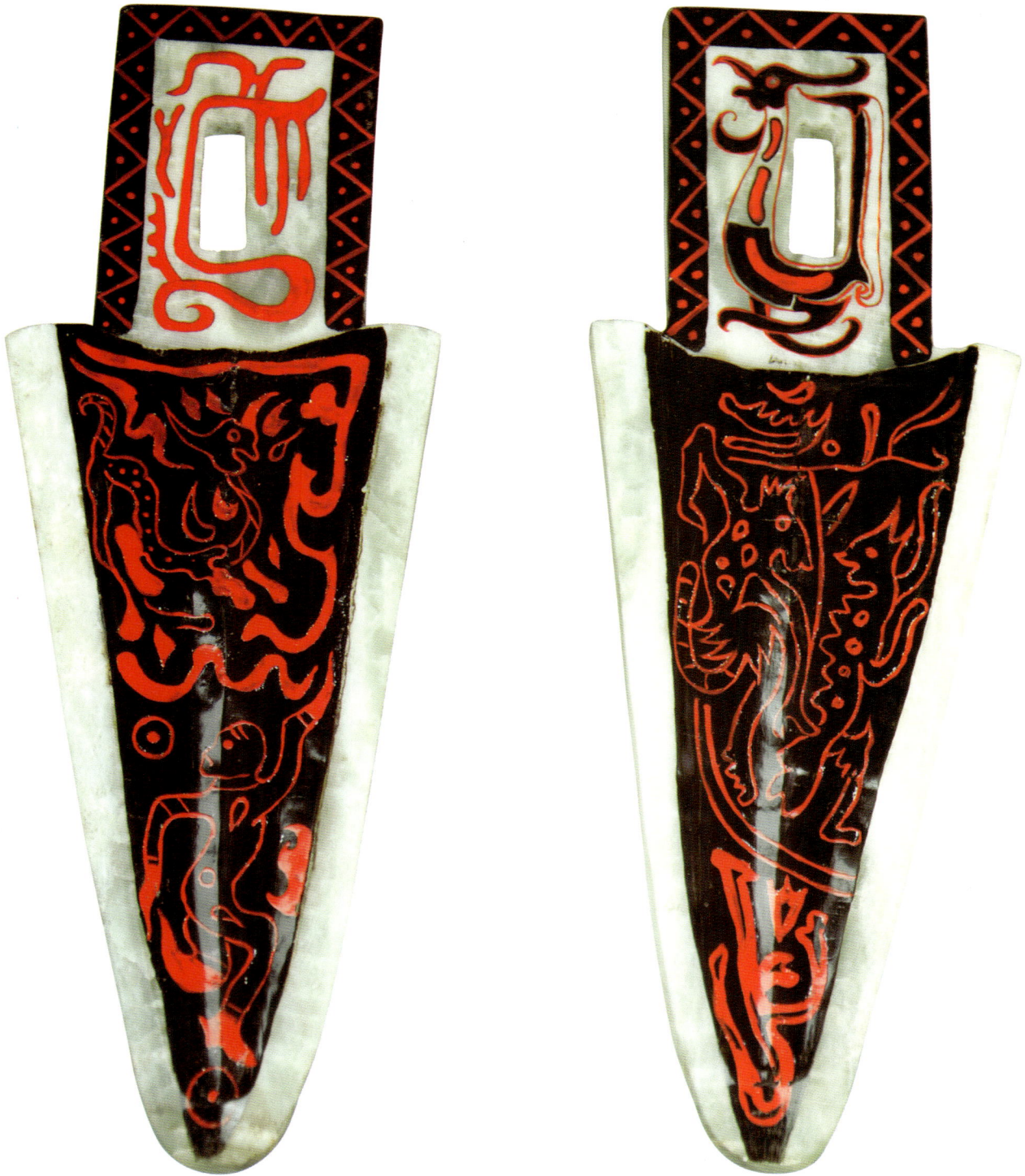

玉 矛

　　长方形柄，三角矛形身，亦可谓矛形匕首。柄中部有矩形孔，身沿中轴线凸脊，两侧渐薄，边缘有刃，小圆形矛尖。体高24厘米，宽8厘米，厚1.8厘米。材质属甘肃地方青白玉料，包浆厚实，手感润滑，时期大约为商代。

　　黑红两色大漆绘饰，柄部沿边缘为黑漆底色条带，上绘红漆三角锯齿波浪线条纹，一面绘抽象兽纹，另一面绘凤鸟纹。矛身边缘带状留白，黑漆底色，红漆绘画。一面绘有神兽、舞人；另一面绘有双兽、抽象舞人图案。凤鸟形态典雅高贵，神兽舞人动感飘逸。

玉 匕

　　略带束腰长方柄，梭形匕身中轴线凸脊，两侧渐薄有刃，头部出尖，整器呈匕首形。高 24.5 厘米，宽 5.5 厘米，材质属甘肃青白地方玉料，有水沁，包浆老道，手感光滑，时期约为商代。

　　柄部沿边缘四周带状留白露玉，中矩形框黑漆覆底，红漆线绘迈步前行神人图案，其中一人足踏太阳火焰纹饰，应为天神图腾。匕身沿边缘为黑漆底色条带，红漆线绘叉纹。中部主图有神兽、合体龙凤、凤鸟，另一面沿边缘为黑漆条带，上绘红漆三角波浪线纹。中部主图为鸟纹及火焰纹图案。整器绘画古拙优美，内容神幻。

玉 匕

矩形柄，梭形身，身中轴线凸脊，两侧渐薄，头部出尖。高 24.5 厘米，宽 5.5 厘米。材质属甘肃地方白色玉料，有水沁，包浆润泽，手感光滑，时期大约为商代。

柄部边缘带状留白露玉，中部矩形黑漆覆底，红漆绘饰龙与火焰，绘有人身蛇尾神像。匕身一面沿边缘黑漆条带，红漆三角波浪线纹，中部主图为神兽、云纹、天鹅；另一面沿边缘黑漆条带，红漆长 S 纹，中部主图为凤鸟云纹。

尤其令人瞩目的是，凤姿舞态出神入化：摇曳双翼，上甩翎尾，挺身侧首，轻盈举步，犹如芭蕾舞步，极为高贵典雅，颇具贵族气质，美感韵味令人惊叹。

梯形七孔玉刀

　　玉刀背短刃长呈梯形，左右两侧出戟耳，背下方横向七孔。体长32厘米，高10厘米，材质属新疆山料白玉，包浆润泽，手感光滑，为商周时期器物。

　　两面黑色大漆覆底，红色大漆绘饰。一面中部绘牛神兽面，刃部绘龙凤，双耳绘S纹；另一面中部绘一龙双凤，刃部绘排列鸟纹。两面各以黄色大漆绘出六尊踞座人像，桥形高冠帽加特大耳饰，颇有西域少数民族风格。

立式玉刀

上窄下宽、刃部倾斜的立刀形，材质属甘肃地方青白玉料，有水沁，包浆厚重，手感光滑。体高30厘米，宽7厘米，厚0.6厘米，时期为商代或略早。

刀两面三边留白露玉，中部覆盖黑色大漆。一面以红漆绘画各种神兽、凤鸟、云纹；另一面红漆绘画凤鸟、神人、神兽、火云纹。引人瞩目的是人身兽首，是骑驭虎兽、扬臂挥剑的图案，怪异费解，其寓意尚需探讨。

人首玉雕座像

　　圆雕人首座像，方盘底座，上置头像，高鼻梁，倒三角形大眼，阔口，扇风耳，头顶绳纹帽圈，神态肃穆威武。材质属甘肃地方青玉料，体高 25 厘米，宽 19 厘米，时期推断为夏代或商早期。

　　头、座四周及顶面绘满纹饰，黑漆绘画，红漆勾边，羽纹、卷云纹为主，间杂简易龙凤纹，艺术特征完全属于华夏文化，画风灵动鲜活，彰显华丽高贵。如此雕琢精湛、形神力道、图案华美的头像，当属部落酋长或重要头领。

　　头像整体颇具古希腊雕塑风格，五官形态有欧罗巴人种特征，外来文化元素浓郁，极具西域风情，是中西文化交融在黄河上游早期文明中的重要佐证，对三星堆文化玉铜像风格的来源亦有重要意义，值得进一步研究探讨。

人首玉雕座像

　　与上件器物基本相同，只是细节略有差异。如体高多1厘米，凸起三角形眼中有棱脊，更显威严。两座头像应成对并有男女之分。

　　黑、红漆绘纹饰同样风格的羽纹、卷云纹、鸟纹与头顶上的异兽图案，独立完整占幅较大，更加突出。

玉神人立像

圆雕人物，直身挺胸站立于方座之上，高52厘米，宽14厘米。身着筒形长袍，足登尖头长靴，双臂一前一后，头冠两侧出角，倒三角形眼，宽鼻阔口，扇风大耳，是西域种族面相。端肩，无脖颈，为早期人物特征。材质属甘肃地方青玉料质，露玉处包浆老道，属商周时期。

全身大部表面黑漆底色，红漆绘画，黄漆勾边，密布鸟、兽、龙凤、鹿等动物纹饰。人物神态威严，当属巫师神人类雕像。

玉神人立像

圆雕人物，大小风格与上件器物类似。细节不同处是左臂不在身后，而是朝前曲臂抬手，绳纹发箍帽冠。漆绘纹饰为不同形态的凤鸟、神兽、面纹、云纹等。

玉神人立像

圆雕人物，大小风格与前两件器物相似，细节
不同之处在于双臂均朝前，右手抚于腹部，左手曲
臂抬至胸前，是传经布道还是神巫作法任凭猜想。

大漆绘饰同类风格的鸟纹、神兽。在后背及两
侧、前身下部袍服两边，竖排浅浮雕数枚字符。因
有大漆覆盖不易辨认，如何解读有待进一步研究。

踞坐捧玦玉人

踞坐玉人，上身挺直，双臂前曲手捧大玉玦，倒三角形眼，宽鼻大口，头戴绳纹圆帽，西域风格浓郁。体高 32 厘米，宽 11 厘米，甘肃地方青白玉料，包浆厚泽，手感光滑，为商周时期器物。

除面部五官外，周身以红黑大漆绘满纹饰，绘有虎、鸟、鹿、鸭、云纹、羽纹、卷草纹等，排列密布，杂而有序，各种动物形象似像非像，古拙质朴。人物正襟端坐，表情威严，背有羽纹双翼，寓意羽人即神人，推测非祭奠进贡，便属巫师神人捧玦施法。

跽坐捧璧玉人

形态、大小、材质、风格与上件器物基本相同。

不同之处在于手捧之物为大玉璧，周身红黑漆绘纹饰，除龙凤兽鸟、羽纹、卷云纹外，前胸部有人面纹，帽顶有火焰纹。

跽坐捧琚形璧玉人

形态、大小、材质、风格与上件器物基本相同。

不同之处在于手捧之物为琚形大璧。琚者外方，边缘中间有缺口，但中部又略厚成圆璧。虽外方内圆，但较薄不宜称琮，故称之为琚形璧，具有礼天地之寓意。另一不同的是帽冠为燕形船帽，有西域民族特点。体高 35 厘米（因帽冠形态比其他同类略高了 3 厘米）。

周身黑、红两色漆绘兽、鸟、鱼及羽纹、云纹，同为作法神人。

跽坐捧圭玉人

　　形态、大小、材质、风格与上件器物基本相同，不同之处在于手捧之物为大玉圭。

　　周身红、黑漆绘纹饰，绘有多种形态鸟、兽、人面、勾云及羽纹。纹饰流动飘逸，动感鲜活，同为作法神人。

玉胡人武士立像

　　圆雕立人武士，贴身服饰，右手握剑，左手持盾牌，抬头瞪眼警视，头冠较高，形似孔明帽。双腿微屈，前后叉开，足蹬高筒靴，鞋尖上翘，一副备战形态。西域少数民族人物，推测是斯基泰人。体高 38 厘米，甘肃地方青玉料，器表腐蚀较重，土蚀紧密牢固，包浆厚重，为商晚期至西周器物。

　　漆绘色彩较丰富，黄色为主，另有朱红、绿色、黑色。纹饰有兽面、网纹、三角和矩形回纹、勾连纹等。整器造型准确，比例适宜，立放平稳，表情传神。雕琢艺术水平已达相当高度，是一尊宝贵的古西域武士写实造像。

玉胡人劳作立像

通过器物的人物大小、服饰靴帽、漆绘色彩、所用玉料、古旧特征，推测大约为商晚期至西周。

斯基泰人属草原游牧部落，又以开采金矿著称。这尊雕像手握矿锤，身背小篓，一副采矿形象，与近代野外探采矿石极为相似，雕像蕴含的历史文化价值弥足珍贵。

玉胡人武士立像

圆雕武士，挺胸昂首，腿微屈迈步。右手持盾牌，左手握宝剑，身着贴身衣裤，足蹬翘头高筒靴，头戴鹏首形头盔。瞠目凝神，高鼻梁阔鼻翼，大口，浓重络腮胡，有欧罗巴人种特征，头盔亦有古希腊武士情调，西域风情浓郁。体高37厘米，材质属新疆青白玉料，包浆厚泽，大约为商晚至西周时期。

除面部五官外，周身满绘纹饰，黑漆底色，红漆绘画，黄色勾边，有兽面、鸟纹、勾云及回纹，纹饰粗狂有力，雕像威猛雄壮。

51

玉胡人力士塑像

　　圆雕人物塑像，右腿单膝跪地，足蹬翘头短靴，上身挺直，右臂朝前弯曲，左臂甩后，昂首，身着贴身短衣，头顶圆箍形帽，姿态似起跑的准备，又像角斗士决斗前的行礼，或有其他解读可任凭猜想。倒三角形眼，高大鼻梁，阔口，有欧罗巴人种特征，西域风味浓郁。整尊塑像坐落于长方形玉板之上，高48厘米，或为一件利于摆放的雕塑作品。玉质属甘肃地方玉料，玉表包浆厚泽，手感润滑，因沁色显微棕黄，时期为商晚期至西周。

　　器物周身浅浮雕双线大勾云纹，人头独立圆雕插置于胸腔上，可拿下或随意转动。红黑两色大漆，全身勾云纹之间的地子满绘纹饰，各种形态的鸟、兔、兽纹。顶帽圆箍红漆底，黑漆鸟纹，帽顶黑漆底，红漆凤鸟。人头面雕五官无漆，后脑漆绘眉眼五官，下部绘小形人面。

　　整器工艺精湛，造型准确，体态健美，雄壮威武。

玉神人头像

　　方形底座上圆雕人头像，倒三角形眼，阔鼻，大耳，头戴圆
形高围边小帽，西域少数民族风味浓厚。高 14.5 厘米，宽 9 厘米。
材质属白色英石玉料，玉表包浆厚实，手感润滑。

　　黑红两色大漆绘画凤鸟、三角、菱形、勾云等纹饰。做工精湛，色
彩艳丽，当属神人像类。

玉女神立像

圆雕人物立像，高23厘米，宽10厘米。材质属甘肃地方白玉料，有包浆，因漆绘无法盘玩，生坑特征明显，时期大约为商至西周。

立人身着窄袖束身长袍，头戴绳纹圆箍小帽。双臂左右展开"L"形弯曲向上，手握圆形管状器朝向前方，器圆周绘太阳纹。月形双目，大耳，宽鼻小口。人物造型颇有伊斯兰女人韵味。

红黑两色大漆绘画各种形态的鸟、鹿、虎、独角兽及枝叶纹饰。画面充实饱满，生机盎然。满身绘有鸟与神兽的图案，加之双手举示太阳光芒，昭示带给人们光明。阳光是万物生机之本，雕像寓意带来这一切的是女神。

玉女神像立像

　　立像大小、材质、形态与上件器物相同，应属一对。只是漆绘内容有所不同，除鸟兽枝叶外还有蜂形图案，绘画风格与表现手法一致。

玉女神立像

圆雕人物立像，高 23.5 厘米，宽 10.5 厘米。材质属英石类，包浆厚实，手感滑润，因沁所致大部呈微黄色。

人物形态、服饰与上件器物基本雷同，不同的是双手所持圆形器涂黑，内圆孔边画一红圈。若将红黑两色喻义轮回，推测似巫师作法，故亦称女神人。在远古时期，神与巫具有相同含意。

身上红、黑两色大漆绘画云纹、神兽、凤鸟及火焰纹。从绘画风格上看，时期应比上件器物略晚，应属西周或西周晚期。

玉 鬲

鬲，三袋足，束腰，撇口，足袋肥大，身浮雕兽面与勾云纹。黑漆罩底，绿、棕红、金黄描绘兽面五官与足腿。整器外形圆润敦实，漆膜包浆沉稳老到，柔光内敛。高25厘米，材质属甘肃地方青白玉料，器物大约为西周或稍晚。

象耳玉鬲

　　鬲，三袋足，是浮雕兽面纹，利爪，体略粗，两侧象头耳，带顶盖，体高26厘米。材质属甘肃地方青白玉料，土蚀较重且牢固，包浆老道，时期为商至西周。

　　整器周身栗色大漆涂底，以土红、绿色、金黄勾画兽面、爪及象首，体圆周外壁绘有连续团形滚动波浪纹饰，有动感，遗留有彩陶纹饰风韵。

玉 鬲

鬲形器，三袋足，束腰，撇口，口沿两侧桥形立耳。体高36厘米，材质属英石类玉料，包浆老道温润，时期为夏至商代。

除袋足底部一段裸露外，其余周身以红、黑、蓝、金黄色大漆绘画，金黄色勾边点缀，颇有动感，遗留有彩陶纹饰韵味。口沿下外壁周圈，波浪间绘羽云纹饰典。

足兽面红色平涂，金黄勾勒。上体红、蓝交叉团带状波浪纹，

整器艳丽华贵，图案极富流动感。无论器形与纹饰，都饱含彩陶文化时期的艺术元素。

玉神人立像

　　方形底座人物立像，高 52 厘米，宽 20 厘米，厚 10 厘米。倒三角形眼，阔鼻，大口，扇风大耳，双臂抬起弯曲朝前，右下左上。巨大双手握成中空环状，大手极为夸张。赤足，头戴六边通天高帽，身着袍服，前襟略短。材质属甘肃地方杂玉料，器表土蚀较重且巴贴牢固，包浆老到沉稳，色泽厚重，时期为商晚期至西周。

　　漆绘色彩丰富，黑、红、黄、蓝、白均有。袍服前襟左半身与下摆满列蝉纹，蝉纹具有商代玉雕蝉形韵味。前襟右侧画一单膝跪地左手托举器物姿态的斯基泰人，像似呈奉或进贡什么器物，西域少数民族特征显著。人物后背有铭文："子子孙孙永宝用"，与青铜器常出现的铭文相同，底座前面阴刻线一字。

　　整体造型神态与三星堆文化巨形铜人雷同，夸张手握空圈喻义什么，各种说法没有定论。有说握的琮或管制器，也有说是为了插放象牙或其他法器，空拳所握之物丢失难以确认。无论何种猜解，但从此玉造像看，手握巨型空拳本无他物。仅身姿与空拳气势已非同小可，推测还是喻义权势、地位、神力，属神人作法或震妖驱邪较妥。

玉神人立像

造型、服饰、色彩、大小与上件器物相同。

不同点是右手朝前上方倾斜，左手朝前下方倾斜，与上图相反。袍服前襟绘画单腿跪地人物，头戴小帽是尖顶，上图人物小帽是圆顶，两图似有男女之别。

玉玡璋

玡璋，高 41 厘米，宽 9 厘米，材质属和田青白玉，有白色水沁，玉表包浆厚实沉稳，手感光滑，时期大约为西周。璋正反双面红黑两色大漆绘画，图案相同。由上至下，柄部为 C 形龙，璋身绘鹏鸟、凤鸟、仙人乘龙腾飞云间。图案排列密实饱满，纹饰流畅，动感飘逸，充满神幻色彩。

虎首鼻形玉象

　　玉象长 23 厘米，宽 11 厘米，高 18 厘米，材质属甘肃地方青玉料，玉表包浆老道，手感润滑，有浅黑沁色，时期为商至西周。

　　象体表浅浮雕兽鸟图案，周身红漆绘画。金黄色勾勒兽、鸟及双圈或卷云纹饰。体形肥大壮硕，四只粗实有力，十分写实。象鼻却很夸张，粗壮如蟒蛇，竖直扬起过头，鼻端圆雕虎头，霸气凶猛。

　　商周时期异形合体动物常有出现，彰显了古人丰富的想象，充满神幻，其所含喻义只能作各种推测，通常统称神兽。这尊虎头鼻大象构思奇特，造型怪异，既有虎的凶猛，又有象的敦厚酣稚，二者结为一体，耐人寻味。

龙凤双耳玉瓶

　　葫芦形束腰带盖扁瓶，瓶身两侧双耳镂雕一龙一凤。盖两侧双耳镂雕龙头凤首各一，均带活环。瓶高32厘米，宽18厘米，厚8厘米，材质属新疆白玉料质，因沁蚀氧化略显微黄，有钙化白色水沁，包浆厚泽，手感光滑，时期为商晚至西周。

　　瓶身与盖前后两面浅浮雕相同兽面纹，浮雕纹饰间隔地子面，红黑两色大漆绘画各种形态鸟、兽及羽纹，图案鲜活灵动。

　　瓶掏膛工艺卓越，壁薄，内膛空间大，加之壁外浮雕与活环，琢玉技艺已达相当高度。

玉立人

　　圆雕赤足立人，倒三角形眼，大耳，鼻、口大小适中，属黄种人特征，长袍服前襟略短，头顶圆箍小帽。高 19 厘米，宽 8 厘米，材质属甘肃地方青白玉料，包浆厚泽，手感润滑，有白色水沁，时期为西周或略晚。

　　立人表情威严，左臂侧弯撑腰，右臂下垂，双手均握成圆管形拳，袍服前后玉表有三角形排列的平行阴刻线，上覆黑红两色大漆绘画，绘有多种形态的兽、鸟、枝叶、云纹，推测是具有权势、力量的相同喻义。

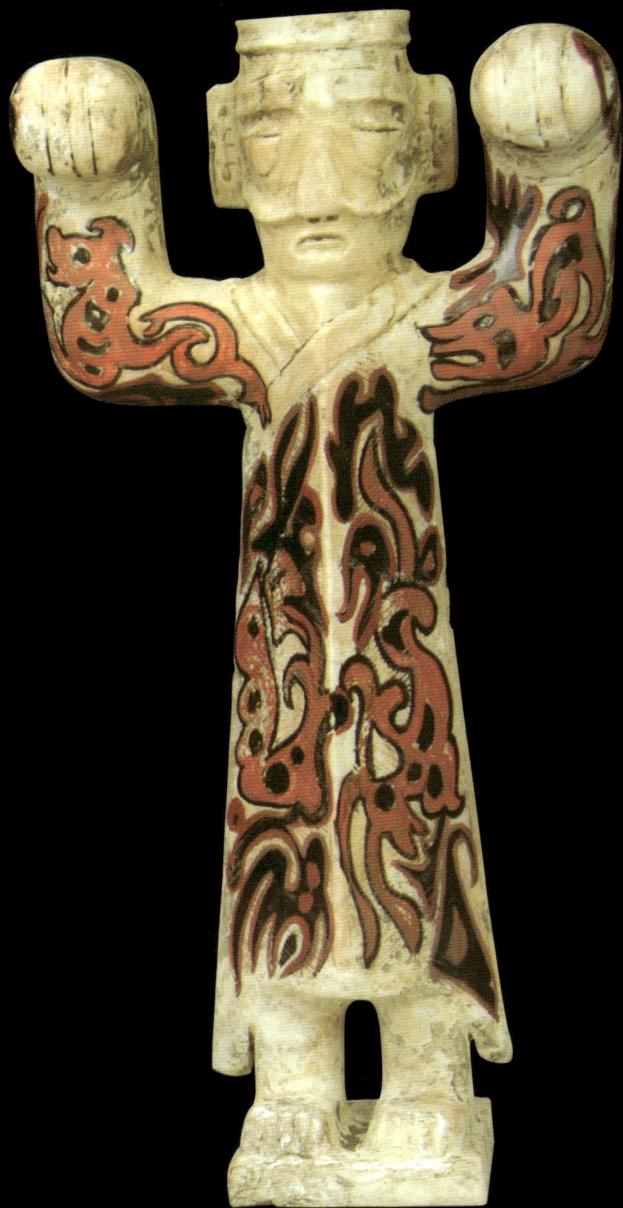

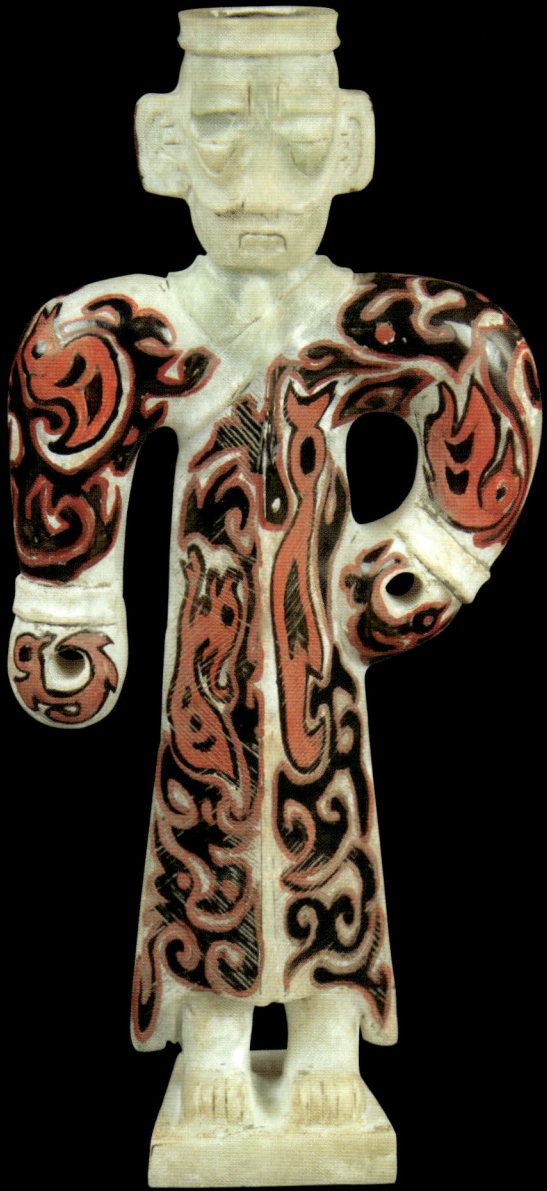

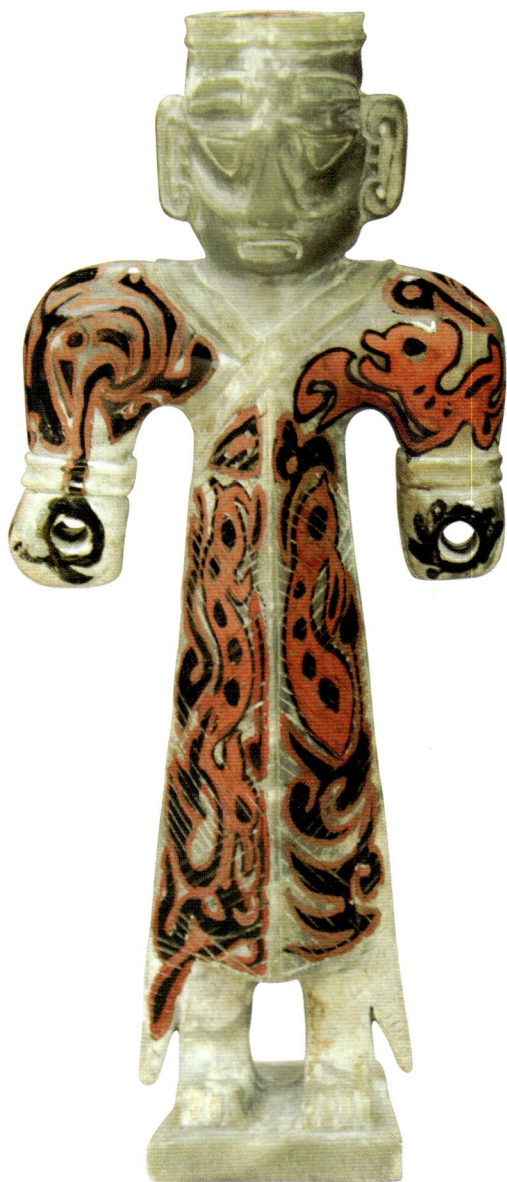

玉立人

此玉立人平肩垂臂握拳，喻义大人，即头领或神人。这种肩臂姿态，在新石器时代晚期齐家文化的镶松石玉神人曾出现过。

玉立人

双臂平肩上扬招手状，是施法还是喻义引领众生，或许还有其他解读，可进一步探讨。

玉立人

　　此玉立人双臂平肩，上扬握拳，极像拳击
手搏击之前的扬拳示力，是威势与力量的彰显。

玉象耳三足圆炉

球体形炉身，虎爪三足粗壮有力，腿部浅浮雕兽面纹，两侧象头耳，鼻上套有活环。炉盖造型奇特，巨蟒盘踞为龙身，龙头却似蹲虎，前爪撑地，昂头利齿。实为"虎踞龙盘"之造型展现。

炉高 44 厘米，宽 36 厘米，材质属甘肃地方青白玉料，包浆厚泽润滑，漆膜光泽润泽。时期为西周晚期。

炉外部玉表全部以大漆绘画覆盖，颜色红、黑为主，面部用黄色线条勾勒，周身绘有各种形态的鸟、兽、凤、龙，多条鸟头蛇身的怪异神物盘旋飞舞，局部绘有花瓣叶草纹。虽构图内容繁多，图案密集、画面拥挤，但相互穿插，乱而有序，层层叠叠，充满律动。

整器绘画布局章法之造诣，至今依然耐人品味。动物造型的奇异神幻，给我们留下了丰厚的历史文化内涵。

炉内壁器底，有类似菊花的图案。盖内壁一圈绘有缠枝纹，中间绘有 C 形龙，具有典型的商周时代特征。

玉 鼎

　　玉鼎为柱形三足，身两侧出戟龙首，口沿两侧为桥形立耳。鼎高 19 厘米，宽 21 厘米，材质属甘肃地方青黄玉料，玉表包浆润泽，手感光滑，雕琢简练，体形优美，时期推断为西周。

　　鼎身圆周浮雕简易龙纹，加身侧龙首扇形立耳，均为西周典型特征。以黑、红、绿三色涂绘，金黄色勾勒浮雕纹饰，周圈配三角锯齿纹，整器形制与纹饰均很简洁。

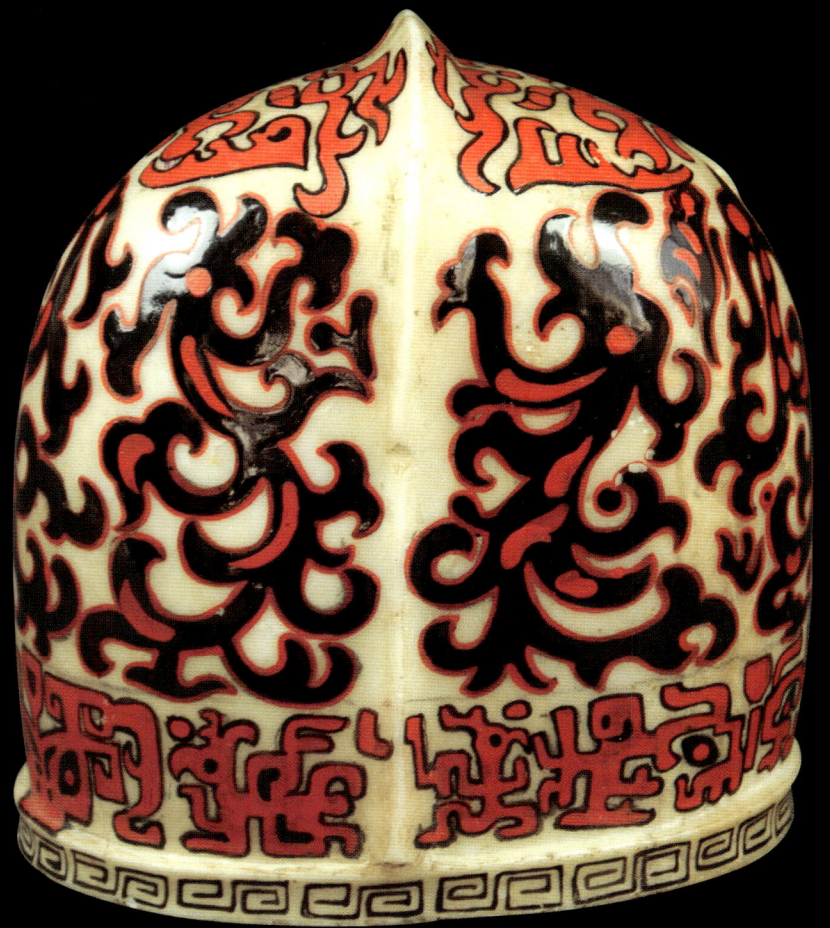

玉头盔

头盔前方下沿有矩形缺口，前额、顶部至脑后中线凸起出脊，下沿周边弧形棱。正面浮雕兽面，矩形双目，阔鼻，两侧有耳。盔高15厘米，长13厘米，宽10厘米，材质属英石类玉料，玉表包浆老道润泽，手感光滑。雕琢简练，体形优美，时期为商至西周。盔表红、黑两色大漆绘饰兽、鸟、龙、凤与回连纹饰。整器造型精湛，盔内掏琢工艺有一定难度。尺寸略小，非实用器，应为饰用或典贡器。

玉 罐

罐斜体、撇口、鸭嘴形流，有陶器风范，实为玉作。材质属英石类玉料，玉表包浆厚泽，手感光滑，高 8.5 厘米，宽 10 厘米。造型工艺讲究，掏膛具有相当难度，夏晚期至商代。

红黑两色大漆绘画凤鸟图案，雄健有力，口沿内外配饰羽纹、鸟纹，与主图搭配呼应。

春秋战国时期

玉仕女立像

圆雕立人仕女，高33厘米，双手交捂于前腰，双腿微前屈，表情平静，神态谦卑，显然为侍者身份。凸胸圆臀，S形腰身，束身袍服垂地，伞状裙摆，突出彰显了女性身材之美。头在全身占比较大，遗有原始文化至夏商人物雕塑的遗风。新疆青黄玉料，玉表包浆厚泽滑润，漆膜光泽沉稳老道，时期断为春秋。

全身大漆涂彩，皮肤棕黄色，黑发，嘴唇与双手指甲涂红。服饰为紫罗兰底色，上绘红、黑、黄三色羽纹、云卷纹，大气华贵。

同类仕女圆雕像一套共六尊，大小、神态、玉料相同，服装款式一致，个别色彩不同，双臂手势六尊各一。给我们提供了春秋时期权势阶层仕女的形象，其奢华程度可见一斑。

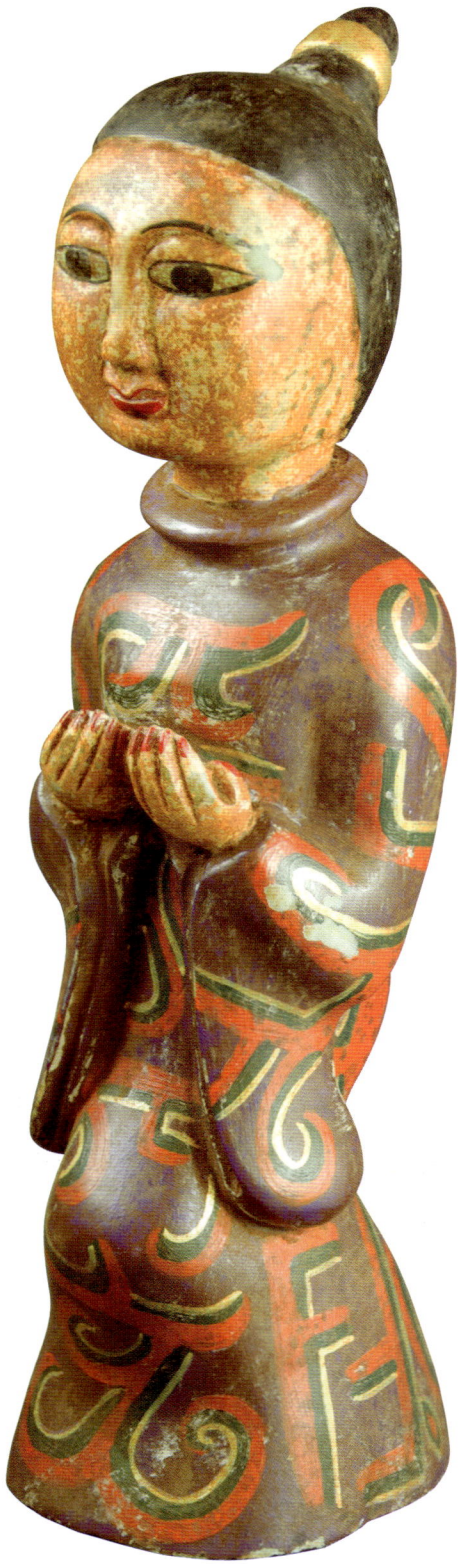

玉仕女立像

双手伸开，手掌朝上，合拢胸前
捧物状。

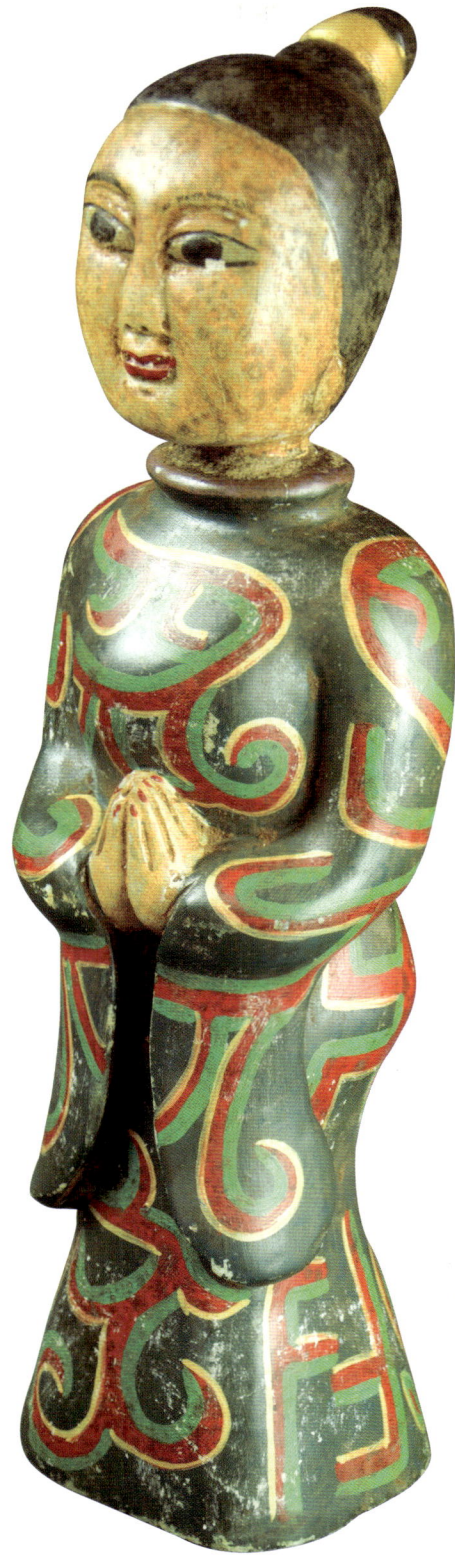

玉仕女立像

双手腰际合十状。

玉仕女立像

　　双手伸开捧物状，袍
服底色改为深绿。

玉仕女立像

　　左手屈臂于前腰，右手
屈臂扬起招手状，袍服底色
改为黑。

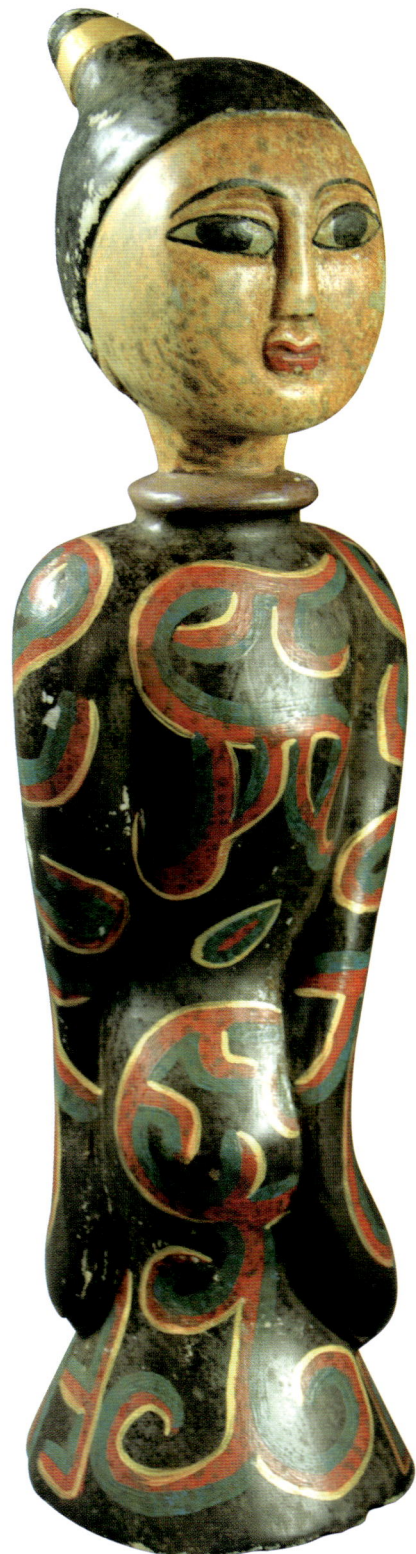

玉仕女立像

　　双臂侧后自然垂下，飘
带式袖口垂至裙摆，身材更
显修长婀娜。

玉鸟冠贵妇

圆雕贵妇立人，大小、形状、服饰与左侧器物相同。不同之处是左臂侧前向下，右手前腰际向上伸出，袖口露出的不是人手，而是螭龙头。示意手持法器或是局部的人兽合体，十分诡异、难以断定，但其寓意的尊贵地位毋庸置疑。全身大漆涂彩，表情凝神注目，是巫师还是地位较高的贵妇尚需探讨。

玉鸟冠贵妇

圆雕贵妇立人，高39厘米，宽9厘米，材质属甘肃地方青玉料，包浆沉稳，土蚀稍重，春秋时期。双手前腰际并拢合十状，身着束身裙服，头戴鸟形高冠，全身大漆涂彩，神情安然，贵妇形态。

玉羊尊

卧羊，平头垂尾，神态温顺。身部掏膛有盖，盖上卧一小羊为钮。体长 23 厘米，高 16 厘米，材质属甘肃地方青玉料，包浆润泽，时期为西周晚期至春秋。

黑褐、绿、金黄色大漆绘饰，羊身两侧绘有同样的鹰形鸟图案，鸟形遗有商周特征。

玉羊形尊

形状、玉料、图案、色彩同上件器物相似。尺寸略有差异，长 22 厘米，高 20 厘米。

玉鸭形尊

圆雕立鸭，伸颈探头，嘴欲张，肥臀下坠，憨态可掬。背掏膛，圆角矩形口配盖，盖顶一小鸭为钮。体长 23 厘米，高 19 厘米，宽 8 厘米，材质属甘肃地方青玉料，包浆温润，漆膜光泽柔和，春秋至战国时期器物。

鸭头顶有卷花凤头，身浅浮雕羽毛，两侧沿羽翼边缘雕螭龙。棕、绿、金光色大漆绘饰，形态鲜活，写实与神幻融为一体。

玉鹦鹉尊

立雕爬行鹦鹉，腿一前一后，弯胫收喙，凤头长尾，背驮椭圆尊，前边弧径略大，顶盖浅浮雕神兽。体长 30 厘米，高 18 厘米，器物宽 8 厘米，材质属甘肃地方青玉料，包浆温润，漆膜光泽柔和，春秋至战国时期。

黑、红、绿、金黄大漆涂绘，绘有体、眼、尾、爪、羽翼及神兽，局部绘有云纹，形态鲜活。

玉兽面盾（一对）

兽面盾牌，形似牛头，双角粗壮有力。脸又似虎，桃形圆耳，瞪目凶视，威猛之气尽然。头顶中间为花盆状羽冠，彰显华贵，脸颊两侧粗须外卷，更显凶猛。盾高 30 厘米，宽 24 厘米，厚约 8 厘米，材质属甘肃地方青玉料，包浆厚泽，春秋至战国时期器物。

盾牌正面，角、眼、鼻、耳阴刻轮廓线配卷云纹饰，盾牌反面为桥形把手。整器两面粉红漆底，红色绘画金黄色勾边，图案以鸟为主。由多只姿态不同、大小不一的雀、燕、喜鹊、凤鸟及幼鸟组成，间有勾连卷云与枝叶纹饰，盾内侧面冠部及桥把下端绘有人面。

正反面画片内容丰富、线条流畅，构图密布、排列紧凑，纹饰美不胜收，与兽面器形之凶猛形成极大反差。

玉 鼓

　　玉鼓，掏膛中空，壁较薄，顶开矩形孔有盖，盖上圆雕双鸟为钮，似为尊形，但综合总体器形称鼓较妥。长21.5厘米，宽22厘米，高30厘米。材质属甘肃地方青玉，包浆润泽，漆膜光泽沉稳，春秋至战国时期器物。

　　筒形凸腰鼓壁，两侧浅浮雕兽面纹，中间为兽面辅手，带活环。筒两侧沿周边饰乳钉纹，以固定鼓皮蒙面，筒身下方为四枚舌形足，上琢简易兽面纹，故为大型座鼓。

　　黑红大漆绘饰，人面、神兽、鸟凤、卷云纹，局部图案金黄色勾边。鼓面平素无雕琢，利于绘画技法的展现，神兽与纹饰飘逸神幻，形态怪异，穿插有度，密布自然，典型战国风韵。

　　顶盖两侧有阴刻铭文，一侧四字"五王子厌、日月作天"。"厌"字少一点，这说明战国时期的字尚未完全定型。器物雕琢精湛，画片精美，彰示主人地位显赫，"子厌"应为王侯或更高人物。"作"字应读"乍"，非今日单纯"作"字之解，含有尊敬、敬畏之意。

玉组佩

由璜、璧、虎、象、龙等 10 件配饰组合。单件长 9-15
厘米，材质属甘肃地方青玉料，包浆润泽，有水沁，春秋
至战国时期器物。

每件正反面均以红、黑两色大漆画饰，图案各不相同。
一面黑色纹饰，红色勾边点缀；另一面红色纹饰，黑色勾
边点缀。多种形态的龙、虎、鸟、象、兽，密布交织，飘
逸流动，异常精美。

谷纹玉璧

　　谷纹玉璧，中孔镂雕螭龙，外径
24.5厘米，厚0.5厘米，材质属和田白
玉料，包浆厚实，手感润滑，有雾状白
色水沁和淡黄土沁，战国时期器物。

　　两面均以红色大漆绘画，黑色勾
边，龙凤鸟兽，图案紧凑密实。

谷纹玉璧

璧形大小、材质、雕琢与左侧器物同，应属一对。漆绘图案不同，一面拟人鹏鸟、云纹，另一面独角兽加枝叶，画意充满神幻色彩。

玉龙纹出廓璧

　　谷纹璧，边缘出廓兽形龙。璧径22.8厘米，高31厘米，厚0.5厘米，和田白玉料，包浆沉稳，有水沁和淡黄土沁，战国时期器物。

　　黑红两色大漆绘画，出廓玉龙正面绘燕、凤、雀等幼鸟形象，璧身绘独角兽与枝叶纹。反面龙身绘鸟、凤与云纹，璧身绘拟人鹏鸟加枝叶纹饰。

玉出廓龙凤璧

玉璧，上沿出廓镂空合体龙凤，形体舒展有力。璧两面、内圈雕琢谷纹，外圈平素绘画。圆璧外径24.5厘米，高31厘米，厚0.6厘米，材质属和田白玉料。包浆老道，手感润滑，有雾状水沁和淡黄土沁，春秋至战国时期器物。

一面黑、红两色大漆绘画，出廓龙凤合体上有虎、鸟、松鼠、鱼和枝叶，璧外圈平素地有习武狩猎人物、牛、猴、驴、凤鸟及花卉枝叶。另一面合体龙凤身绘松鼠、幼鸟、兽及枝叶，璧外圈素地黑漆底色，红漆绘画习武人物、拟人动物、鸟、虎、驴、马及花卉枝叶。画片布局饱满，笔意流畅，题材丰富，神态鲜活，自然谐和与想象力奇幻，令人叹服。

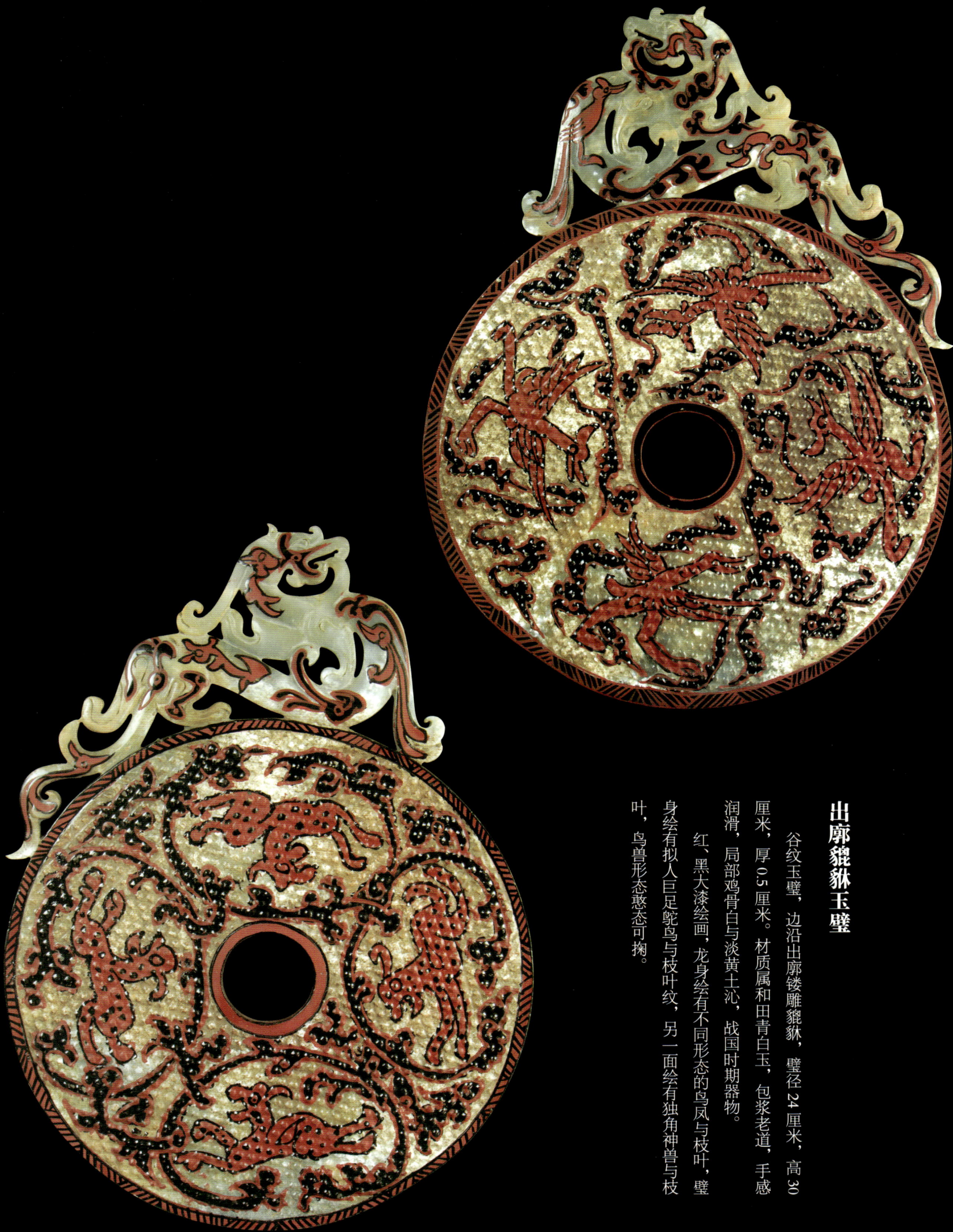

出廓貔貅玉璧

谷纹玉璧，边沿出廓镂雕貔貅，璧径 24 厘米，高 30 厘米，厚 0.5 厘米。材质属和田青白玉，包浆老道，手感润滑，局部鸡骨白与淡黄土沁，战国时期器物。

红、黑大漆绘画，龙身绘有不同形态的鸟凤与枝叶，璧身绘有拟人巨足鸵鸟与枝叶纹，另一面绘有独角神兽与枝叶，鸟兽形态憨态可掬。

大龙出廓玉璧

玉璧边沿出廓镂空大龙，挺胸卷尾，雄健有力。璧直径25厘米，高30厘米，厚0.6厘米，材质属和田青白玉，包浆老道，手感润滑，局部鸡骨白，象牙黄，沁色渗透玉质肌理，战国时期器物。

璧内圈谷纹，外圈光素利于绘画。黑、红两色大漆纹饰，一面龙身绘鸟、龟及枝叶，璧身绘舞人、持长枪人物、驴、兔、鸟、双翼怪兽及枝叶；另一面龙身绘鸟兽与枝叶，璧身绘舞人、持枪狩猎人物、牛、马、凤鸟、神兽及花叶纹。整器造型大气，琢艺精湛，纹饰艳丽，题材丰富，欢快喜庆之气盎然，当属玉作精品。

玉出廓狮璧

璧边沿出廓镂雕玉狮，两面浅浮雕谷纹，璧径24.5厘米，高31厘米，厚0.6厘米。材质属和田白玉料，包浆厚泽，手感润滑，局部土沁，战国时期器物。红、黑两色大漆绘画神兽、鹏鸟、龙、虎及云纹。

玉　璧

谷纹玉璧，直径31厘米，厚0.5厘米，材质属和田青白玉，包浆润泽，手感光滑，局部水沁，春秋至战国时期器物。

红、黑两色大漆绘画，一面绘凤鸟、狮豹形兽、双翼神兽、人身兽首、拟人捣杵小兔及枝叶云纹；另一面绘兽形龙、虎、凤鸟、人身兽首、飞雁、捣杵兔、枝叶纹饰。纹饰排列紧凑，写实拟人结合，童话般稚爱有趣。人兽合体，光怪陆离，却洋溢着喜悦神情。这种怪异神幻的图案，是否是古人天地自然、万物谐和理念的体现？值得品味。

玉簋

　　玉簋扁方座，四面浮雕兽面。圆炉形体，左右两侧为龙头耳，长舌衔挂活环，前后两侧出戟。顶盖撇口筒状钮，边缘四侧出戟。簋身外壁浮雕兽面纹、卷云纹。簋高39厘米，宽33厘米，材质属甘肃地方青玉料，包浆老道，手感光滑，春秋至战国时期器物。

　　簋内外红、黑两色大漆满绘纹饰，外壁绘兽、鸟、横S卷纹及斜线绳纹。顶盖筒形钮内底绘老虎，内壁绘人物走兽，筒内空间狭小，作画有一定难度。簋内壁黑色底，红色画鸟、兔、神兽及枝叶纹饰。顶盖内壁黑漆底，红漆面，中心绘鹏形凤鸟，形态仍有商鸟遗风，外围满绘枝叶花卉纹饰。

　　通体画风用笔看似随意，却能读出童心稚趣，大有老人笔童子心之风，实为自然和谐、安然静穆的本能流露，品读玩味，必有受益。

玉簋

圆炉形簋，两侧为桥形龙耳，龙回头卷尾，一对棒槌角，仍有西周遗风，簋外壁平雕兽面与勾云纹。高25厘米，宽25厘米，材质属甘肃地方青玉料，包浆厚实，手感光滑，漆膜润泽柔和，战国时期器物。

红与金黄两色大漆绘饰，身与盖外壁有鸟、虎、舞人、狐、兽、人面及斜线绳纹。图案简洁，既要穿插布局于浮雕纹间隙之间，又要画出不同图案，颇显巧妙。簋身内底绘展翅凤鸟，周边绘团云形枝叶，气势非凡。顶盖四壁绘有巨龙腾飞，衬以云叶纹，雄壮有力。

玉簋（一对）

簋外撇圈足，大肚束腰，葫芦形身，半椭圆上盖，撇口为花盆形盖钮，两侧为桥形龙身，龙回首卷尾，棒槌双角，有西周韵味，簋外壁平雕兽面与勾转回纹。体长44厘米，宽30厘米，高30厘米，材质属甘肃地方青白玉料，包浆老道，手感光滑，漆膜光泽沉稳，春秋早期至战国器物。

红、黑两色大漆绘饰，金黄色勾边，外壁画面饰凤、龙、虎、虺龙及花瓣纹。上盖钮内绘团形龙凤，盖内壁中部绘兽形龙，周边绘团卷纹饰，画风线条流畅，活力动感。

整器纹饰优美，图案鲜活，造型敦实厚重，不失美感，大气端庄，雄霸气魄，不失为力作。

另一件不同之处是上盖钮内绘一只单凤，盖内壁中部绘C形卷龙，背戟有商周玉龙遗风，头与足尾略晚，符合玉簋断为春秋早期至战国的时代特征。

玉 蒲

　　玉蒲，体长47厘米，宽30厘米，高30厘米，材质属甘肃地方青玉料，包浆温润，手感光滑，局部灰黑沁色。外壁减地浮雕双线勾连纹及矩形回纹，盖与底器型对称，两侧为龙头桥耳，西周晚期至春秋器物。

　　红、黑两色大漆满绘画饰，外壁与底座内壁画虎、鸟、牛、鸳鸯、舞人、花卉条带纹。上下两部分器内全部黑漆底色，红漆绘画，内容异常丰富，有凤鸟、燕鸟、鹏鸟、龙、虎、兔、牛、奔马、猴子、蜜蜂、鱼及多种怪兽，大小不一，姿态各异，其布局间隙填充枝叶纹饰。画片密实饱满，用笔随意流畅，一片生机盎然、和谐自然的原生态景色，令人叹服。

　　古人艺术与心境融合的表现，给我们留下了珍贵的文化财富。

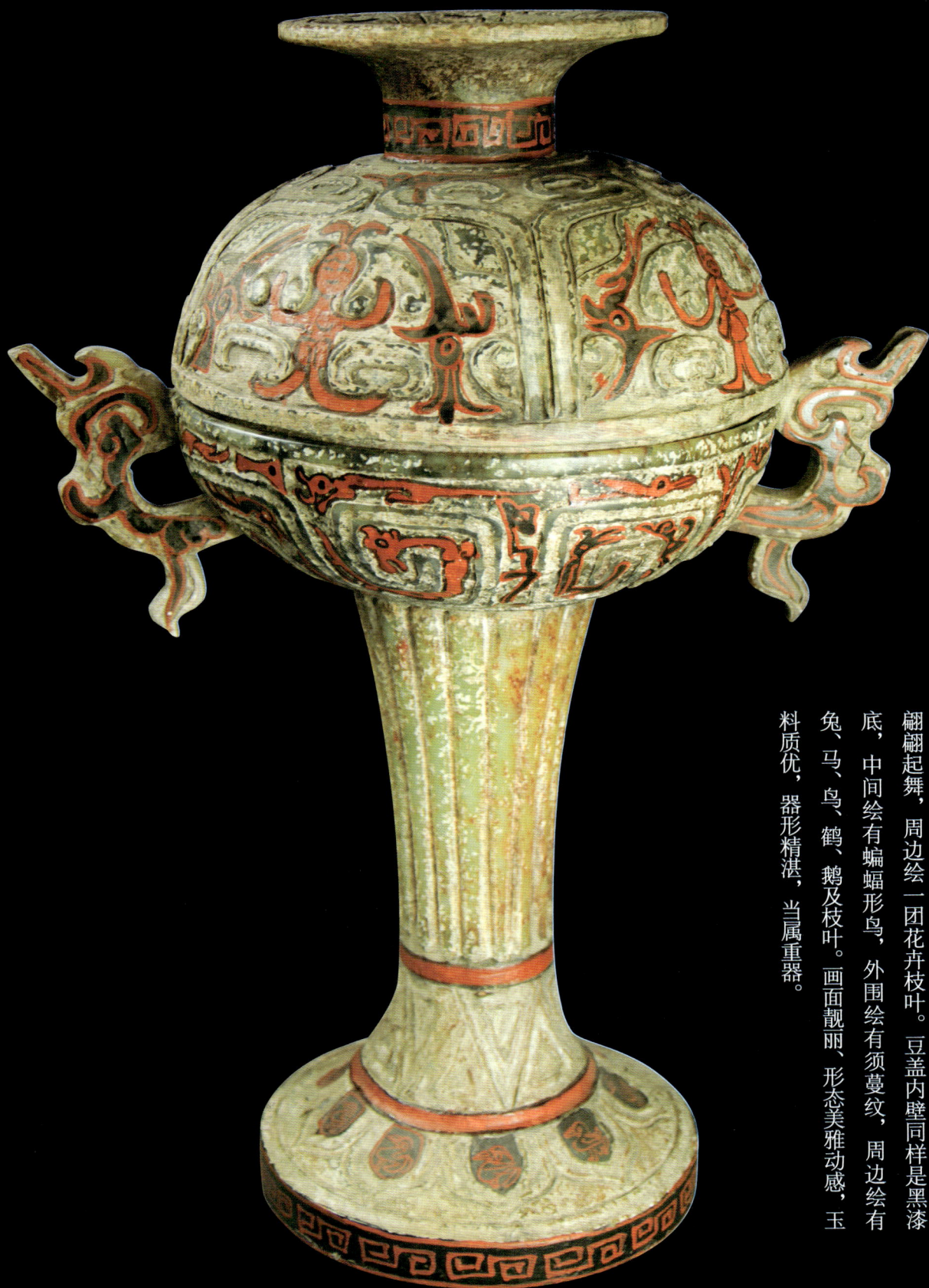

玉　豆

　玉豆，瓜棱柱，器表减地浮雕兽面，两侧为龙形耳，高42厘米。材质属和田黄玉料，玉材十分稀少，包浆厚泽润滑，局部钙化水沁与少量朱砂沁，春秋至战国时期器物。红、黑两色大漆绘画，豆外饰鸟、舞人、勾连回纹。豆身内壁黑色底，中间绘红色凤鸟，双翼大展，如翩翩起舞，周边绘一团花卉枝叶。豆盖内壁同样是黑漆底，中间绘有蝙蝠形鸟，外围绘有须蔓纹，周边绘有兔、马、鸟、鹤、鹅及枝叶。画面靓丽，形态美雅动感，玉料质优，器形精湛，当属重器。

玉 象

玉象，腿、背浅浮雕兽面，身表减地浮雕菱形回纹，象鼻高举，上下两侧出戟。长14厘米，高12厘米，宽8厘米，料质为岫岩玉，包浆厚实，局部水沁。形态壮硕有力，表情憨稚可掬，令人喜爱，器物年代为战国时期或略晚。

红、黑两色大漆涂绘兽面眉眼，身鼻多处画凤鸟、幼龙纹。

玉 猪

玉猪，四肢蹬地，身略后缩，欲前扑态，瞪眼、露齿、竖耳，胫背鬃毛倒竖显凶态，应属野猪。长25厘米，高17厘米，宽9厘米，材质属甘肃地方杂玉料，石性较强。玉表包浆厚实，大部钙化水沁，春秋至战国时期器物。

红、黑大漆周身绘画，多只凤鸟自由飞舞、形态各异，其间插绘云纹，动感曼妙，艳丽华贵。

玉犀牛

圆雕犀牛，四肢直立抬头凝视，尾朝上倒卷，体型壮硕，憨态温顺，招人喜爱。长29厘米，高17厘米，宽9厘米，岫岩玉料质，包浆温润，漆膜光泽柔和沉稳，手感光滑。周身浅浮雕半月双线勾云纹，春秋时期器物。

身涂黑漆，浮雕纹饰与眼、角、嘴角分别以红、黄、黄绿色大漆绘饰，沉稳庄重。

玉犀牛

圆雕犀牛，前腿直立，后退弯曲力蹬，昂首前视，尾倒甩，跃跃欲动，神态鲜活。长27厘米，高18厘米，宽9厘米，白岫玉料，透度较高，包浆厚实润泽，手感光滑，局部有钙化水沁，西周晚期至春秋器物。

红、黑大漆周身绘画，绘有张臂立人、兽身人面、幼鸟、凤鸟、幼兽、月亮、云朵等，色彩艳丽，纹饰华贵，神幻色彩浓郁。

玉 剑

  圆柄玉剑，高47厘米，宽8厘米，材质属甘肃地方杂玉料，有一定石性，包浆老道，手感光滑，局部有钙化水沁。漆膜厚实老道，光泽柔润，战国时期器物。

  红、黑大漆两面绘画，有的为黑色纹饰，红色勾边；有的为红色纹饰，黑色勾边。图案由卷勾状花瓣与勾卷云纹组成，从局部看，又像鸟纹、面饰与神人图腾，总体看，在像与非像之间。构图巧妙，耐人琢磨，推测应属祭奠或贡奉类器物。

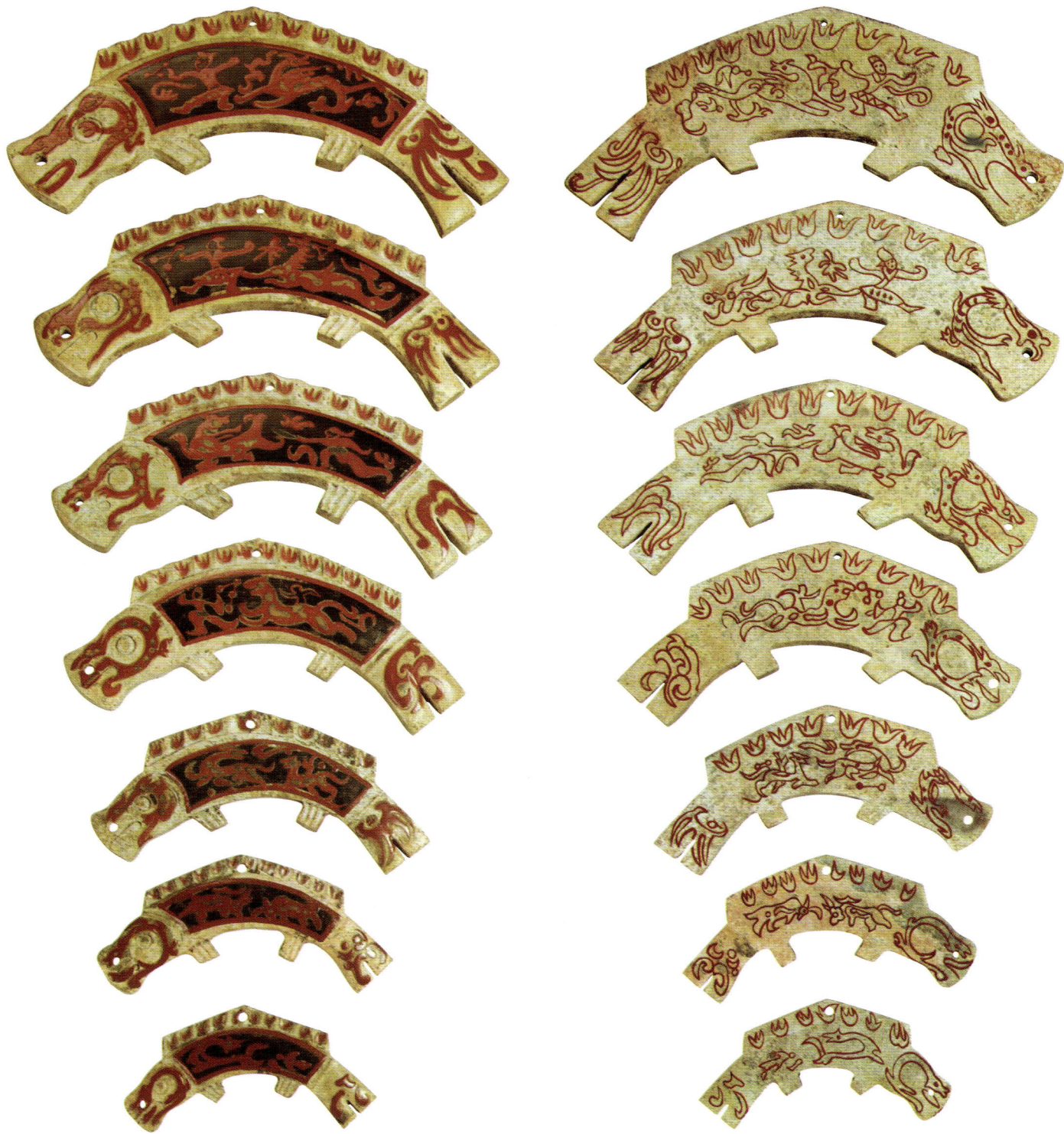

玉鱼形组磬

组磬一套，大小共7枚，器形相同，鱼形，有鳍尾，头似龙兽，总体看若称鱼龙不妥，还是称鱼为宜。材质属甘肃地方杂玉料，石性较大，包浆厚实，手感光滑，漆膜光泽沉稳老道，战国时期器物。

正面浅浮雕头、尾、鳍身，背面光素无纹。红、黑大漆两面绘画，头龙，尾凤，上鳍火焰纹，均为红色，七枚图案一致。鱼身画有各种不同的舞龙、戏兽、弄虎、斗牛，神态鲜活，身姿各异，兽带翼多为神兽。人物戴尖帽、穿短靴，应属西域少数民族，推测属艺人杂耍或表达某种神话传说。每枚正反面图案完全相同，正面平涂画法，反面线条勾勒。

鱼磬造型精美，纹饰考究，虽非实用器，当属权势人物祭奠或供物，战国时期器物。

长 21 厘米

长 19 厘米

长 18 厘米

春秋战国时期

长 16 厘米

长 13 厘米

长 11 厘米

长 9 厘米

双耳活环四足椭圆盖罐

椭圆盖罐，两侧为活环双耳，兽腿四足，长 31 厘米，高 20 厘米，宽 10 厘米。材质属甘肃地方青白玉料，包浆厚泽，手感光滑，漆膜光泽柔润老道，战国时期器物。

器面光素，红、黑两色大漆绘画，内容丰富，四腿足下部绘双鸟，上部画鳖，两侧绘火焰纹，其正面一足所画的鳖背上，绘有人面。罐身下部绘兽面纹，上部绘一头双身蛇。罐盖画飞舞凤鸟，配有鹌鹑、圆鳖，双耳绘兽面与棱形纹饰。纹饰构图神幻，搭配怪异，寓意不易揣测。

玉 炉

　　炉身为椭圆形，三兽爪足，S形带状双耳，椭圆上盖。长23厘米，高19厘米，宽8厘米，材质属和田青白玉料，包浆厚泽温润，漆膜光泽柔和，战国时期器物。

　　器外壁为黑漆主色，红漆勾边，满绘纹饰，图案排列紧凑，笔笔相扣，虽感密不透风，却灵动鲜活，生机盎然，战国时期画风特征尽显。多种形态的龙、鸟、神兽、枝叶、花瓣，须蔓纹饰穿插交织在同一画面，其构思神妙令人惊诧。罐内底绘奔虎，盖里面画口吐莲花的神兽。玉炉造型丰满，纹饰瑰丽，实乃精品之器。

玉 驼

骆驼，直立昂首，神态温顺，驼峰间披褡裢，坐骑或驮货，属家畜之用。长22厘米，高18厘米，宽10厘米，材质属甘肃地方青白玉料，包浆厚泽，手感光滑，漆膜艳丽，光泽柔和，战国时期器物。

红、绿、黄、金黄四色大漆绘饰，绘有人物、凤鸟、八哥、大雁、花卉，满布全身，秀美艳丽。

玉 盆

　　盆圈足，底口外撇，外圆弧形束腰，盆外壁浮雕卷云纹，内壁光素。直径26厘米，高8厘米，材质属甘肃地方青玉料，包浆厚实，有土沁，漆膜光泽沉稳润泽，战国时期器物。

　　黑、红两色大漆绘画，盆外壁，底部纹饰以人物为主，挑担、舞蹈、挥剑、携篓，边立一棵树木，有各种写实体裁；中央双圈内绘有人身鱼尾，臂舞弯刀，从蝶形发式看应是女人，这种挥刀美人鱼像作何解读，难以推测。圆足外壁绘有一周鸟纹，盆内壁绘有骑马、骑驴、扛旗持戈乘车人物，双轮车分单骑、双骑、敞开与带伞盖两种，配以树木景色，是一幅生活实录画片；盆底内壁画龙鸟、神兽、拟人飞奔的鸵鸟，中心圆鳖，内容神幻。圆足与盆边口沿，绘有三角形排列平行线纹。

　　图案题材十分丰富，写实与神话融合一体，生活与祈盼同时展现，记录了诸多真实与想象的写照。

玉骑马羽人

奔马，昂首长嘶，四蹄腾跃。单膝跪于马背骑驭
的人物，头戴尖帽，背有双翼，通称"羽人"即仙人，故
可称为"仙人骑马"。长22厘米，高17厘米，宽7
厘米，岫岩玉料质，包浆厚润，大部钙化水沁，春秋
至战国时期器物。

周身纹饰大漆图案，红、黑两色平涂或勾边，绘
有人物、凤鸟、喜鹊、飞虎及花卉枝叶，画片饱满艳丽。

驭兽神人

　　虎形兽，昂首挺胸，张口、吐舌、利齿。驭驭骑手戴圆帽、长发、穿翘头足靴，神采奕奕，风度翩翩，当为西域游牧民族斯基泰族人。长 16.5 厘米，高 11 厘米，岫岩玉料材，包浆润泽。漆膜老到沉稳，战国时期器物。

　　黑漆绘画，红漆勾边，满身鸟纹，配饰火焰云纹。

伏鹿玉人

器物圆雕，人物手持短匕，左脚踏于卧鹿之背，人物神情和善，小鹿回首驯服，非猎杀，应属骑乘驯鹿。材质属甘肃地方青白玉料，高20厘米，宽11厘米，厚6厘米，包浆润泽，手感光滑，局部淡黄土沁，战国时期器物。

红、黑两色大漆周身绘饰，绘有多种形态鸟与花卉，漆膜丰厚，色泽柔和。

伏鹿玉人

器形、大小、料质、色彩与左侧器物相同，应属一对。

不同之处是人物手持瓜锤，右脚踏于鹿背，漆绘除花卉鸟纹外，还有虎与猴。

玉　鹿

　　圆雕鹿，昂首眺望，右前腿轻抬，小尾上扬，吐舌舔脸，一副俏皮神态，生动可爱，栩栩如生。身披褡裢，应属驯鹿。长16厘米，高24厘米，宽9厘米，岫岩玉料质，包浆厚实光滑，局部钙化水沁，战国时期器物。

　　红、黑两色大漆周身绘饰，绘有多种形态鸟与花卉，色泽鲜艳，更显秀美俊俏。漆膜丰厚，光泽柔和。

骑鹿捧璧玉人

圆雕，小鹿直立抬头，驯服规矩。骑鹿之人腰板笔直，手捧玉璧，足登翘头靴，神情端庄肃穆，西域少数民族装束，推测应属部族小国向大国朝贡或觐见使臣类。长 18 厘米，高 25 厘米，宽 8 厘米，甘肃地方青白玉，包浆老道，手感光滑。漆膜光泽沉稳，春秋至战国时期器物。

红、黑两色大漆周身绘画，内容异常丰富，绘有雀、鹅、鸡、燕、鸳鸯等多种形态凤鸟、虎象，与带翼神兽、飞天人物、神人驭兽、面饰，加之配饰枝叶花卉，种类繁多，颇显华贵。

骑鹿捧圭玉人

器形、大小、材质、漆画风格与前图同。
细节不同之处是捧圭，漆画图案风格
雷同，具体鸟兽画法细节有所不同。

骑鹿捧琮玉人

器形、大小、材质、漆画风格与前图同。

细节不同之处是捧琮，整体漆画细节略
有差异。

骑鹿捧玦玉人

　　器形、大小、材质、漆画风格与前图同。

　　细节不同之处是捧玦，整体画面细节略
有差异。

　　四尊骑鹿觐见朝贡玉人，分别捧
璧、圭、琮、玦，应属一套。

玉编钟（一套）

编钟，高22厘米，宽8厘米，材质属甘肃地方青白玉料，包浆厚润，漆膜光泽柔和老道，局部土蚀牢固，战国时期器物。

红、黑、金黄色大漆绘饰全部器表，绘有十字、菱形、点状圆纹与龙凤组合的兽面纹，七字小篆铭文书写体表中间。器形庄重大气，色彩艳丽，图案美雅。17枚由小到大，器形、色彩、图饰、材质完全一致。

玉编钟非实用器，应是祭奠类礼乐重器。

高 45 厘米，宽 24 厘米

高 43 厘米，宽 21 厘米

高 41 厘米，宽 21 厘米

高 23 厘米，宽 18 厘米

高 24 厘米，宽 11 厘米

高 24 厘米，宽 12 厘米

高 31 厘米，宽 16 厘米

高 39 厘米，宽 19 厘米

高 29 厘米，
宽 14 厘米

高 29 厘米，
宽 13 厘米

高 22 厘米，
宽 8 厘米

高 22 厘米，
宽 10 厘米

高 32 厘米，宽 14 厘米

高 32 厘米，宽 15 厘米

高 32 厘米，宽 16 厘米

高 38 厘米，宽 18 厘米

玉 人

　　圆雕玉人，扭腰屈腿，似转身起舞，神态谦卑，应属权贵侍者或艺人。高22厘米，宽9厘米，厚6厘米，岫岩玉料质，包浆厚泽，手感光滑，漆膜丰满厚实，光泽柔和沉稳，春秋至战国时期器物。

　　红、黑两色大漆周身纹饰，绘有虎、鸟、犬、兔与枝叶花卉，背身主绘展翅凤鸟，靓丽华贵。

玉 马

圆雕玉马，昂首长嘶，鬃毛飘逸，马尾力甩，四蹄狂奔，动感健美呼之欲出，形象塑造令人拍案叫绝。长33厘米，宽8厘米，岫岩玉料质，包浆老道，手感光滑，局部钙化水沁，漆膜色泽柔润老道，战国时期器物。

红、黑两色大漆周身绘饰，绘有简易鸟、兽、面饰与花卉。

玉六方瓶

玉瓶，身、颈、撇口，均为斜梯形玉板黏合，制造工艺有一定难度。高33厘米，宽20厘米，材质属甘肃地方青白玉料，包浆润滑，漆膜光泽沉稳老道，春秋至战国时期器物。蓝色龙凤形云纹，黑色凤鸟，红蓝相间的三角形有多层菱形羽翅纹、鸟纹，由下至上逐层排列，配以不同底色，整器画饰肃雅庄重。

玉罐

立式圆罐，弧形撇口圈足，肚略粗，上部渐收，半球形带钮顶盖。罐壁薄膛大，壁外表浮雕凤鸟、蝉与铭文，琢磨工艺有相当难度。材质属和田白玉料，高37厘米，直径17厘米。包浆厚实润泽，手感光滑，局部钙化水沁，漆膜老到沉稳，凤鸟极具商周风韵，春秋至战国时期器物。

红、黑两色大漆，在器表浮雕纹饰间隙绘画，有多种形态的鸟纹、独角神兽、蝉纹。

纹饰与浮雕交相辉映，配以丰满圆润的器形，颇显庄重大气。

玉　镜

　　玉镜，背面略鼓，馒头形圆钮，镜面平素。外径24厘米，厚0.7厘米，钮高2厘米，岫岩玉料质，包浆老道，手感润滑，有钙化水沁，春秋至战国时期器物。

　　红、黑两色大漆绘画，两面满绘蛇形龙，长躯舞动，多条幼蛇卷身排列，鸟首蛇身鱼尾图案交织穿插，配以波纹、羽毛和菱形回纹，构图造型颇为怪异。玉镜非实用器，推测应属供奉或祭祀的神灵之物。

玉 剑

剑圆形柄首，兽面纹剑格，剑身中轴线凸脊，两侧渐薄有刃。靠近三角剑尖部两侧弧形收腰，形制具战国青铜剑特征。长 54 厘米，材质属英石料玉质，包浆厚实，手感光滑，有钙化水沁，战国时期器物。

柄首与剑身红、黑两色大漆绘画，鸟纹、人鱼与枝叶相互交织，鲜活灵动。剑身绘有条带纹饰、龙、鸟、独角神兽、花卉云朵，纹饰紧密衔接排列，自然穿插交辉，色泽艳丽，纹饰精美，令每位赏阅者无不为之赞叹。

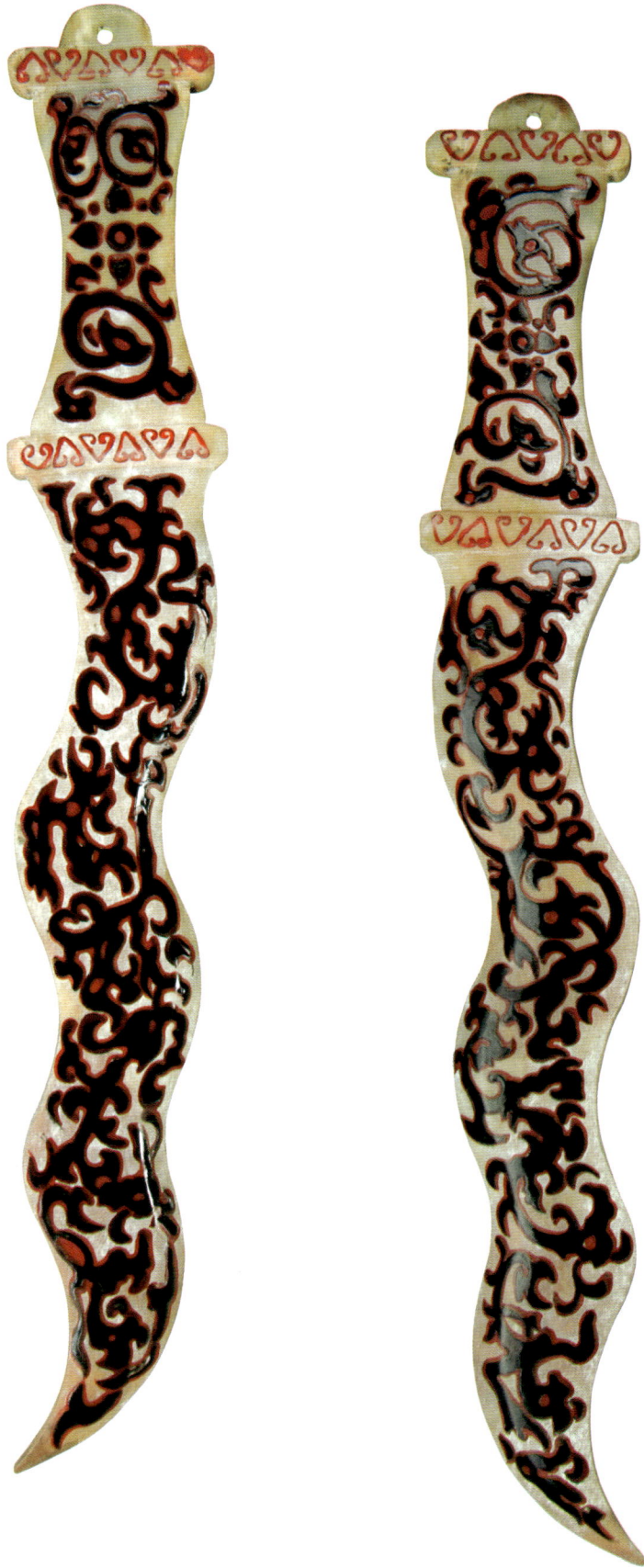

玉蛇形剑

剑柄弧形束腰，剑身波浪如蛇，具西域少数民族风格。英石类玉料，包浆老道，手感光滑，有钙化水沁，春秋至战国时期器物。

黑红两色大漆满绘，剑格绘有红色桃形卷云纹，典型春秋风格。柄身两面绘有的龙、鸟、独角兽、花卉、云纹连贯排列。图案鲜活动感、寓意神幻，十分精美。

缀玉覆面

十四块玉片，依形琢成眉、眼、鼻、口、耳及印堂、胡须、下巴，构成人面，古时称"面幕"，现今通常称"缀玉覆面"。单块长4—10厘米，岫岩玉料类，包浆厚实，大部分钙化水沁，春秋至战国时期器物。

每块玉件正反两面均以红、黑大漆绘饰，以鸟纹为主，绘有幼鸟、凤鸟、雀鸟等，大小不一、形态各异，少数画兽或蝉。

玉面罩

　　十八块弧面凸磨玉片,拼合成完整人面,整体高28厘米,宽33厘米,厚0.8厘米,单块长5-10厘米,又常称玉覆面或玉面罩。甘肃地方杂玉料质,有较大石性。漆膜包浆厚泽,沉稳老道,全部涂覆每块玉表,战国时期器物。

　　每块玉片以黑漆打底,红、黄两色绘画,内容丰富。有玉神人,人首兽身,蛇形龙、凤鸟、鹰鸟、大雁、虎、兽、鱼和各种戏兽艺人图。漆膜厚实,颜色艳丽,工艺精细,颇显豪华之气,足见主人身份不同一般权贵,非侯即王。

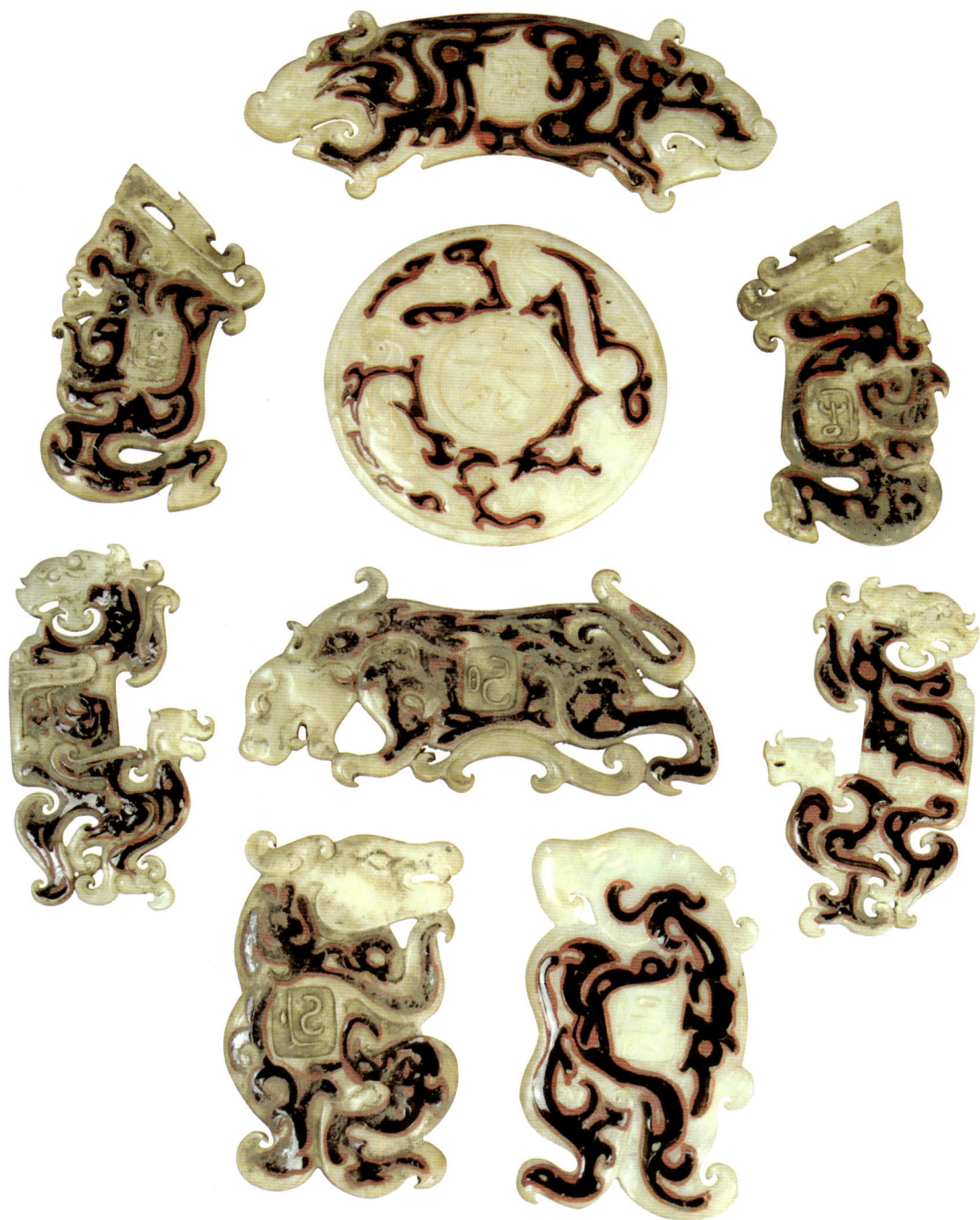

玉组佩

　　由九块玉佩组成，每块正面浅浮雕，背面平素。佩形有璜，踞座人物、虎、熊。材质属新疆青白玉料，包浆厚泽，手感光滑，漆膜丰满厚实，光泽沉稳，战国时期器物。

　　每块玉佩均以黑漆绘画，红漆勾边，绘有的多种形态的凤鸟、虎兽栩栩如生。尤其是背面因地子平素，纹饰更显流动飘逸，多种异兽飞舞奔驰、身姿潇洒、回首伸颈、神态各异，画作用笔酣畅、随意洒脱。这种神幻飘逸的动感，彰显了战国时期特有的绘画特征。其形、神、气、韵，后世难得再见。

龙虎玉佩

高 9.5 厘米，宽 5 厘米，厚 0.4 厘米。

玉熊

高 9 厘米，宽 5.5 厘米，厚 0.4 厘米。

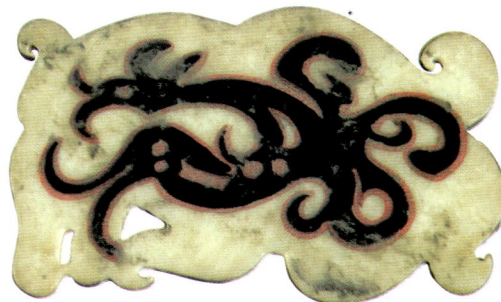

踞座人形玉佩

高 9 厘米，宽 5 厘米，厚 0.4 厘米。

玉熊

高 9 厘米，宽 5.5 厘米，厚 0.4 厘米。

玉圆牌

直径 8.5 厘米, 厚 0.4 厘米。

跽座人形玉佩

高 9 厘米, 宽 5 厘米, 厚 0.4 厘米。

双虎玉璜

长 13.5 厘米, 高 5 厘米, 厚 0.4 厘米。

龙虎玉佩

高 9.5 厘米, 宽 5 厘米, 厚 0.4 厘米。

玉虎

长 11.5 厘米, 高 5 厘米, 厚 0.4 厘米。

玉立人灯盏

　　直立玉人，挺胸昂首，两臂横伸，双手各握一灯盏，头顶一灯盏。高31厘米，宽20厘米，英石类玉料，包浆润泽，战国时代晚期器物。

　　整器由橙红、黑、褐、兰、金黄色大漆涂绘。袍服上部画凤鸟，下部绘双身单头蟒蛇，蓝色衣襟边佩饰横S纹饰。服饰华贵，神情凝重，应属王族权贵的灯盏佣人，如此用人方式留有奴隶社会的遗风。从鸟蛇形态看，具有战国特征，就袍服样式论，已趋汉代风格，综合推断为战国晚期。

玉立人灯盏

器形、大小、材质、绘饰与上图同。不同
之处是服饰底色为橘红，衣襟边为绿色。

玉靴（一对）

高筒玉靴，靴头顶部浮雕虎首，靴筒外侧浮雕兽首，阔口獠牙，凶恶霸气，筒口上边减地浮雕云蔓勾连纹。高38厘米，长25厘米，宽10厘米，材质属甘肃地方杂玉料，石性较大，包浆厚实，大部钙化水沁，战国时期器物。

红、黑两色大漆绘满靴表，绘有多种形态的雀鸟、凤鸟、大雁、双翼神兽、虎、驴、兔、猴与难以具体识分的小动物，嬉戏于枝叶花卉丛中。画面色泽艳丽，布局密实饱满，神态充满欢乐喜庆，大自然的原生态与质朴心境完美结合，令人赏心悦目，如此精美华贵的玉靴令人惊叹。

玉摩羯

　　鱼形龙身缠蛇称"摩羯"，摩羯是一种造型虚幻怪异的图腾类动物神像。
长28厘米，材质属甘肃地方杂玉，包浆厚实，有钙化水沁，漆膜丰满，光
泽柔润，战国时代晚期器物。

　　摩羯正面浅浮雕，红、黑两色大漆绘饰，绘有龙头、凤鸟、幼兽、花卉、枝
叶与回形格连纹。反面地子素平，红线描绘纹饰与正面完全相同。

玉傩神

　　圆雕玉人，高 23 厘米，宽 8.2 厘米，厚 4.3 厘米，材质属甘肃地方白玉料，包浆润泽，手感光滑，战国时期器物。

　　立人长袍垂地，双臂前曲至胸腹，手半握拳形，倒三角眼，浓眉阔鼻，头戴圆形通天冠，两嘴角间穿孔，服身有三角形排列阴刻斜线纹。红、黑两色大漆主绘饰，金黄色描绘脸部五官，周身绘画双翼神兽、龙、凤与合体龙凤、园鳌和"T"形纹饰。漆膜饱满，色泽艳丽。人面相、身姿、服饰仍有商周玉神人和三星堆铜人神巫遗风，但缺少了夸张神幻色彩，时间晚了一个时期，雷同之处说明了一种历史的沿革传承。在战国时期，民间称"傩人"，宫廷则称"方相氏"，担当迎神赛会中人神沟通、驱邪避难的神人代表。

玉虎贲将军

　　圆雕玉人虎贲将军，头戴瓦棱扇形高冠，直鼻阔口、立眉环眼、双耳硕大。右手持玺于肩前，左手握蛇头于前胸，蛇身缠于右臂。腰围花瓣叶片，前垂飘带浅浮雕兽面纹，袍服垂地。高31厘米，宽7.6厘米，厚7厘米，材质属甘肃地方白玉料，包浆厚重，手感光滑，战国时期器物。

　　红黑大漆绘饰头冠、袍服，多种形态鸟纹、羊头、鸵鸟、灵芝与羽纹，色泽艳丽，纹饰华贵。人物形态肃穆威严，胸阔腹圆富于力感，虎虎生威气度不凡，魅力气质独具赋彩，是帝王武侯还是武士神像有待研究。

敲鼓玉乐人

圆雕玉人，屈腿翘足，舞臂击鼓，满脸笑容的乐人表演俑。
高 24 厘米，宽 11.5 厘米，厚 6.2 厘米，材质属甘肃地方白玉料，包
浆厚实，手感光滑，土沁，钙化水沁浸入肌理，战国时期器物。

俑人头戴尖顶园帽，身着左衽交领袍，腰束绳纹系带，足蹬
翘头尖履，宽腮阔额，有西部胡人特征。左腋下紧抱圆鼓，高举
右臂握棒欲击，神态鲜活。

红、黑两色大漆周身绘饰，绘有凤鸟、蛇龙，配以花卉、枝叶、云
纹，画片靓丽，神情喜庆。

吹笛玉乐人

器形风格、人物特征、料质、色彩与上图同。略有不同之处是，高24厘米，宽10厘米，厚6.5厘米，吹笛（古时又称"横箫"）。漆绘图案除凤鸟、蛇龙、花叶纹外，还有人身鱼尾，且为男性，玉盆器物内为女性，美人鱼表现更加丰富。

击铙玉乐人

器形风格、人物特征、料质、色彩与前图同。略有不同之处是，高23厘米，双手持铙欲击态，漆绘风格一致，龙、鸟、花叶画法各异。

打鼓玉乐人

器形风格、人物特征、料质、大小、色彩与敲鼓玉乐人相同。

不同之处是鼓挟右掖，漆绘画片除凤鸟、兽龙、花叶外，又添虎、鹿。

吹笙玉乐人

器形风格、人物特征、料质、大小、色彩与前列乐俑基本相同，应属一套乐人玉俑。

不同之处是身姿扭腰后转，舞动吹笙，情态更加欢娱。

漆绘画片除鸟、兽、花叶外，又添回首吐舌上山虎，瞪目阔口，神态凶猛。

玉琵琶仕女

圆雕玉琵琶仕女，侧身单膝跪地，双手举起琵琶，扭脸朝前，载歌载舞，肢体极具动感、写实。高 18 厘米，宽 11 厘米，厚 6.5 厘米，材质属甘肃地方白玉料，包浆厚实，沁色古拙，战国时代晚期器物。

红黑两色大漆周身绘饰龙、鸟、动物及枝叶纹饰。

玉捧坛仕女

圆雕玉仕女，踞坐，上身略前倾，手捧酒坛精心侍奉，神态谦卑。高 21 厘米，宽 10.5 厘米，厚 7 厘米，材质属甘肃地方白玉料，包浆厚实，沁色自然，战国时代晚期器物。

红黑两色大漆周身绘饰鸟纹、花卉枝叶纹，彰显衣着华贵，仕女如此，反衬主人身份。

圆雕玉作神情自然，表现的仕女静态之美，彰显了古代琢玉工艺的匠心独具，塑造出的人物有极强的艺术感染力，形象写实与神情表达融为一体，证实了我国古代玉雕艺术的成熟。

玉 人

　　圆雕玉立人，头戴山形冠，双手腹笼袖中。长袍垂地，高25厘米，宽9厘米，厚5厘米，材质属甘肃地方白玉料，包浆厚实，有朱砂红沁，战国时代晚期器物。

　　红黑两色大漆周身绘饰兽龙、凤鸟及枝叶纹饰。服饰华贵，色彩庄重，人物神态静穆沉稳，安详大度，推测汉代崇尚的瓮仲形象多源于此。

驭羊巫神

圆雕双羊底座玉立人，高 31 厘米，宽 7.5 厘米，厚 6 厘米，材质属甘肃地方白玉料，包浆厚实，土红沁色，局部呈鱼子纹，战国时代晚期器物。

立人头戴双层圆盘高冠，两侧垂肩倒卷纹，立眉竖眼，张口露齿，面目恐惧，有"恶面驱鬼"之意。身着窄袖长袍，是双肩带有羽饰的法服，而非常人衣装，只有在祭祀时穿戴。两手分别按抚羊首之上，赤足站立于台板之上，台板由两支卧羊托起。原始巫术中羊有祥瑞之意，巫师作法赤脚触地可通天神，在古代祭祀活动中，巫师的威严至尊，由此玉雕可见一斑。

红、黑两色大漆周身绘饰多种形态的鸟纹、神兽、人身鱼尾及上身人下身兽首的人兽合体，图案怪异，进一步彰显了巫神法力。

玉 刀

圆雕手持短刀，带弦纹圆棒形柄，格挡浅浮雕兽面纹，刀身一侧有刀，身上部阴刻四字符，战国时期"言语异声，文字异形"的状态仍存在，此字迹尚难辨认。刀长29厘米，宽8厘米，厚2.5厘米，白岫玉料质，包浆厚实，手感光滑，局部钙化水沁，战国时期器物。

玉刀双面以黑漆平涂，红漆勾勒，一面绘舞人，神女挥动双袖飘舞空中，周围衬饰勾云纹；另一面绘神鹿、鸟纹，配以云朵。漆膜厚实艳丽，润泽柔和，彩绘玉刀精美华丽，非实用兵器，应为象征王权的礼器。

玉 剑

　　玉短剑，剑柄与剑格浅浮雕兽与兽面纹，剑身中轴面凸脊线，两面各有六个字符，双边有刃，剑头尖锐锋利。长31厘米，宽8厘米，厚2.5厘米，岫岩玉料质，包浆厚实，局部钙化水沁，战国时期器物。

　　玉剑双面以黑色大漆平涂，朱红勾勒，绘有龙凤及枝叶云纹。彩绘玉剑精美华丽，非实用器，应为象征王权的礼器。

圭璜十六合大玉璧

十璜、五圭、一璧，拼合而成的大玉璧。外径 36 厘米，孔径 2.5 厘米，厚 0.6 厘米，材质属甘肃地方青玉料，有石性，透光度较差，有包浆，局部钙化白斑，战国时代晚期器物。

玉璧为"六瑞"之首，历代备受推崇，拼合而成的有二璜、三璜或更多者，称双合璧、三合璧、八合璧，这种璜、圭、璧，套成的十六合大玉璧极为罕见。

十六套件玉璧单块正面，除留窄边外，均以黑漆作底，红漆平涂线绘龙凤、兽禽、神人纹饰，形态各异，富于动感，线条流畅，笔意奔放，纹饰细腻，各自可视为一完整图案，组合后又成为华丽的大幅画作，赏心悦目，美不胜收。其中同形璜与圭的图案，细节略有区别，内容基本相同。

背面以黑漆平涂，红漆勾勒或点饰的图案，一件一画各不相同。龙凤异兽，神人对舞，人兽相搏互戏，兽头人身合体，持兵械武士神像等等，内容异常丰富。画面布局疏朗，寥寥几笔画出神韵，充满亘古的质朴情怀，凸显神幻思维与原始美感。其色彩明快深沉，格调鲜明典雅，构图出神入化，想象大胆神奇。画风古拙质朴的多元艺术表现，令人惊诧。

硕大的彩绘玉璧，给我们留下了珍贵的玉作与美术绘画合为一体的实物史料，弥足珍贵。

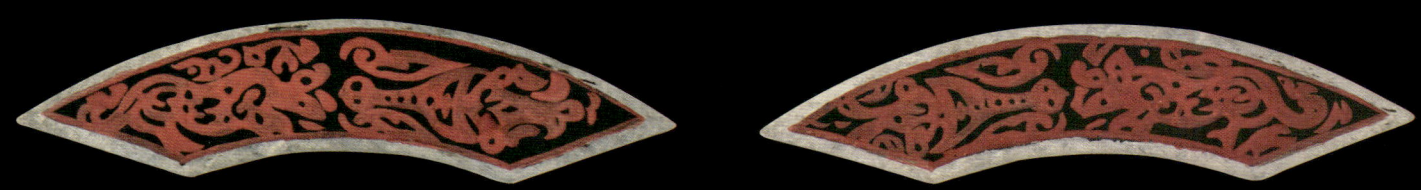

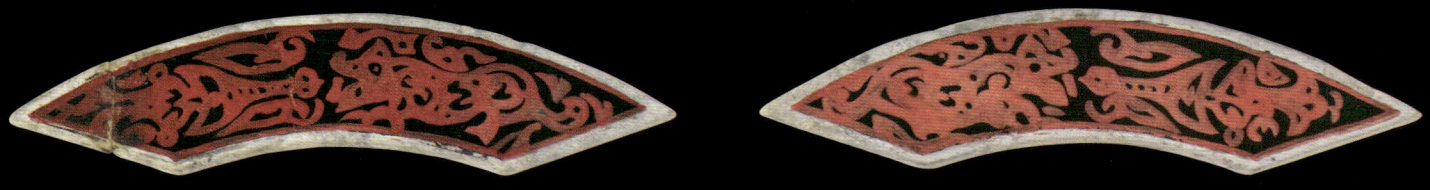

鹅形组合玉扳

十六块玉扳拼合而成的立鹅，伸颈回首，口衔驮于背上的圆罐。高59厘米，宽26.5厘米，厚0.5厘米，材质属新疆山料白玉，色纯净，透光好，包浆柔和，局部土沁老道自然，战国时代晚期器物。

部分玉板镂雕，正面加阴刻纹、浅浮雕工艺，琢绘龙凤、兽鸟、人面、舞人等，工艺精湛，组合巧妙，整体造型与秦汉青铜鱼雁灯如出一辙。

玉板正面依不同形状，大部分玉片附有黑红大漆绘饰龙、凤及花叶纹，漆绘图案与浮雕纹饰相互辉映，素洁大气。玉板反面平地光素，逐块以黑漆平涂，红漆勾勒点饰，绘有多种形态的龙、凤、虎、鸟，神姿各异，活力潇洒。

自古鹅作为吉祥鸟禽备受仕人尊崇，彩绘镂雕组合玉鹅工艺复杂，构图严谨，形态优雅，高洁飘逸，综合艺术水平之高，不失为杰作珍品。

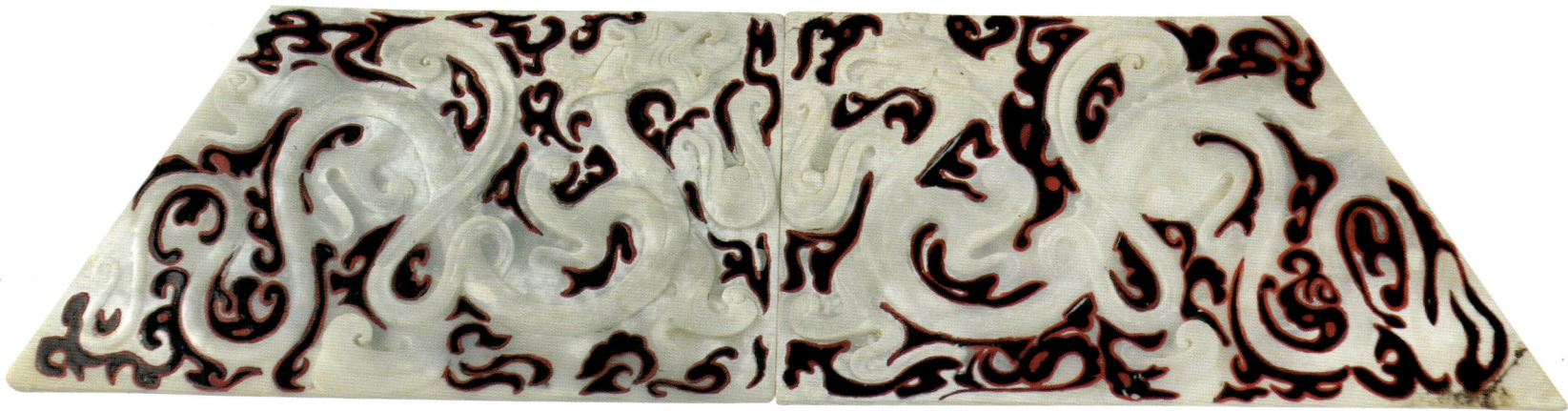

浮雕龙凤组合玉扳

　　两块一侧斜边的矩形玉扳，拼合呈宽梯形。两板正面减地浮雕各为龙凤，反面平素。龙头凤首干练，体形力道，具有战汉时期玉作形态特征。拼接组合后长 45 厘米，宽 12.8 厘米，厚 0.8 厘米，材质属甘肃地方白玉料，玉质较细腻，透光度好。包浆厚实，局部水沁钙化斑，战国时代晚期器物。

　　黑色大漆平涂，红漆勾勒，正面地子满绘简易鸟纹及云朵纹，反面一块绘子母凤鸟，另一块绘一对燕鸟配枝叶纹。浮雕龙凤玉板琢工精妙，绘画细腻美稚，艺术水平很高，十分珍贵。

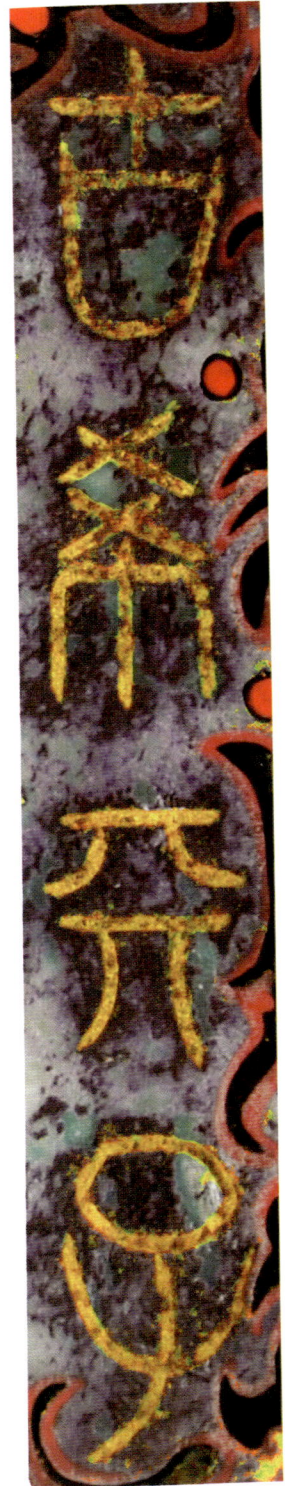

嵌金铭文玉圭

玉圭，手持部位有孔，下有圆形镂雕兽龙。高 33 厘米，宽 10 厘米，厚 1 厘米，材质属甘肃地方青玉料，包浆厚实，玉表有风化痕蚀坑，局部钙化白斑，秦代器物。

红黑两色大漆绘饰，圭正面绘人像、花叶及凤鸟纹，有金字铭文"古稀天子，天下太平"，圭反面绘狮首、花叶及凤鸟云纹，绘有金字铭文"文宝传世，始皇绎臣"。

图案笔法结构，与其他战国晚期风格雷同。但从其人像与狮首画法看，当属同时期略晚，铭文证实为秦代之器，纳入战国晚期亦可，艺术表现的延续进展由此可见一斑。

铭文篆字竖长方体，笔道圆转，结构典雅，宽舒大气。"文宝"即"传世之宝"，古代作为礼乐典章的总称。"绎"字作祭解。天子之礼，同名曰"绎"。由玉圭铭文可知，这是秦始皇用于太庙祭奠列祖列宗之祭器。流传今日，异常珍贵。

玉簋

扁方座，四面浮雕兽面纹，圆炉体形，簋身左右两侧为长舌龙头耳，前后两侧出戟，外壁浮雕兽面纹，无盖。高 25 厘米，材质属甘肃地方青白玉料，包浆老道，手感光滑，漆膜鲜艳，光泽柔和，西周晚期至春秋器物。

红与金黄两色大漆绘饰，外壁绘有鸟、虎及卷云回纹，内壁口沿内，周圈绘有鸟叶花卉，底部所绘花卉之中有一鹤形凤鸟，修长秀腿举步轻抬，回首展翼姿态优雅，气质尤显高贵。寥寥几笔便能道出如此神态，其艺术造诣令人赞叹。

汉唐时期

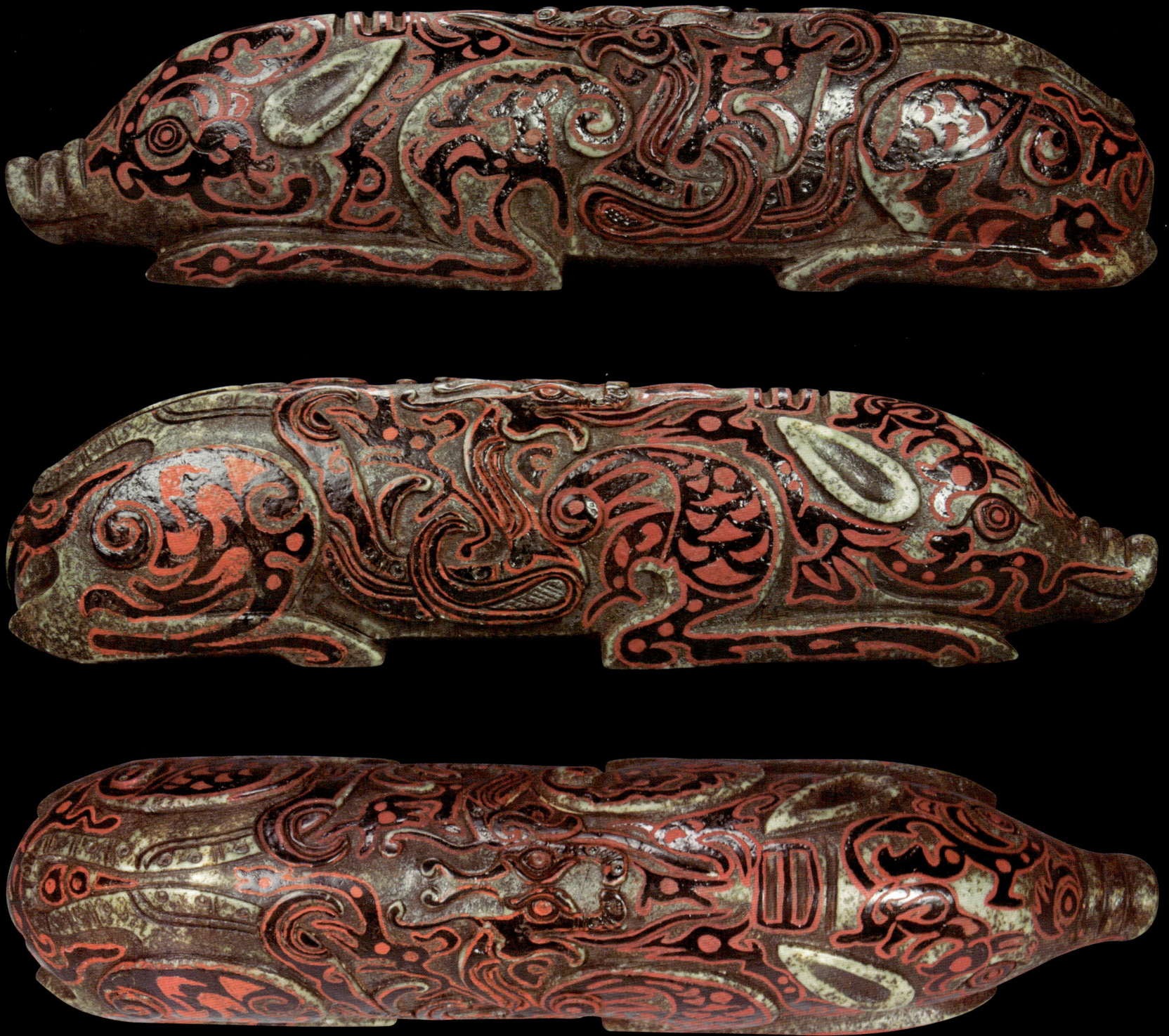

玉 猪

　　圆雕卧猪，猪趴卧、伸嘴、卷尾、圆眼，较为写实，与汉代手握不同，非葬器，应属祭祀供奉之用。长31厘米，宽8厘米，厚7厘米，材质属甘肃地方青玉料，包浆润泽，漆膜光滑沉稳老道，汉代器物。

　　黑漆平涂，红漆勾勒龙、凤、鹿、兽、鸟及云纹。图案华丽，造型憨态可掬，令人喜爱。

玉鸟冠武士（一对）

　　圆雕武士，浓眉大眼，阔口大耳，头戴鸟形冠。双手交于前腹，左侧器物右膝朝左前侧跪，右侧器物左膝朝右前侧跪。足蹬翘头矮鞋，有西域少数民族风味。高 33 厘米，宽 16 厘米，甘肃地方青白玉料，有包浆，漆膜老道，色泽沉稳，土蚀较重，汉代器物。

　　黑、粉红、朱红、绿、金黄多色分别涂绘肤色与服饰，纹饰为简易龙、鸟及回转纹。

龙凤双耳玉瓶

扁圆形玉瓶，两侧有双层鸟耳，兽钮
顶盖。高 32 厘米，宽 18 厘米，材质属甘
肃地方青白玉料，有包浆，漆膜老道，土
蚀较重，汉代器物。

瓶身两面减地浮雕龙、凤纹，周身大
漆绘饰，金黄色为主，配有土红、绿、紫
色，绘有灵芝云纹与蕉叶纹。

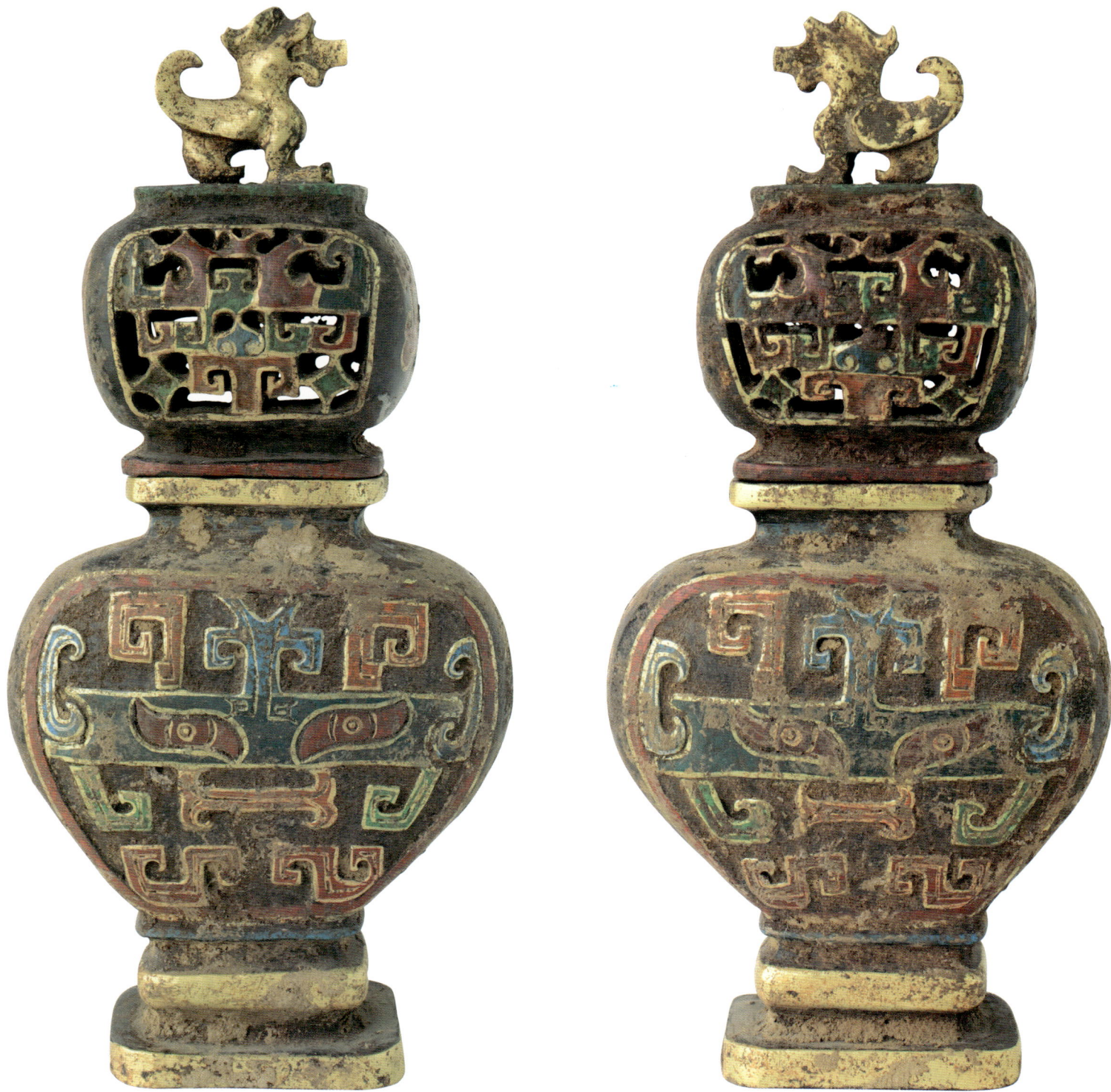

玉瓶式香熏

  扁式瓶身，上盖镂空成薰，兽首鸟身钮。
高32厘米，宽15厘米，材质属地方青白玉料，有
包浆，土蚀较重，汉代器物。

  瓶身两侧减地浮雕兽面纹，土红、蓝、绿、紫
多色沿浮雕绘饰。

神鸟玉爵

　　兽首、鸟身、绳纹双角极为夸张，形态怪异，尾部朝上成爵杯，故称为"神鸟玉爵"。材质属地方青白玉料，有包浆，土蚀较重，高22厘米，宽13厘米，非实用器，应属祭奠或礼器类，汉代器物。

　　周身土红、黑蓝、金黄色漆绘饰，绘有鹤、鱼、勾云纹饰。

兽首玉爵

回转兽首，身为爵杯，两侧翼浮雕龙头形，爵杯横置。长30厘米，高17厘米。

材质属地方青白玉料，有包浆，漆膜色泽沉稳老道，土蚀较重，汉代器物。

土红、蓝黑、蓝绿、金黄色大漆周身绘饰，绘有龙兽、鱼及鳞纹。

龙耳凤钮玉罐

圆形玉罐，两侧镂雕桥形螭龙耳，上盖卧凤鸟为钮。高34厘米，宽30厘米，材质属地方青白玉料，有包浆，漆膜色泽老道，汉代器物。罐表减地浮雕兽面纹，蓝黑、土红、茄紫、绿、金黄多色大漆沿雕饰彩绘，以显华贵。

双龙身玉罐

圆形玉罐，左右两侧有龙耳，前后两侧出戟，上盖轴头钮。高34厘米，宽30厘米，材质属地方青白玉料，有包浆，土蚀较重，汉代晚期器物。

朱红、茄紫、蓝绿、金黄色大漆满绘龙鸟、回转纹饰。

兽足玉盆

　　长方形口沿出边玉盆，底部四兽背驮为足，做工精致。长 25 厘米，高 10 厘米，宽 13 厘米，材质属甘肃地方白玉料，包浆润泽，大部钙化水沁，漆膜老到沉稳，汉代早期器物。

　　整器内外壁满绘，红漆平涂、黑漆勾勒或黑漆平涂、红漆勾勒。外壁绘画有人牵驴车，策马飞奔，双人乘伞盖马车，箱式车马，配以飞鸟、丛草，还有架鸟、扛旗之人，是一副生活写照。兽足画饰鸟兽枝叶，盆边口沿三角形排列平行斜线，仍有战国纹饰特征。

　　盆顶宽边口沿，贯连绘画幼鸟，排列成鸟纹条带。盆内四面侧壁，红线描绘花卉枝叶，底面主图为龙凤，周围衬饰枝叶。

　　整器绘画内容异常丰富，题材多样，写实神幻搭配巧妙，纹饰简洁精美，活力盎然，给我们留下了一幅战汉时期先民的美妙杰作，对我国早期美术史研究，提供了珍贵的实物史料价值。

玉方罐

正方体盖罐，四方边角为圆柱形，方形底托、盖钮，形制搭配，有西域少数民族风格。外壁阴刻回纹，圆柱浅浮雕双线"U"字纹。高18厘米，宽12厘米。材质属英石玉料，有包浆，漆膜色泽沉稳老道，汉代器物。

红黑两色大漆外壁绘蝙蝠、兽面、"U"字弦纹与回连纹。罐内底黑漆、红漆画飞舞龙凤。盖内壁黑漆涂底，红漆立凤，纹饰优美自然。

器形绘饰综合观感，是在华夏文化的整体风格中，含有西域少数民族的艺术元素。

玉 罐

  器物圆罐，撇口圈足，口沿下四侧有方桥耳带活环，半球形顶盖，宝铢形钮，颇有伊斯兰风味。罐身上半部八层，上盖五层阴刻线"U"形纹，罐身下半部大肚，减地浮雕兽面与鸟纹。高23厘米，宽10厘米。材质属青白岫岩玉料，包浆厚润老道，漆膜色泽沉稳，汉代器物。

  黑、红两色大漆绘饰，沿"U"形阴刻环纹隔层分涂红黑，按浮雕图案描绘兽面与鸟纹。圈足颈周有三只蝙蝠，底罩黑漆，圆盖内壁黑漆罩底，红漆线描凤鸟。

  玉罐掏膛随外形琢扩，膛大壁薄，加壁外桥耳四活环，工艺难度较大，足见古代玉作功力已非一般。

驮桶玉牛

　　玉牛直立缓步,抬头向前,身躯壮硕,背上驮挂一对水桶,双盖贯连镂雕回转纹横梁,上琢立雕卧龙。长38厘米,高28厘米,材质属甘肃地方白玉料,透光性较好,包浆厚润,手感光滑,局部点、片状钙化白斑沁入肌理,自然老道,汉代早期器物。

　　红黑两色大漆搭配绘饰,色彩鲜艳靓丽。牛头、角、身、腹、足、尾各部,桶身壁、盖、梁及卧龙全身画满各种图案。龙、凤鸟、异兽、马、单头双身蟒蛇,神姿各异、飞舞灵动;舞人、人兽合体形态怪异;红色太阳纹、云朵纹、火焰纹、羽纹穿插其间,飘逸自然。纹饰饱满密实,内容繁多,令人目不暇接,美不胜收。

　　如此作画所蕴含的思想情感、构图布局、纹饰组合、艺术表现的多元一体,令人匪夷所思,拍案叫绝,难怪每一位赏阅者无不震撼。

　　此尊大漆彩绘龙驭神牛送水玉雕,可谓神品。由此可见,华夏先民的琢玉、绘画、艺术构思,造诣非凡。

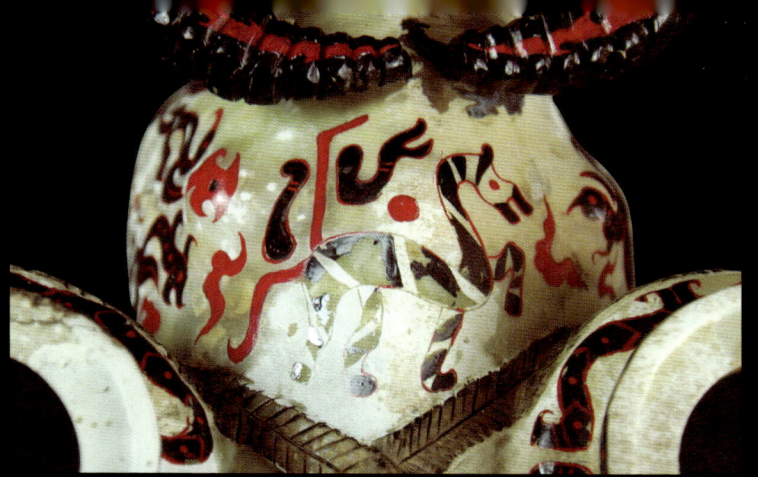

玉双耳杯

　　玉杯，造型秀美，身大壁薄，杯壁厚 2—2.3 毫米，有一定的加工难度。长 18 厘米，宽 11 厘米，高 6 厘米，岫岩玉料质，包浆润泽老道，局部水沁钙化渗入肌理，汉代器物。

　　红黑两色大漆杯外壁绘车马，单骑双乘带伞盖轮车，骑马人悠然自得如闲庭信步，配饰枝叶纹，一幅游春画面。杯内壁底部绘有异兽，边部绘有连绵花叶，双耳画有小鸟纹饰。彩绘玉双耳杯小巧精致，玲珑可爱，做工精湛，纹饰靓丽，可谓精品。

玉船式桶形插架

　　船形玉桶，横置下平为底，上有桥形船篷。篷两侧各有两个圆竖孔，不知何用，推测原配其他器件丢失只剩底座，抑或是独立插架摆件，难以确认。从其大小、形态、纹饰精美程度看，似为文人桌案摆件兼实用器。长33厘米，高7.5厘米，白岫岩玉料，大部钙化水沁，包浆厚泽，漆膜温润沉稳，汉代器物。

　　黑红两色大漆，满绘连排鸟纹与奔虎，配以枝叶花卉。排列密实，纹饰靓丽。

玉双耳杯

　　薄胎玉杯，卷纹双耳似龙首，造型典雅秀丽。长18厘米，宽10厘米，高5厘米，岫岩玉料质，包浆厚润，大部白斑钙化，汉代器物。

　　黑红两侧大漆外壁绘画，绘有舞动、奔驰的神兽、飞鸟，背景为漂浮花叶云纹，图案充满动感。杯内壁主绘凤鸟纹，周边配连贯卷云，双耳绘幼鸟。纹饰简洁，有着萌萌稚趣，笔意老道却显童子之心，艺术功力非同一般。

衔灵芝玉马

圆雕玉马，为趴卧即将站起的姿态，侧首，口
衔灵芝，神态鲜活。长 21 厘米，高 13 厘米，岫岩
玉料质，包浆温润，色泽柔和，汉代器物。

红、黑两色大漆周身绘饰，马身、头、腿，绘
兽面、鸟纹与回连纹，灵芝头部飞人搭弓射箭，是
否寓意行空神马，耐人琢磨。

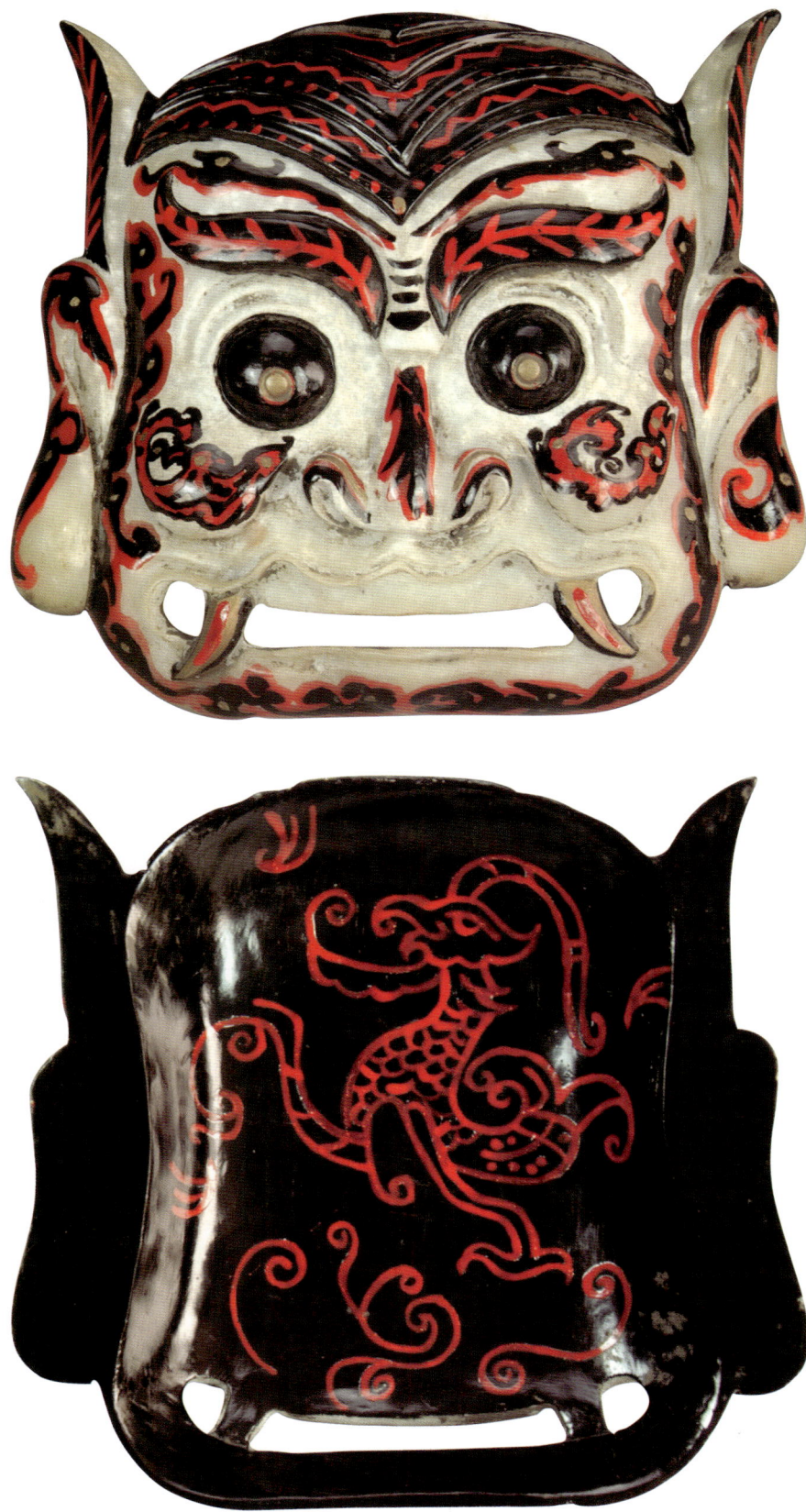

玉面罩

面罩，浓眉，圆眼，宽鼻，阔口，外露獠牙，大耳垂，面部刻画明显有汉代特征。高15厘米，宽15厘米，厚3厘米，岫岩玉料质，包浆厚实，大部钙化水沁，漆膜靓丽，光泽柔和老道，汉代器物。

黑、红大漆正面画饰鸟纹，三角波浪与点状连珠纹。背面黑漆罩底，上画红色凤鸟腾飞云间，纹饰随五官部位配饰，华丽自然。

玉龙凤佩（一对）

　　玉佩左侧为回首 S 龙，尾端为凤鸟，属龙凤合体类。除轮廓形态外，周身平素。长 36 厘米，高 12.5 厘米，材质属甘肃地方青白玉料，包浆老道，大部水沁钙化，白斑渗入肌理，汉代器物。

　　红、黑大漆两面绘画，一面绘长袍宽袖、手举鼓槌舞人、持拂尘长裙飞人、朱雀凤鸟、鳖、蛇 与云纹；另一面画紧袖短裙、挥刀舞人、凤鸟、蛇形盘龙及云朵纹。纹饰神幻动感，飞天人物 形象较商周时期相比开始具化。

　　右侧器物尺寸略大，长 37 厘米，高 13 厘米。一面漆绘朱雀、瑞兽、凤鸟、太阳纹及枝叶云朵； 另一面绘赤身挽裤壮汉，手握蛇身飞舞，足蹬翘头靴，有西域风味，两边画兽身凤首神怪、穿 云瑞兽、鸟纹。画片舞动神幻，奇特诡异。

188

大漆彩绘玉器

汉唐时期

玉龙形佩

　　回首 S 形龙，尾部似鸟，亦可称龙凤合体，除足、尾、角、翼端有凹沟阴线外，全身平素，龙形仍遗有战国时期的风格特征。长25厘米，宽13厘米，厚0.6厘米，材质属甘肃地方青白玉料，包浆老道，大部钙化水沁，漆膜老道色泽沉稳，汉代早期器物。

　　红黑两色大漆正反面绘画，绘有长袖舞人以及多种形态的鸟与瑞兽，配饰云纹，纹饰饱满灵动，形态稚感鲜活。

玉女神

圆雕直立玉女，高36厘米，宽13厘米，厚5厘米，材质属甘肃地方青白玉料，包浆沉稳，局部钙化，漆膜老道，汉代器物。

大眼圆脸，富态端庄，双手袖笼交汇腰部，束腰长裙垂地，头顶高梳球形发髻，双辫左右S龙形垂至腰部。神态静稳安详，尊贵大气，总体风格富有西域民族特征，应为赐福女神类。

红、黑两色大漆周身满绘，以多种形态的凤鸟为主，配饰瑞兽、花叶纹。

螭龙（一对）

　　圆雕蟠龙，引颈昂首、匍匐前行，左右侧身各一对，形似蜥蜴，凸眼，花卷尾，具有汉代特征。体长34厘米，材质属甘肃地方青白玉料，有石性，透光度较差，略有土蚀，角、爪、尾个别部位有残。包浆老道，漆膜沉稳，汉代器物。

　　蟠龙头、身、腰，红黑大漆满绘，黄色勾勒，绘有多种形态鸟纹、幼兽、虎、凤、鹿及枝叶云带纹饰。龙头"丁"字角，圆凸眼，阔口，胫粗壮硕，肢爪有力，雄风霸气，有时代特征。

玉对猴

圆雕玉猴,一只左膝侧跪蹲坐,扭身脸朝前视,左臂自然弯曲下垂,右臂平托下巴,后尾卷圈,口衔怪鸟;另一只神形相同,右膝跪地,左手托腮,双猴对偶,形态一致。高17厘米,宽10厘米,岫岩玉料质。包浆厚润,沉稳老道,手感光滑,局部钙化沁入肌理,汉代器物。

周身漆绘纹饰,龙、鸟红色平涂,黑色勾边;花卉黑色平涂,红色勾勒点饰,两尊头顶各画圆脸笑面纹。彩绘玉猴形态俏皮,猴态十足,头、足、臂、手极具顽猴特征,如此传神的高古玉作实难一遇。

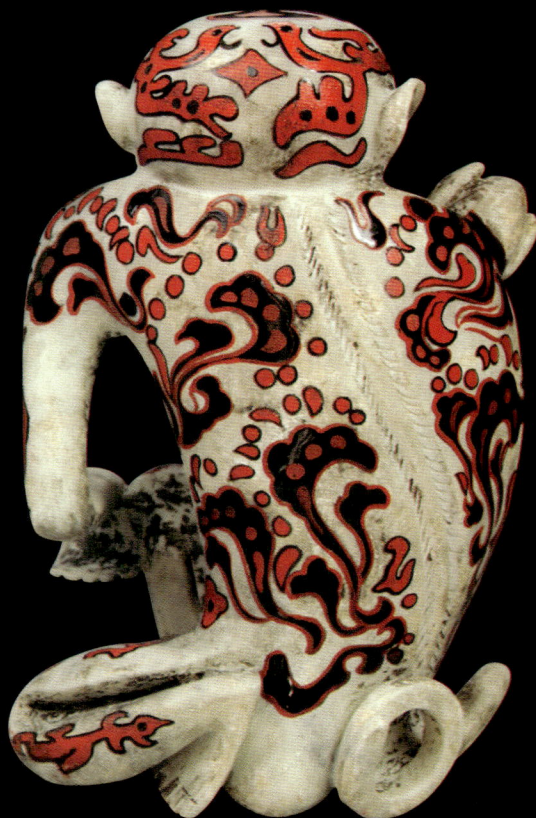

玉 驼

圆雕立姿玉骆驼，引颈昂首，张口伸舌长嘶，神态鲜活。长14厘米，高20厘米，岫岩玉料质，包浆厚泽润实，手感光滑，局部钙化水沁渗入肌理，汉代器物。

驼身、颈、腿，漆绘红色花卉，绿色枝叶，黑色勾勒。花朵硕大，圆瓣锦簇，似罂粟又像牡丹，品种难以确认，花形艳美富贵。身一侧画对凤，另一侧对凤脚下绘有一朵荷花。立凤红头颈、绿身尾、黑色勾边，形色俏丽，驼头两侧各画龙、凤图案。

彩绘玉驼身形秀美，栩栩如生，色彩鲜艳，图案富贵。可谓玉雕琢精美、形态传神，绘画鲜艳靓丽、雍容华贵，颇显艺术功力。

玉貔貅

　　貔貅挺胸昂首，浓眉、圆眼、虎身，张口吐舌，神情凶猛，身形雄健。身侧有翼，通常也称貔貅，龙的九子之一。长27厘米，高8厘米，材质属甘肃地方青玉料，包浆老道，漆膜厚润，色泽沉稳，汉代器物。

　　黑色大漆周身覆底，朱红、绿、金黄画饰羽翼、身纹与齿、耳、爪尖，雄健中彰显尊贵。

玉貔貅

圆雕貔貅，昂首阔步，气宇轩昂，独角卷尾，虎身圆眼，张口利齿，舌尖上翘，身形健美，精神抖擞。长20厘米，宽8厘米，高15厘米，材质属甘肃地方青玉料，周身大漆覆盖，色泽柔和沉稳，精光内敛，汉代器物。

周身黑漆罩底，朱红色漆绘桃形卷云与三角形叶纹，角眼、口耳朱红勾勒描绘，色彩简洁庄重。

玉貔貅

圆雕貔貅，扬头迈步，挺胸翘臀，双翼卷尾，大口獠牙尖舌。长26厘米，高18厘米，材质属甘肃地方青玉料，有包浆，漆膜光泽沉稳老道，土蚀较重，汉代晚期器物。

周身黑漆覆底，朱红、绿、金光色勾勒口、眉、角、爪、翼，身画简易兽纹。形态虽有凶猛之气，但通过对头、胸、腿、足等综合审视，刚劲力道欠缺，与前图相比，雄姿神态略逊，这是汉晚期或东汉的一个特征。

玉子母辟邪

　　辟邪身姿形态、漆绘图案色彩、料质，与上件器物基本相同，尺寸略大，长 28 厘米，高 18 厘米。不同之处是身驮小辟邪，母子同行，情深切切。

玉双虎枕

　　圆雕玉枕，体长方，顶部两端耸立虎头，昂首前视，凝神瞭望，口微张、露獠牙，半球形圆眼，双蘑菇形棒槌角，仍有西周遗风，综合头眼总体鉴看，以汉代特征为主。长 21.6 厘米，宽 8.2 厘米，高 12.5 厘米，岫岩玉料质，包浆厚实，手感滑润，局部钙化，漆膜色泽沉稳老道，汉代器物。

　　黑色大漆平涂，红色绘画勾勒，绘有独角瑞兽、凤鸟纹饰、青蛙纹、鱼纹、卷云纹。

玉香薰

香薰，方形罐体，两壁镂雕舞龙，镂孔出烟，罐上盖有四面桥耳活环，罐顶卧盘龙为钮。罐体两侧边缘竖贴带孔四圆桶，桶底为兽足，桶侧带活环龙首耳。香薰形体为多元组合体，较为复杂。长34厘米，高30厘米，宽10厘米，材质属甘肃地方青玉，石性较大，有包浆，漆膜沉稳老道，土蚀斑点略重，汉代晚期器物。

整器外部以黑色大漆覆底，橙红、蓝色绘饰，金黄色勾勒，绘有兽面纹、舞龙、瑞兽及云纹，画工粗犷。

玉 龙

　　回首 S 形玉龙，上颚长下颚短，独角，有战国时期遗风。正面阴刻线圆眼，角与沿身边缘有阴刻线，背面平素。长 11 厘米，高 4.5 厘米，宽 0.6 厘米，材质属甘肃地方青玉料，包浆老道，钙化水沁渗入肌理，漆膜靓丽，光泽柔和，汉代早期器物。

　　正面龙身黑漆罩底，红漆绘纹，绘有半月、圆阳、双线桃形卷云、火纹、S 纹及荷叶花卉图案，线纹排列紧凑，单一局部看，又像简易鱼、兽、水浪，纹饰复杂，有想象空间。龙身背面，红线描绘清晰易看，纹饰图案与正面相同。

玉 印

玉长方印，蹲座龙钮，伸颈昂首，浓眉凸眼，阔鼻独角，脸微扬，凸显气势独尊。高7.8厘米，长7厘米，宽5厘米，材质属甘肃地方青玉料，包浆厚实老道，局部钙化，漆膜鲜亮润泽，汉代器物。

印座以黑漆罩底，红漆绘凤鸟、角龙、云纹，钮身以黑漆平涂、红漆勾勒，绘有多只鸟纹、瑞兽，金黄色涂描鬃须。

印底有四枚篆字"天子之印"，从铭文与印形看，推测应为西北小诸侯国王印，具体国别难以考证。

玉四合瑗

玉瑗，按古玉传统称谓，按圆璧细分有三种叫法：中孔小称"玉璧"，中孔大称"玉环"，孔径与边宽近似等同称"玉瑗"。由四块璜形拼成，中孔与璜宽基本等同，故称"四合玉瑗"。外径10厘米，厚0.5厘米，材质属甘肃地方青白玉，石性较大，有包浆，土沁较重，局部钙化，汉代器物。

正面弧形，黑漆底，红漆绘饰、黄色沟边凤鸟纹。反面平素，黑漆平涂，红色勾勒凤鸟与花卉纹，笔意流畅，形态灵动。

玉 管

　　玉管长 6.6 厘米，圆径为 1.5 厘米，材质属甘
肃地方青玉料，有包浆，土沁较重，漆膜光泽沉
稳柔和，汉代器物。

　　玉管外壁以黑色大漆覆底，上绘红色凤鸟与
卷云纹。

双联玉管

　　两根联体玉管，长 6.6 厘米，宽 3 厘米。材质属
甘肃地方青玉料，有包浆，土沁，漆膜厚实，色泽柔和，汉
代器物。

　　外壁黑漆底，红漆绘画饰枝叶卷曲纹。

玉鸟耳刀足长方鼎

　　玉长方斗形鼎，两侧双耳呈鸟形，外壁四棱出戟，底四足为立刀形，双耳与口沿边缘阴刻线，中间排列阴刻圆圈，造型奇异，非商周传统造型，添加了艺术成分。长37厘米，宽15厘米，高21厘米，材质属甘肃地方青玉料，石性较大，包浆老道，钙化沁色渗入肌理，汉代早期器物。

　　鼎外壁黑漆底，红漆绘兽面纹，周围绘凤鸟与波浪纹，凤鸟形态仍有商周遗风。戟与刀足黑漆平涂，红色勾勒幼鸟与花叶纹。鼎内壁四面绘满兽面与鸟纹，画片严谨工整。

　　彩绘玉鼎虽料质逊色，但造型别致，绘画精细，布局缜密，高端大气，当属权势阶层祭祀供奉用器。

玉 碗

　　玉碗薄壁素地，无雕琢纹饰。口径 14 厘米，高 5 厘米，岫岩玉料质，包浆厚润，手感光滑，局部钙化沁入肌理，汉代器物。

　　碗周身内外壁满绘纹饰，红、黑两色大漆交互平涂勾勒，相互辉映。外壁底部周圈绘有羽纹，外壁周圈表面，绘有三幅跃马飞驰狩猎图，两人满弓搭箭欲射，一人策马挥刀追赶猎物。画面配有奔跑的虎兽、空中飞翔的小鸟，碗口外壁周圈绘有浪涛纹，整幅画片搭配协调，动感写实，神态鲜活。碗内壁绘有三层纹饰，上圈绘有绶带纹，中间绘有桃形卷云，底圈绘有鲤鱼腾跃，纹饰吉祥喜庆。

玉羊形盏

圆雕卧羊，神态温顺，背椭圆凹槽为盏。长30厘米，高23厘米，材质属甘肃地方青玉料，有包浆，土蚀较重，漆膜陈旧，局部剥落，汉代晚期器物。

周身黑漆底色，金黄色涂绘眼、鼻、口、角、蹄，身绘朱红色龙纹，金黄色勾边，配以回形与水滴形纹饰点缀。

玉狮形盏

圆雕爬卧玉狮，背椭圆形凹槽为盏。长24厘米，高15厘米，材质属甘肃地方青玉料，有包浆，土蚀较重，汉晚至唐代器物。

周身黑漆底色，金黄涂绘眼、口、角、尾、爪、身绘朱红简易凤鸟纹，金黄点饰勾边，图案简洁。

踞座僧侣像

　　圆雕踞座僧侣人物，双手抚于大腿上，头戴高锥形软帽，帽尖球形，神态安然，似打坐或咏经，服饰似西域宗教僧侣或巫师神人。在宗教尚未成为流派广泛传播前的初始期，难以确切识分教派。高37厘米，宽9厘米，材质属甘肃地方杂玉料，有石性，漆膜老旧，色泽深沉，汉代或略早器物。

　　大漆周身涂绘，淡橙红肤色，黑色线描眉眼，袍服满绘蓝黑、绿色、朱红，金黄勾勒大团花卉与回形纹，金黄色高帽绘简易鸟形带状纹。衣帽华贵，颇显巫师身份显赫。

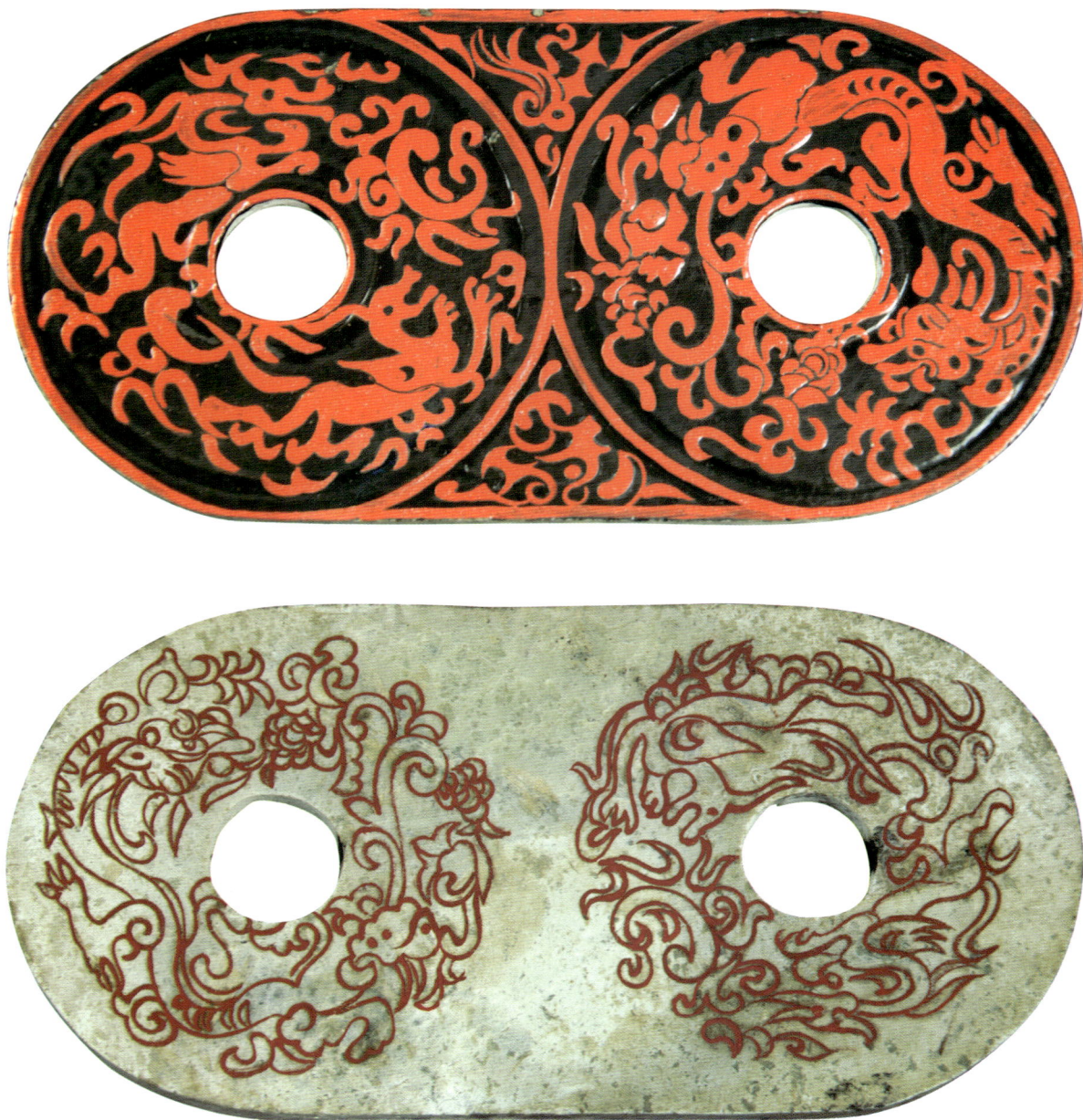

玉双联璧

　　双联合体玉璧，长 17.5 厘米，高 8.8 厘米，厚 0.6 厘米。材质属甘肃地方青玉料，包浆厚泽，手感光滑，大部钙化沁入肌理。漆膜厚实，光泽柔和靓丽，汉晚至唐代器物。

　　正面黑漆底色，红漆平涂绘画，绘有兽形与蛇形舞龙，配饰花叶云纹，纹饰灵动瑰丽。背面红色线描剪纸纹饰，凤飞龙舞间插花卉枝叶纹，图案组合似像非像，耐人品味。

玉舞龙女

　　立雕舞人，镂空、阴刻、浅浮雕并用。束腰、水袖、长裙、身材婀娜，头戴圆冠帽，两边下垂卷帘，腰肢侧扭，双臂轻拂，神态舒美大气。贴身玉龙挺身昂首，形同伴舞。题材别致的龙、女共舞，服饰颇具西域风情。高 28.5 厘米，宽 11 厘米，厚 0.5 厘米，材质属甘肃地方青玉料，钙化皮壳较厚，包浆老道，汉代器物。

　　朱红大漆两面绘画，黑色勾勒，绘有多只凤鸟龙纹、异兽、枝叶云纹，流畅灵动。绘画、舞人交相辉映，相得益彰，柔美与力道相互融合、浑然一体，其艺术构思令人赞叹。

玉对枕

镂空玉枕，两端浅浮雕虎头，中段绘蛇身舞龙，顶面十字镂空，枕芯掏膛。长27厘米，宽
10厘米，高9厘米。材质属甘肃地方青玉料，有土沁，漆膜色泽柔和，沉稳老道，汉代器物。

黑色、朱红、天蓝、金黄大漆，随地子与浮雕绘饰，绘有云纹、回纹、散点，更显玉枕华丽。

玉 璧

　　玉璧外径 14 厘米，孔径 4 厘米，厚 0.7 厘米。材质属甘肃地方青玉料，包浆厚润，手感光滑，漆膜艳丽，色泽柔和，汉代晚期至唐器物。

　　璧正面黑色大漆罩底，红漆平涂绘画，绘有天鹅与花卉枝叶连纹，局部纹饰很像简易龙头凤首，纹饰密布，排列紧凑自然，如同两只天鹅舞动于花海之中。纹饰的巧妙安排给人以美感，璧背面红色线描同样纹饰。

217

玉 鼎

　　长方斗形鼎，两侧桥形立耳，底四角高柱四足。长28.5厘米，宽21厘米，高34厘米，材质属甘肃地方青玉料，包浆老道，漆膜色泽沉稳，汉代器物。

　　鼎外壁黑漆底色，主绘红色兽形龙，形似麒麟，金黄色勾勒身纹与鬃毛，随风飘逸，跨跃飞驰，配以白云围绕，龙如腾云驾雾。金黄色边框，上边绘条带状桃形纹，四柱腿金边黑底，红色龙头。

　　纹饰力道动感，龙的形态虽略失战国时期之凶猛，却依然具有雄风霸气。

玉 罐

尊形罐，两侧龙首长舌双耳，有西周遗风。带活环，底圈座，上有圆形斗笠盖，圆盘钮。高34厘米，宽32厘米，材质属甘肃地方青白玉料，有包浆。漆膜色泽柔和老道，汉代器物。

整器外壁黑漆底色，身、盖主绘麒麟形龙，背景为白云。圈座与盖边绘波浪弦纹，间画简易对凤纹饰。盖钮顶面绘风火轮形太阳纹，亦称涡纹或火纹，配以天蓝色须卷纹。图案醒目别致，喻义光阴飞转还是普天同辉，难以断言。全幅画面色彩搭配艳丽，笔意工整，气势恢宏，颇显豪华尊贵。

玉　碗

　　玉碗，薄壁素地，无雕琢纹饰。口径14厘米，高5厘米，岫岩玉料质，包浆厚润，手感光滑，局部钙化沁入肌理，汉代器物。

　　红、黑两色漆绘，碗外壁人物为主，乘单伞盖双轮单骑马车奔驰，骑马赶路，坐望亭台，手合袖笼凝立，盘腿打坐，手持弯头长杆，挥袖舞女，景色配以飞燕花叶。人物千姿百态，景色秀丽悠然，是一幅谐和的生活画卷。碗内壁周圈绘有四赤身幼童，他们手握叶蔓花枝奔跑嬉戏。碗底绘有鲤鱼腾跃，童子天真稚趣，玩耍花丛之间，画面单纯无邪，令人愉悦。

玉天神立像

圆雕武士天神，方盘大脸，怒目圆睁，嘴微下撇，富耳垂肩。足蹬虎头靴，头戴通天冠，双腿叉开直立。左手抚于臀侧，右臂缠蛇，手紧握七寸举蛇头于胸前。阔胸圆腹，身形伟岸，着战袍盔甲，气宇轩昂。高26厘米，材质属新疆白玉，包浆润泽老道，手感光滑，局部朱砂沁与钙化水沁深入肌理，汉代早期器物。

红、黑两色大漆周身满绘，幼龙、凤鸟，神态各异，花卉枝叶，卷曲连绵，六角星、S纹串插点缀，配以浮雕盔甲袍带的绘画点饰，画片极其丰满。

天神雕琢精湛，神态威武，画饰密集，内容繁多，看似杂乱，细看有序，似无章法，布列却谐和自然。古人的艺术构思与审美情趣令人赞叹，想象力神幻与造型表现的出奇绝妙，许多地方即使今人也难以企及。

四尊天神手持不同法器，完整配套。赏阅如此高古玉作，实乃莫大眼福。

玉天神立像

　　人物神态、服饰、大小、玉质、色彩画风与上图大体相同。
　　不同之处在于手持法器为伞，图案细节以鸟纹为主，袍服后围画有虎兽。

玉天神立像

　　人物神态、服饰、大小、玉质色彩画风与前图基本相同。

　　不同之处在于面部表情龇牙咧嘴显凶，手握利剑，盔甲前围画有牛角兽面，下摆绘有对峙双凤，纹饰细节略有区别。

玉天神立像

人物神态、服饰、大小、玉质、色彩画风与前图基本相同。

不同之处在于面部表情开口怒吼，手托抱法器为琵琶，盔甲后围有兽面、小鹿，点缀纹饰细节也有不同。

四尊彩绘玉雕天神，齐整无损留至今世，为我们了解研究古代神话人物，提供了珍贵的实物史料。

玉印

圆雕盘龙大钮玉印，蟠形龙身爪壮硕，昂首盘卧，口露尖舌利齿，雄风霸气。方座为印，铭文"帅印"。高14厘米，宽12厘米，岫岩玉料质，包浆润泽，漆膜老道，局部剥落，汉代器物。黑色、紫褐、金黄漆绘，绘有龙身麟纹与耳、眼、鼻、齿、爪以金黄勾勒印座四面锯齿与回纹，印面朱红底边框与铭文涂金黄。彩绘玉印形体硕大，形制气魄，威武雄霸。

玉琵琶

圆雕虎头琵琶，高68厘米，宽25厘米，厚10厘米，大小近实用器。材质属甘肃地方青白玉料质，石性较大，局部钙化，土蚀较重，漆膜光泽柔润，包浆老道，汉代后期或再略晚器物。

琵琶面浅浮雕五出音孔，分别双阴线刻"福禄寿禧财"，"寿"字两侧浮雕二龙，四弦轴插接，体实心非实用器，应为象征摆饰或祭祀之用。粉红、深绿、黑色、鲜黄漆色涂绘，无图案绘画，琢工、彩绘和漆质，比战汉时期略为逊色。

玉 马

圆雕玉马，身微前倾，头略侧歪，短尾，背披坐骑马鞍、褡裢、神态鲜活，静中有动。长29厘米，宽10厘米，高25厘米，材质属甘肃地方青玉料质，有包浆，漆膜光泽柔和内敛，自然老道，唐代器物。

周身黑漆底色，朱红、天蓝画简易鸟纹、异兽、火焰、云纹及桃心纹，金黄色勾勒，图案插交排列，简洁意象。金黄色涂饰眉、耳、蹄与底座。

玉马形态专神，琢工细腻。尤其头部，鼻口喘息微张，活灵活现，硕身肥臀，圆润富态，凸显唐代特征。彩绘艳丽醒目，造型、绘饰均有富贵之气，彰显盛世华彩。

玉龙凤壶

玉壶为半球形底座，周边凸雕连珠，葫芦形身，嘴流凤首，弓形龙头执把。盖为三层塔形，颇有宗教韵味。高33厘米，宽20厘米，材质属甘肃地方青玉料，包浆厚实，局部钙化，有土沁和腐蚀斑点，唐代器物。

红、黑、豆绿色大漆周身绘饰，绘有写意鸟兽，兽面纹、连排花瓣、菊花、宝相花、叶片、枝杈及连珠纹饰，纹饰与色彩交晖配置，静穆素雅，不奢华，显富贵，底蕴丰厚，具有贵族气质。

玉壶造型与纹饰，均体现了西域宗教文化与华夏文化的相融兼蓄，浑然一体。龙、凤形态力道，壶身体态秀美，后世瓷器的龙凤壶为数不少，这种谐和自然的造型已很罕见。彩绘玉壶的形体、绘画、蕴含的文化气质，给我们留下了一件古代盛世的力作。

大漆彩绘玉器跋

挚友龙山先生厚积薄发,经过多年倾心研究,将其成果《大漆彩绘玉器》奉献读者,余闻之大喜,并致祝贺！多年交往深知：龙山先生温文尔雅之风,廉洁脱俗之节,风标独异。他崇尚中国传统文化,稽古好文,以此养性怡情。收藏、鉴赏、研究中国古代玉器,特别是古代大漆彩绘玉器,是其多年倾心之事。

民间收藏,不乏国之瑰宝,我皇皇文化遗存,为世人认知者不过是沧海之粟。而文物典藏世代传承,天女散花般陨落人间,更若恒河沙数。譬如中国古代大漆彩绘玉器,尚不被世人认知。此书一旦问世,必将再现"洛阳纸贵"之场景！

中国是美玉之国,对玉历有挚爱。它坚韧的质地、晶润的光泽、绚丽的色彩、致密而透明的纹理、舒扬致远的声音,象征着中国人的五德。经过漫长的人玉相互融会的过程,赏玉使人玉化,玩玉使玉人化——以人的尺度去衡量玉所带给人的感受,并使之成为精神的寄托。是国人对玉的解读。玉在中国文字的构成中,有着不可替代的作用,仅以玉为偏旁部首的字就有数百个之多。

古代玉器在中华民族的形成、壮大及至社会进步的过程中,发生过凝聚、催化的重要作用,它那温润晶莹而又坚固不朽的质地,象征着中国人不屈不挠的民族精神；它那精湛的工艺,优美的造型,既展现了中国先民的聪明才智,又寄托了无限的人文艺术的情怀！

美是无价的！艺术性是无价的！独特性是无价的！它蕴涵着一种内在的精神力量,在想象中充满了创造与追求！

中国古代大漆彩绘玉器以整体美、材质美为真；以造型美、纹饰美为善；以稀少性、独特性、趣味性、艺术性而独占中国古代玉器领域之鳌头！

中国美术史经历了原始社会的岩画时代,魏晋时代开始,以纸为基质,用毛笔和墨为工具创作的人物画、山水画开始滥觞,而之间的数千年似有断裂……是中国古代大漆彩绘玉器上的大量图画填补了这一空白,它使中国美术史的完整性得到验证。

　　站在中国古代大漆彩绘玉器琳琅满目的画廊前，人们会感到人性的躁动，古代人的强烈情绪，他们的艺术构思是来自本能，来自直觉，是用所感来表现，是用所思来描绘，是用天然来着色，而不是用观念去人为雕饰！它是非理性的，却充满了激情、浪漫、想象与创造。他们不可遏制的灵感冲动，袭击着整个创作过程，只有在古代中国，方能产生如此具有千古魅力的绘画艺术！

　　珠光玉瑛千古生辉，中国古代大漆彩绘玉器不愧为中国艺术史，乃至东方艺术史上的一颗璀璨明珠！它是我们民族文化的载体，是民族精神的寄托！

　　我们感谢中国古代大漆彩绘玉器的发现者、收藏者、研究者岳龙山先生。他的这一专著，给专家学者、收藏家提供了可供参考的实证材料，开阔了视野，减少了盲目；他连接了中国美术史的断裂，减少了空论。

　　数十年的积累来之非易，是龙山先生殚精竭虑、步履维艰的求索结果，每件玉器都倾注着龙山先生的大量心血！其背后都隐藏着一个动人的故事！

　　在本书即将付梓之际，匆忙写上如上几句，聊表心意，赘为后记。

张德海

后记——收藏杂谈

　　本节内容原在正文中，想作为古玩市场现实状况的介绍，朋友阅初稿后建言，最好正文全部正面论述，当前社会一些杂乱现象圈内人大多知晓，许多无理言辞非君子做学问之道，不值一提，置于主文中干扰视线不妥，我们还是要表达正能量。此言有理，遂遵嘱从正文撤出。

　　但考虑到现实情况，还有相当多的人不知，更少有人以发展变迁的真实情景给以文字记叙。自改革开放伊始便全程亲历收藏坚守至今的人不是很多了，当初与我共逛市场的尊师级玉友，大多驾鹤西去，健在者也已寥寥，行动不便，敝人也已年逾古稀，旧时往事不讲恐难再有人介绍。于是，还是想把相关事宜与看法有所记叙，如实呈现读者免留遗憾。在当前收藏之风炙热的情况下，若能给收藏"围城"内外某些人士点滴提示，当感莫大慰藉。

　　另外，这些社会实情与各种看法，又关联到彩绘玉器的发现与收藏。没有对现实的明辨慎思，就谈不上对齐家古玉的探索，没有对齐家文化的寻觅就谈不上彩绘玉器的发现和认知。当初若错误地认为这些从未见过的东西不过是些臆造俗物，现今这些彩绘玉器也就不知流往了何处。全然不表唯恐缺憾，略述于后记可能较为适宜。

　　为便于认识民间收藏，有必要简单回顾一下改革开放三十多年北京古玩市场的发展变化。北京作为历代古都，文化底蕴深厚，收藏志趣强烈，审视水平高雅，藏品数量丰富世所公认。

　　改革初期，土地承包始于安徽小岗，特区开放源头在广东深圳，国内民间古玩市场最先冒发之地则是在北京。几年后，才在天津、广州、西安、上海、南京、成都、兰州等各大城市逐步漫延开来。

　　20世纪80年代初，改革春风拂面，北京的古玩市场最先出现于北京南城宣武区（现西城区）福长街六条的一个小胡同内，老旧平房之间的狭窄小巷两侧摆满了地摊，密密麻麻相连百米，吸引来诸多人士。因场地狭窄，器物大多为小件玩意，优劣混杂不乏上品。这是民间自发形成的，宛如古玩艺术品的一块"自留地"，破土出苗了。每星期开市只是周日一天，那时周休也只有一天。由于管理、认识、扰民等因素，仅几个月后，就搬家了。这样的古玩集市先后移至国华商场南街、白桥、宣武门外斜街、德胜门桥下、鼓楼后街、后海、劲松一带的街区便道、建筑工地，这一过程延续了十几年。那时人们从意识形态到管理远没现今这样开放，是否合法争议不断。有时放任，有时驱赶，地点时常变换，有的地方存在几个月，有的地方存在一、二年，这里不让摆就在另一新地冒了出来。那阶段真品比比皆是，几百元的明清官窑竟能一、二个月卖不出去；清中晚期的红木椅子也就几十块钱；一尊三百件（40几厘米以上高度的习称）凤穿牡丹清早期的青花赏瓶要150元外汇券。当时1元外汇券顶1.5元人民币，我出到120元人民币未能成交，若再添二、三十元肯定能成，那时却添不起，工薪族一个月的工资不过几十元，大家都没钱。当时社会绝无大款，万元户的称谓尚未出现，买者都是剔牙缝的积攒，卖者也是为渡生活之难。那时市场虽拥挤凌乱，环境条件很差，但风气纯朴，谈价、承诺都守规矩，持物洽谈，别人不争抢不插嘴，更无偷摸现象。一切都延续了古玩集市的传统规则，实乃古玩爱好者的一小块伊甸乐土。

九十年代古玩市场逐步在劲松地区集中发展了起来，因其贴近居民院墙楼下，常惹住户抗议，使几条街道时常变换。后移至未开工的工地土坡，尘土、垃圾、脏水，随处可见。就是在这样不雅的环境中，竟能招来各界人士，熙熙攘攘热闹非凡。除市民百姓外，还有大博物馆的专家学者、教授、艺术家、影视名流、达官贵人、商人、外国游客、使馆官员、夫人、小姐、留学生等，几乎囊括了社会由下至上的各阶层人士，洋洋大观景致奇特。

我曾赴俄罗斯一位退休外交官的莫斯科家中作客，其住居简洁，类似我们三居室。厅中陈设有清代红木桌椅，紫檀大理石插屏，青花加白瓷瓶，粉彩罐子等物。虽无高档珍品，但在异国情调中，凸显了一种东方的神韵典雅，古色清馨。这位朋友告诉我，这些都是在苏联时期他任驻中国使馆文化参赞时在北京旧货市场买的，言语间十分自豪。难怪潘家园旧货市场在20世纪90年代的欧、美、亚诸国都有很大影响。爱美之心人皆有之，不分种族，无论中外。

以后潘家园古玩集市正名为旧货市场，摊贩来自全国各地，买者云集国内外四面八方的人士。搭起了篷子，盖起了房子，硬件条件越来越好，摊位费越来越高；人员越来越多，真品越来越少；卖家张口越来越大，买者胆子越来越小，赝品遍地，偷摸现象时有出现。表象条件好了，但淘宝更加难了。

近些年，除南城潘家园旧货市场继续繁华外，西城护国寺、金园，北城小关，东至通州，古玩旧货市场已四处开花，规模宏大的古玩城高楼林立，已达数座。仅从北京古玩市场的发展变化看，其规模已非同小可。

放眼全国，天津、沈阳、兰州、西安、上海、广州、青岛、成都、长沙、武汉等古玩市场已遍及黄河上下大江南北。仅从电视媒体播放的全国各地鉴宝活动来看，所到之地，百姓携宝参与，人山人海络绎不绝。虽赝品众多，但也有稀世珍宝、古玩重器，民间爱宝收藏之风已汇成洪流，汪洋浩荡。

面对如此宏观大业，怎样看待？藏宝于民是利于文化遗存的保护，还是有损先人遗物，仍有歧异。其实，炎黄子孙保有自己祖先的遗存天经地义，无论如何也强于流失异国他乡。我们曾经民穷国弱，任人抢掠，大批文物流失海外。现今一洗弱国之耻自立于世界民族之林，有能力保护自己的家当了，若再因僵化偏见、官僚懈怠，造成文化遗存的流失，实属不该。

毫无疑问，从一条小胡同里的地摊，到今天遍地开花的古玩城、旧货市场，人民生活水平提高，文化意识增强，民间收藏队伍的发展、壮大，也是改革开放三十年的成果之一。

近几年收藏大潮迅猛，事情一旦形成潮流，不免泥沙混杂出现夹生乱象。市场经济的扰动、逐利追求的膨胀、形形色色的意见纷争、弄虚作假的泛滥，亦需认真思索，冷静对待。

真伪鉴定是收藏的永恒命题，亦是鉴赏的核心，必须严肃对待。

古玩鉴赏，历来讲究目视分辨，素称"眼学"。伴随科技发展，出现了技术检测手段，就技术层面而言，又有传统与科学不同视角的纠结。"目鉴"与"科鉴"哪个说了算？

目鉴是千百年来真伪识别的传统方法，属人为主观判定，无量化指标。如古玩的陈旧与沧桑、品味与内涵、造型与韵味、文雅与清秀；加之艺术元素的线条、笔法、流畅、圆润、功力、布局、色彩运用；还有理化层面的疏松、紧密、润泽、包浆等等，看点繁杂难以全部罗列，这些要素均无法定量表达。全凭目视与手感的经验判断，这就必然产生个体辨别的差异，眼力高低虽可大致共识但也时有分歧，因无法量化核定。直至当今，科学技术日新月异，目鉴仍是主流手段。

科鉴是利用科学技术手段对古玩真伪的识别，如光谱、能谱、红外、频谱、理化成分构成、同位素分析，以致粒子衰变等等现代高科技手段。科鉴的测试数据准确，但对器物的真伪识分只能做参考，无法涵盖其真伪识别的全部要素。如青铜器的铜、铅、锡等配比含量，不符战国时期的比例断然否定，符合战国的成分比例也不能全然肯定，新品按方配比不难做到。瓷土釉料的成分也是如此，高手用出自老窑的胎土、钴料，再按古代的成分比例烧制做旧极难辨别。字画则以老纸、老墨、老彩、老印泥，投影绘画，激光刻印之法做假，给鉴定带来很大难度。

因此，科鉴手段在某些环节可起关键作用，但不能替代全部鉴定要素。重要的是在什么样的情况下，利用什么样的技术检测协助识别。用好了如虎添翼，用歪了以假乱真。目鉴为主，科鉴为辅，有机结合，灵活运用，方为正道。

在充分理解这一原则的基础上，再看现实中的各种现象，将有利于辨别识分，减少盲从。

专家意见务必理性对待，这些意见绝大多数是本职学术的酌见，是大量发掘真品的阅历，也是系统的知识积累，其鉴赏意见举足轻重。更有自重谦虚、谨言慎行、平和待人者尤其令人敬重。

近几年，有些"专家意见"在人们心目中大打折扣，假述评、假证书屡见不鲜，"真假专家"百态丛生，市场经济逐利思潮对专家队伍的冲击、沾染、腐蚀同样不可避免。"名与器不可假人"的气节与尊严缺失，背离了学术底线。

专家之间的各种意见也参差不齐：

有人以博物馆藏品为限，认为超出这一数量、品种的民间器物均为假货。

也有人以本人见地为限，过去没见过的统统认为是假的。他们认为现在都难以做到的东西，古人如何做得出来？

这些看法是否武断自封、形而上学，每位真诚热爱收藏者自有判定。

大潮之中夹杂泥沙不足为怪，不能因噎废食，因此失去对专家意见的正确理解与尊重。不要因个别不良全盘否定，不能因偶尔走眼给以轻视，也不能因名声显赫绝对盲从。人非圣贤，没有百分之百。因此对其意见要识分斟酌，尊重、不要盲从，珍言、绝非圣旨。如何采信，那就仁、智相见，好自为之了。这需要智慧和真诚，坦言与信任。无论平民还是大腕，专家还是玩家，都需尊重和理解，真诚和谐才是正道，也才能进步。

至于电视多次曝光打着各种牌子五花八门的鉴宝机构，同一器物交三、四位数的钱是民窑，五位数以上是官窑，若舍以重金敢说成是国宝。给钱到位，证书写什么都行。这是一些骗人的"伪专家"，不值一提，只能糊弄一些贪心之士或弄鬼之徒，不属专家意见之列。

在炙热的收藏风中，纵观初入市、爱好者、玩家、资深藏家等不同档次的人士，年龄各异，阅历不同、职业广泛、眼力悬殊，这个范畴各种见地纷杂，需小心谨慎。多看少动，多学少买，量力而行，忌讳贪念，应知，收藏文化的积累非一日之功。

民间有一定造诣的收藏家为数不少，对收藏文化的挚爱与坚守非同寻常，不乏探索与发现，诸多方面颇有见地。

尚须提及民间还有一些高人隐士，知识渊博眼光犀利，处世低调不事张扬，有诸多高档藏品，一般不出示炫耀。这些藏家品位高雅，持物不傲，对达官贵人或高傲之徒不愿交往，显得性情古怪；对民间真情玩家悉心指点，脾气谦和。以笔者几十年的交往圈子推测，这等高人雅士虽为数不多，也绝非凤毛麟角。遗憾的是大多高龄，有的已驾鹤西去，健在者也大多行动不便，无法穿梭游走于地摊之间。多年来这些老先生给予我的指导帮助使我受益匪浅，我怀念与他们早期并肩地摊间的漫步，楼前树下席地而坐的持物品评，对他们的感恩之情始终默记于心。而今敝人也已古稀，所思所想，阅历与拙见，愿能给后来者点滴参考，乃应尽义务。

民间藏家对市场上新出现的器物，反应速度大多超前于职能部门，专家对民间藏品的认识有个过程，是客观现实，也无可指责。而这一时间过程中对藏品的真伪认知常有不同，器物流向随机且无力控制。改革开放的市场化给藏品的流动与寻觅提供了一定的自由度，因此说，民间收藏是保护先人遗存庞大有效的生力军，并非虚言。

之所以用点笔墨，简述当前收藏鉴赏的某些不一致，无非想提示，无论朋友，专家、学者、藏家、商人、拍卖公司、民间团体及各类方家，古玩真伪鉴识上有歧见不足为怪，不同意见出自何因亦很复杂。尽管在主流物品、大众化藏品上真伪看法无大出入，但在非传承有序的浩如烟海的民间藏品上，尤其对馆博传统器物之外新面世的品种器物，往往各路居士看法不一。

综上所述，可以简单归纳为以下几点：

民间藏品真伪鉴别，无论业内外，还是内外之间，常有歧见，没有共识性权威结论，也没有法规层面的认定机构。

民间藏品的海量与真、伪、俗、精的混杂，古玩市场的繁华火爆与器物来源的庞杂无序，给识鉴带来很大难度。

从客观现实看，藏家对民间散落宝物的识别收藏，是保护文化遗存的有效力量。

对馆藏文物的研究考证，专家具有条件便利与绝对优势。对民间宝物的发现认识，尤其对于旧货市场及百姓之间的流散器物，专业人员往往有错断和认知的滞后性。尤其新出现的品种器型，从信息把握的及时、认识的敏锐、抉择的迅速、寻觅的勤奋、见阅的便利等各方面来说，民间藏家比职业专家更有便利和优势。

藏家对珍品的收集研究，事实上起到了扼制流失、悉心保护的作用，他们付出了辛劳汗水和娟娟积蓄，为承继保护历史文化遗存奉献了绵薄之力，功在千秋。

五千年华夏文明，兴衰起伏从未间断，朝代更迭世世延续，古物遗存之广博无法估量，悉心保护不是单凭文博业内之力便可完成的。馆博之藏云集精品，民间宝物也绝不可小觑，文博与民间业内外二者同心谐和，方能构成保护历史遗存之大业。

世态纷杂，保有清醒，祖先遗珍，全力呵护。

彩绘玉器所得，没有改革开放社会发展的大背景是不可能有此收获的，没有对收藏文化的挚爱与坚守是不可能发现这一珍奇的。流迹于市的瑰宝遗存，再因我们的不识、无知、疏漏、懈怠流往他乡异国，岂不抱憾千秋？没有历史，缺乏根基，淡泊文化，丧失力量。

"空谈误国，实干兴邦"，保护文化遗存依然。以文化心态赏器物精灵：以赤子之心践收藏之行，前告慰古人，后无愧晚辈，心地安然，功德无量。

切勿将收藏看作逐利的风水宝地，更不要看作是美丽平静的湖光山色，而是常有漩涡、暗流、草丛、荆棘之地，同时又是奇花、彩霞、绿荫、硕果的乐土，领略其间玄妙无比。只要把握浊者自浊，清者自清，勿过贪念，量力而行，定会受益。

收藏的本质是文化，收藏之为可谓是一种"审美游戏"，当你以无功利的游戏心态去探索追求时，定会开启全新视角，感悟收藏真谛。

收藏是在历史文化、学识积累、美学审视、辩证思维、逻辑论证等多元领域的修行，也是利国利民的义举，对磨炼性格、淡泊雅致、品位修行、艺术造诣、心灵净化、开思明义乃至康健身体有全方位的滋养，自然而然会影响你的生活观、价值观、幸福观、审美情趣及宏观视野，造就宁静致远、平凡岁月、和敬清济、安宁至简的心态，得以心情愉悦、健康快乐！

愿每位爱好者都能从收藏文化中领略无穷美妙！